新世纪高等学校教材

历史学基础课系列教材

历史学理论与方法

LISHIXUE LILUN YU FANGFA

马卫东 主编

北京师范大学出版集团
BEIJING NORMAL UNIVERSITY PUBLISHING GROUP
北京师范大学出版社

图书在版编目（CIP）数据

历史学理论与方法/马卫东主编．—北京：北京师范大学出版社，2009.3（2023.9重印）

（新世纪高等学校教材，历史学基础课系列教材）

ISBN 978-7-303-09497-4

Ⅰ．历…　Ⅱ．马…　Ⅲ．历史学理论-高等学校-教材　Ⅳ．K0

中国版本图书馆CIP数据核字（2008）第139636号

营销中心电话　010-58808006

北京师范大学出版社新史学策划部微信公众号　新史学1902

LISHIXUE LILUN YU FANGFA

出版发行：北京师范大学出版社 www.bnup.com

北京市西城区新街口外大街12-3号

邮政编码：100088

印　　刷：北京虎彩文化传播有限公司

经　　销：全国新华书店

开　　本：730 mm×980 mm　1/16

印　　张：12.5

字　　数：192千字

版　　次：2009年3月第1版

印　　次：2023年9月第7次印刷

定　　价：24.00元

策划编辑：李春梅　高东风　　　责任编辑：高东风

美术编辑：高　霞　　　装帧设计：高　霞

责任校对：李　菡　　　责任印制：马　洁　赵　龙

修订说明

在北京师范大学的百年发展历程中，历史学科一直占有重要地位。经过几代人的不懈努力，今天的北师大历史学系业已成为国内历史教学和科研的重要基地，不仅学术上出精品，而且注重教学改革，更新教学内容与课程体系，完善课程结构。

历史学系的教学改革前后历时20年，启动于20世纪80年代，深化于20世纪90年代。20世纪80年代的教学改革由著名历史学家白寿彝先生主持，重点放在教学内容和课程体系方面，因具开创性而获得1989年国家级优秀教学成果一等奖。进入20世纪90年代后，教学改革继续深化。为了加强基础课教学，完善学生的知识结构，并与历史学系进入"国家文科基础学科人才培养和科学研究基地"的教学需求相配合，我系组织教师编写并出版了一套历史学专业基础课教材。这套教材涵盖了历史学科各门主干课程的内容，基本满足了本科阶段历史学专业学生的学习需要，在系内的多轮使用中，得到学生的广泛好评。同时，由于具有精审谨严、结构合理、分量得当、适应面广的优势与特色，这套教材在各高校历史学科受到普遍欢迎。

时至今日，伴随着改革开放步伐的加快，历史学系又在调整自己的战略目标，根据自己的学科优势与特色设计发展之路。按照学校的部署，组建了新世纪历史学教材编辑委员会，在北京师范大学出版社的大力支持与配合下，首先着手对20世纪90年代编写出版的历史学基础课教材进行修订，力求通过高水平教材的修订与使用，促进教学质量的提高和新的人才培养目标的实现。这次修订，仍坚持以历史唯物主义作为指导思想的原则，结合学术发展与教学改革的需求，加入新的学术成果与教学理念，以顺应当今高等教育和历史学科教育教学的发展趋势，为21世纪的大学历史教育提供一套较为新颖、完善且适用面广的基础课教材。考虑到这套教材已具备的特色与优势，所以总体框架上不拟作过多更动。具体而言，原有章、节、目结构大体不变，全书正文前加图片若干，正文中根据内容需要附插图、地图，每章之后附有若干思考题，全书后附大事年表、中英文译名对照表和参考书目。根据学校新的教学计划，个别书名作了调整，《历史学概说》改为《历史学理论与方法》，《世界现代史（1914—1945）》与《世界当代史》合为《世界现代史（1900—2000）》，《中华人民共和国史》改为《中国当代史》。按照高等院校历史学科现行的课程设置，并考虑到教学上的实际需求，《中国近代史》仍仅包含从鸦片战争到五四运动这80年的历史。《中国当代史》则在原有基础上作了较大改动，主要是增加了20世纪90年代至今中国社会发展变化的诸多新内容。

本次修订，虽作了部分更动，一些方面得以完善，但疏漏之处仍在所难免，还望方家不吝赐教。

北京师范大学新世纪历史学教材编辑委员会

2004年5月

目录

序言

历史学理论和研究方法是历史学的重要领域之一，因而它也是史学研究的重要内容。在新中国成立后历史学发展的60年历程中，中国史学理论和方法的研究取得了一定的进展，特别是在建构马克思主义史学理论、运用马克思主义的史学研究方法方面，成绩显著，成果独到。但是，我们也应该看到和坦率承认，在过去的几十年中，在这个领域我们还是有很多缺憾和失误。特别是由于种种时代因素的制约，我们的史学理论和史学研究方法视野和思维空间始终不能充分拓展，这就在很大程度上，压缩了本来可以取得的更大成绩。

新中国成立以来，史学理论和方法的研究大致经历了以下3个阶段。

第一个阶段是1949年到1966年。1949年中华人民共和国成立，中国史学的发展步入了一个新的阶段。广大史学工作者以马克思主义理论为指导，全面开展研究工作，逐步形成了马克思主义史学体系。在这期间，诸如历史观问题、历史与现实的关系问题、史学的社会功能问题以及历史发展的动力问题、历史创造者问题、历史分期问题、历史人物评价问题等等，这样一些关乎历史发展和历史学发展的重大问题逐步成为史学界关注的要点，大家对这些问题从不同角度进行了探讨和争鸣，逐步开拓了新时代的史学理论研究领域。在历史研究方法方面，历史主义的方法、阶级分析的方法、史论结合的方法等等成为人们主要关注的问题。但是，由于当时史学总体水平的制约和国家政治生活中“左”的因素的干扰，在研究中视野狭窄、认识僵化、简单化十分明显。

第二阶段是从1966年到1976年。这十年由于政治生活中“文化大革命”的干扰，史学发展偏离了正常的轨道，成为了不同政治阴谋集团的工具。在“影射史学”中，史学理论和方法被严重扭曲，失去了其应有的学术意味。

第三阶段是从1976年至今。在这三十多年中，史学首先从困境中逐渐走出来，步入正常轨道；又在曲折、艰难的探索中逐步实现着成长和发展。其主要表现在：一是思想的解放。在史学理论和方法的研究中，过去人为设置的禁区，被逐步打破。二是视野的开拓。在史学理论和方法的研究中，人们可以从不同的视角去观察、去解释问题，并不断借鉴别人的成果。三是思维的扩展。在具体问题的研究中，人们可以从不同的角度分析和认识问题，得出不同的结论展开争鸣。四是与国外史学工作者的沟通和交流日益加强。史学研究在某种意义上可以说是一门真正的世界学问。在其研究中如果没有全体史学工作者的全面交流，其发展是无法实现的。

纵观60年来，我国史学理论和方法研究所走过的历程，大致可做如下两个方面的评价：

一方面，60年来，中国史学在理论和方法领域取得了带有自身特色的长足进步与发展。主要表现在几个方面：一是经过史学工作者的不懈努力和执着探索，逐步建构了带有东方和中国特色的史学理论和方法体系，陆续出版了一批书著成果，并将取得的成果运用于各类具体史学问题的研究，效果显著。二是对史学理论和方法具体内容和问题不断加深探讨，这方面研究的不断深入，使史学理论和方法这一史学分支学科的建设不断进步。三是逐步打破了长期以来史学理论和方法方面的一些禁区和封闭局面，在加强与世界各国史学交流的基础上，关注和了解世界史学理论和方法的发展，力求借鉴和吸收各国史学理论和方法的成果。

另一方面，在60年的历程中，由于种种复杂的因素作用，中国史学的理论和方法领域，在取得成绩的同时，又存在明显的缺陷与不足。主要表现在这几个方面：一是我国史学理论和方法领域视野狭窄、思维僵化、研究教条的状况仍然需要进一步改善，只有这样，史学理论和方法的全面建设与发展才能实现。二是在史学理论和方法领域的对外沟通与交流还需要不断加深，并以此为切入点，进一步推动我国史学理论和方法的研究。三是我国史学理论和方法在研究中始终不能生成学术流派。这在一定程度上反映出我们在这个领域的研究，缺乏生气、缺乏应有的深度。

展望中国史学发展的未来，史学理论和方法的研究，是一项重要而又艰难的工作，甚至还要经历无数的曲折。这需要广大历史工作者坚韧不拔、不懈努力。

首先，需要拓宽研究视野，活跃思维。史学是一门涉及领域很广的学科，作为其研究对象的客观历史又不能直面观察，从事史学研究视野不能短浅，思维不能僵化、教条。近30年来，中国史学在这方面已经取得了很大进展。但是，由于种种复杂因素的影响，我们观察历史的眼界仍需不断拓展，解决问题的思路仍需不断拓宽，这有助于史学理论和方法的研究不断深入。

其次，需要以宽容和包容的态度对待研究中出现的分歧和不同观点。在任何科学研究过程中，都会出现认识上的分歧和不同学术观点，正是由于有了认识分歧和不同观点，才使科学研究得以集思广益、得以不断深入，得以最终取得成果。作为人文社会领域的一门基础学科，史学的一个最大特点就是研究者在研究中不能直面研究对象，因此出现认识分歧、不同观点更是正常的。对待认识分歧、不同观点需要宽容和包容，这是史学研究必备的要素，学术争鸣只有建立在这样的基础之上才具有实效，才具有意义。

第三，史学理论和方法的专门研究应该与客观历史研究中的理论和方法运用结合起来。在今天，史学理论和方法已经发展成为史学的分支学科是不争的事实，但是，在其发展过程中，不能将理论和方法的研究简单化地封闭起来，闭门造车，而应该将其与历史研究中理论与方法的运用有机地结合起来，在对客观历史的认识过程中，不断检验和推动历史学理论和方法的研究。

编　者

2008年12月

第一章
历史学的基本特征

学习提示

了解和认识史学的特征是历史专业学习的重要条件和必备基础。主要包括三个方面的内容：一是要认识和了解学习、研究的对象是什么；二是要认识和了解这一研究是怎样一个范畴；三是要认识和了解史学研究的社会意义和作用。对这些内容中许多问题的认识，目前史学界还有分歧，没有定论。在学习和研究中展开对这些问题的研究与思考，有益于拓展历史视野，展开历史思维，更有利于在具体历史内容的学习、研究中加深理解，取得成果。

第一节　史学研究的对象——历史

历史是什么？这是历史学中的最基本命题，亦是历史研究中众说纷纭，并且需要长期讨论下去的问题。数百年来，人们关于这个问题的答案，难以有准确统计，大概有数百种之多。以至曾有人发出了这样的感叹："自古以来，有多少史学家就有多少种历史概念"。但是，这又是一个必须要不断研究、给出一定说法的问题，否则，历史研究就可能会带有极为有害的模糊性和随意性。

一、定义历史的前提条件

当前，要给历史直接下一个科学、公认度很高的定义还是一件颇有难度的事，究其原因，其中很重要的一点是对制约给历史下定义的主要条件的认识严重不足。因此，探究历史的定义，要从研究定义历史的前提条件入手。

首先，要说清楚历史是什么，必须要区分源和流。

长期以来，人们对历史的定义，往往分为两个含义，一指过去发生的事情本身，二指人们对过去的事情有意识、有选择的记录。过去发生的事一去不复返，我们不可能再亲眼看到。我们现在能看到的只能是人们对过去事情的记录，或人类活动留下的遗迹。研究历史的基本途径就是查阅文献记录或考察人类活动的遗迹。这样的定义及其对定义的认识，一般来说是可以的。但是，作为对一门科学或学科的研究成果，这样的认识和表述，却有着明显的缺陷。即这两个含义的内容本身有着不容忽视的客观因果关系，这种因果关系就是历史这一概念中的源和流的关系。因此，在定义历史概念时，应该具体揭示历史的源和流、历史的源和流具有怎样的关联、二者是怎样相互作用的。

其次，要说清楚历史是什么，需要界定"历史"的范畴。

界定历史范畴可以从纵、横两个角度入手。从横向的角度主要说明在同一时段中历史都包括哪些方面的内容。从一般意义上说，历史包括客观世界一切事物的发展过程，即指全部客观世界发展过程同一时段中的各个方面。概括起来，可以分为自然史和人类史。作为历史学研究对象的历史则专指人类史，也就是人类社会的发展过程，虽然这一发展过程与自然界有着密不可分的各种联系，但是自然史本体不属于"历史"的主体内容。

从纵向的角度主要说明在人类社会发展过程中，哪些时段属于历史的范畴。在客观世界演变的长河中，人类社会历史的发展是一个连续不断的过程，历史与现实与未来之间既有着密不可分的联系，同时又相对相互独立，各自有各自的范畴和断限。历史是人类社会已经发生过的过程，现实是人类社会正在发生着的过程，未来则是人类社会即将发生的过程。从科学的角度来看，三者各自研究对象的特点有不同。历史是已经发生过的事情，作为一个过程已经完结，其主体已经相对固化，不能重演、不能再现，研究者无法面对它；现实是正在发生着的事情，作为一个过程，其主体正处于巨大的变化之中，研究者大都身临其中、可以直接面对；未来是即将发生的事情，作为一个过程，其主体还未发生，研究者只能根据各种条件和认识进行推理和预测。三者研究的方法也有不同。历史研究主要通过对历史痕迹的掌握、分析，复原和认识已经发生过的事物；现实研究主要是通过对正在发生着的事物的观察、分析，掌握并积极推动过程的发展；未来研究主要是通过对现有条件的掌握、分析，预测和推断即将发生的事物和过程。

二、历史的主要特点

人类社会的“历史”虽然也属于客观存在，但是它与自然界的演变、与其他客观存在有着区别、不同，表现出自身的特点。这些特点可以归纳为：

（一）历史的内容是有生命、有意识的人的活动

人的存在，人类社会历史存在的首要前提。正如李大钊所说：“历史这样东西，是人类生活的行程，是人类生活的连续，是人类生活的变迁，是人类生活的传演，是有生命的东西，是活的东西。”① 但是，理解人的存在有两个要义需要明确：其一，人是自然的产物，自然而然地要受到自然力量的控制和支配；其二，人具有意识，可以积极、主动地顺应并在一定程度上改变自然力量对自己控制和支配的方向。两者之间相互联系，缺一不可，构成一个完整的和谐体，这是考察和说明人类社会历史的重要基础。

有了人就有了人的活动。人类的社会实践活动具体有很多方面和很多内容，概括起来主要包括人与自然之间、人与人之间相互作用的活动。人与自然之间相互作用的活动主要表现为人类不断对自然界的利用和认识，

①《李大钊史学论集》，1版，197～198页，石家庄，河北人民出版社，1984。

其主要特征就表现为科学技术发展的历程，人类在探索自然奥秘的过程中创立和发展了各种认识系统，即科学理论；在顺应自然、利用自然的过程中发明了各种技术。人与人之间相互作用的活动表现为人类社会自身的发展历程，人们在协调人与人的关系过程中，在完善自我的过程中，发展出各种社会组织形式、经济、政治制度、社会风俗、文学艺术等。正是这些人类活动的全景过程，构成了丰富的历史内容。

（二）历史不可能重演

历史现象按照时间顺序发生、发展，一去不复返，不像某些自然界的现象，可以“重复”地出现或者使用一些特殊的方法使其“再现”。例如，生物界的植物，一年四季从种子种植、发芽、长成根茎、开花到结出果实这样一个过程，一般每年都至少可以“重复”一次。物理中的电磁感应现象，也完全可以在实验室中，一次一次地再现。化学中的现象也是这样，某些元素的氧化和还原，都可以在一定的设备下，经过实验或者工艺流程，使之反复地出现。人类社会的活动却只能够上演一次，到目前为止，谁也不能够也没有任何方法让其“重演”。秦朝过后是汉朝，隋朝灭亡续大唐；前朝一切只能成为故事，再也不会出现在以后任何朝代的历史中。

（三）历史具有复杂性

历史的复杂性在于历史本身所具有的两重性特质上。即人类社会的发展离不开具有一定规律的自然历史过程，同时人类社会的发展又是人类有意识、有目的的活动，它在受着客观规律支配的同时，还受着有意识的人的牵动，正是人的活动创造了人类社会的历史。而“历史什么事情也没有做……创造这一切、拥有这一切并为这一切而斗争的……正是人，现时的、活生生的人。‘历史’并不是把人当做达到自己目的的工具来利用……历史不过是追求着自己目的的人的活动而已。”① 具体地说“人们通过每一个人追求他自己的、自觉期望的目的而创造自己的历史，却不管这种历史的结局如何，而这许多按不同方向活动的愿望及其对外界的各种各样影响所产生的结果，就是历史。”② 如果把历史比作是一个有血有肉、情节曲折、妙趣横生的长剧的话，自然过程就有如剧情和舞台，而人则是这长剧中的人物和剧作者。”这和完全没有意识的自然界的运动相比，显然要复杂得多，甚至给人一种变幻莫测的感觉。

---

①《马克思恩格斯全集》，1版，第2卷，118～119页，北京，人民出版社，1957。

②《马克思恩格斯选集》，2版，第4卷，248页，北京，人民出版社，1995。

（四）历史的统一性和多样性

1. 历史的统一性

历史的统一性是指历史所共同的东西、普遍的存在，即历史的客观规律。马克思主义认为，人类的历史是有着共同规律的。但是，历史过程十分复杂并充满着矛盾。这种历史发展的客观规律包括三种类型：

（1）能够在人类社会的一切发展阶段上都起作用的规律。例如，关于生产力、生产关系，经济基础、上层建筑之间作用与反作用的对立统一规律；社会存在决定社会意识，社会意识又反作用于社会存在的规律等。

（2）仅仅在某一个社会历史阶段起作用，而并不能够适用于其他社会历史阶段的规律。例如，关于阶级矛盾、阶级斗争的存在以及阶级斗争推动历史发展、前进的规律，就只适用于人类历史上的阶级社会，而不能够在无阶级社会（原始社会、共产主义社会）发挥作用。

（3）为某一个社会或某一种社会现象所独有的规律。例如，在我国近代半殖民地半封建社会里，民族资产阶级所具有的两面性的规律等。

这些规律构成了人类社会历史或其某个阶段、某个时代、某一社会现象的共性、普遍性，也即是统一性。

2. 历史的多样性

历史的多样性指人类社会历史的千变万化、千姿百态、五彩缤纷的事实。任何国家、任何民族都有着自己的独特的历史发展进程，都不可能是雷同的。例如，就人类历史发展的形态看，各个民族所经历的形态样式千差万别：欧洲历史上的日耳曼人和斯拉夫人就没有经历奴隶社会的历史阶段，径直地由原始社会过渡到封建社会；中国及一些不发达的民族主义国家，还经过半殖民地或殖民地的社会历史阶段，其中的中国，虽然在明清时期就已经产生了资本主义的萌芽，但是由于种种原因，却没有经过资本主义这一社会历史阶段，而是由半殖民地半封建社会直接进入到社会主义社会；一些资本主义发达国家，就其社会形态和性质来说是一样的，但是，就其资本主义原始积累的过程、资本主义制度确立的方式，以及资本主义经济发达的进程和因素来说，又都是极不相同的，英国、法国、美国不同，日本、德国更是迥异。凡此这些，都是历史多样性的具体表现。

3. 统一性和多样性的统一

在历史发展中，统一性和多样性是辩证地存在于一起的。尽管历史千变万化、纷繁复杂，但是，却都要受着人类社会普遍规律的制约。与此同时，历史的统一性即规律性，又只能通过历史的多样性即不同民族、不同国家的具体的历史进程，才能够体现出来。例如，正是通过了英国资产阶级与新贵族反对斯图亚特王朝的封建统治，两次内战以及1688年的“光荣革命”等一系列的具体事件，体现出了英国资本主义经济发展与封建制度的矛盾以及由此引起资产阶级革命、确立新的资本主义制度的规律。同样，通过美国独立战争、南北战争和法国大革命，也都能体现出这个生产力突破生产关系的束缚，其后新的生产关系又要求确立与之相适应的新的上层建筑这一历史发展的基本规律。

历史的多样性是历史统一性的具体表现形式。没有了历史的多样性，历史的统一性也就无从谈起。

（五）历史的必然性与偶然性

在人类社会的发展进程中，又存在着必然性和偶然性，“偶然性只是相互依存性的一极，它的另一极叫作必然性。”① 这是因为“人们自己创造着自己的历史，但是到现在为止，他们并不是按照共同的意志，根据一个共同的计划，甚至不是在某个特定的局限的社会内来创造这个历史。他们的影响是相互交错着的，因此在所有这样的社会里，都是那种以偶然性为其补充和表现形式的必然性占统治地位。”② 从哲学概念的层面上阐释，必然性是指客观事物与现象之间的内在的本质的联系，是不以人的主观意志为转移的；偶然性是指客观事物与现象之间可能出现也可能不出现的、表面的、非本质的联系。在人类社会历史发展中，必然性表现为历史事件的因果关系，并从中表现出历史发展的一定规律，而偶然性则表现为历史事件所发生的时间、地点，以何形式表现，由什么历史人物去完成，以及它的结局什么样，等等。

历史的必然性与偶然性之间有着密不可分、纷繁复杂的关系。

1. 历史的必然性总是要通过历史的偶然性表现出来

历史偶然性是历史必然性的表现形式。公元前209年秋，一队900人的戍卒走在安徽宿县大泽乡，遇雨不能按时到达指定地点，根据秦律，戍卒不按期到达将会被斩首。这时有个名叫陈胜的戍卒，奋臂一呼，于是大家“斩木为兵，揭竿为旗”，掀起了一场农民战争的巨大风暴。后来，虽然陈胜败死，然“其所置遣侯王将相竟亡秦”。正像汉初贾谊概括的那样：“一夫作难而七庙隳”。这一作用显然带有着许多的偶然性，如“遇雨失

① 《马克思恩格斯选集》，2版，第4卷，175页，北京，人民出版社，1995。

② 《马克思恩格斯选集》，2版，第4卷，732、733页，北京，人民出版社，1995。

期"，九百戍卒中有个陈胜存在，乃至戍守渔阳的遥远，大泽乡的地理位置、气候等。但是，恰恰是这一事件引发了秦末农民战争，导致了秦朝灭亡。这一偶然事件背后的历史必然是什么呢？

秦王朝是在战国时期政权纷立、战祸连连基础上建立的，其时战争的残酷犹如孟子所说："争城以战，杀人盈城。争野以战，杀人盈野。"那时，社会经济的残破和人民生计之艰难是完全可想而知的。但是，刚刚"得离战国之苦"的秦王朝不仅不思"休养生息"，反而征用大量人力物力修阿房宫、筑骊山陵墓、建长城、伐南越、戍五岭，徭役、兵役极度的繁重，再加上它又以严刑峻法治天下，从而造成了"赭衣塞路，囹圄成市，天下愁怨，溃而叛之的局面"。[①] 其统治岌岌可危，灭亡是必然的，积怨已久的人们只需要一个时机就会"揭竿而起"。而就在这时，一队远赴边地的戍卒走到大泽乡遇大雨，不能如期到达戍守地点，面临死亡的威胁，被迫起义，秦朝灭亡的"必然"正是以一系列"偶然"的具体事件得以实现的。

2. 历史的偶然性对历史必然性的实现能够起到加速或者延缓的作用

历史的必然要通过历史的偶然为其具体的形式来加以实现。但是，偶然性却不是只在那里消极地体现必然性。相反，它对必然性的实现、完成，能够也必定起着积极的作用。一个事变要进行、一场伟大的革命要成功，都常常是历史的必然，但是其迟来与速来，却常常是与某个或某些杰出的个人的出现相联系的。法国资产阶级革命的发展，需要一个"军事独裁者"，而拿破仑个人的军事才干和政治魄力，恰恰适合了这一需要，因而他的登台及法兰西第一帝国的出现，就极好地完成了法国资产阶级革命所赋予他的历史使命。拿破仑成为"军事独裁者"这个"偶然现象"无疑的是大大地促进了法国资产阶级革命的"必然"进程。

也要看到历史的偶然性有时又阻碍、延缓了历史必然发展的实现。一次革命的时机已经成熟或正在发展，而由于出现错误的领导或错误的举措，结果使得革命遭受挫折乃至失败，历史为之"倒退"的事也是时有发生的。至于在战争中由于指挥员个人的"偶然"因素，致使战局改变，导致本来必然胜利的结局，却以败北告终等的事实，就更多了。同时，某一场天灾、瘟疫等自然界的"偶然性"延缓了历史发展必然的迅速实现，也是人类历史上常有的事。凡此种种，都是历史偶然性从反面影响及于历史必然性的表现。

---

① 《汉书·刑法志》，卷23。

3. 历史的偶然性终究要受历史必然性的制约，其最后的结果也完全决定于历史的必然性

我们在历史上经常可以看到这样一种情形，某些偶然的事变成功了，甚至演化成了一场改变历史面貌的轰轰烈烈的革命运动。如1789年7月14日，法国巴黎人民攻占象征封建统治的巴士底狱，这本纯属“偶然”的事件，却点燃了法国大革命的熊熊烈火，其结果导致法国进入了资本主义的新时代。这一天也成了法兰西共和国的国庆日。由美国共和党领袖林肯当选为美国总统为契机，引发了美国南北战争，最终是北方工业资产阶级获胜，成了影响美国历史发展深远的第二次资产阶级革命。同样1911年10月，由于共进会的领导人孙武在其总部机关（汉口俄租界宝善里）秘密试制炸弹失慎爆炸的“偶然”事变，引起的武昌方面新军的提前起义，成为推翻清王朝乃至两千年中国封建专制统治，建立中华民国的先声。1919年5月1日至2日，中国在巴黎和会上的外交失败，成为“五四运动”的导火线，从此，中国进入了新民主主义革命的崭新历史阶段。1936年12月12日发生的“西安事变”，从当时看，甚至对于张学良、杨虎城这样的事变发动者来说，都是带有一定的偶然性，乃至于带有突发性质。可正是这一事变的最后“和平解决”，结束了十年内战，开创了全国抗日民族解放战争的伟大局面。

这些从历史的长河看，不乏成功的和意义深远、影响了历史进程的历史“偶然”，之所以能够如此，归根结蒂是由于它们符合了历史发展的必然趋势，尤其是符合了当时外国的或中国的“经济的必然”。

反之，历史上某些不符合必然性的偶然事件只能是昙花一现，成为历史的一个小小插曲；有的即便暂时成功，甚至维持了几年或者更多一点时间，但是，终归还是以其一败涂地而告终，历史并不因其“偶然”事变及后果而改变自己总的进程。如1915年12月发生的袁世凯复辟帝制史称“洪宪帝制”的事件与事隔不久，发生在1917年6月的“张勋复辟”事件就都是如此。同样，在英国资产阶级革命中，查理二世的复辟与美国南北战争以后林肯被反动分子所刺杀，未能丝毫改变英国和美国资本主义的发展进程，亦是如此。这些都同样表现出了历史必然性的作用。

（六）人类社会的历史与自然史有着密切的联系

人类本身就是自然界发展的产物，人类自从诞生以来，就生活在自然界中。因此，自然史影响着人类社会史，人类社会史也影响着自然史，二者之间有着不可分割的联系。

1. 自然界制约、影响着人类社会的存在与发展

自然界对人类社会发展的制约与影响，在人类的早期表现得更为突出。例如，人类最早的几个文明古国都是与大的河流分不开的。尼罗河流域哺育了古埃及，幼发拉底河与底格里斯河流域产生了古巴比伦，恒河流域是古代印度的摇篮，黄河流域则孕育了中国古文明。同样是古希腊的著名城邦雅典与斯巴达，由于其所处的地理条件不同，无论是在生产部门、奴隶制形态，乃至政治制度和对外关系上，都有很大的差异。它们的历史进程时刻受着其自然条件的影响和制约。就是近代也并不例外。美国的独特地理位置，使得它享有得天独厚的优势，两次世界大战都没有使它的本土遭到战火摧残，对它的资本主义发展乃至其能够控制美洲、称霸世界都不能说没有一定的关系。英国与欧洲大陆相隔多佛尔海峡和英吉利海峡，这就使得第二次世界大战期间，德国军队尽管一时席卷西北欧，但是始终只能空袭英国，却不能够直接攻入英国本土。至于在人类历史上，完全由于自然因素如大的地震、洪水等而使得古代一个城市乃至一个小国归于毁灭的事，是并不少见的。自然因素影响一场战争胜负的情况，就更是不胜枚举了。

2. 人类的活动也在不断地改变着自然界，并在一定程度上影响着自然史的内容

人类通过自己的活动改造利用自然，如中国历代的治理黄河工程，筑堤防海活动，圩田、梯田的建造；现代的人工造雨、植树造林、人工破冰雹，改造沙漠工程等。但是，人类在改造自然的同时也会对大自然造成破坏，如工业发达以后，废水、废气、废料污染环境，由于某种原因致使大气中的臭氧层出现空洞，滥伐森林造成水土流失、良田成为沙漠，等等。可以说，人类的活动时刻都与自然界发生着相互作用。

第二节　史学——人们对历史的认识

一、史学的含义

从词源来看，古代希腊文 Historia 是史字的意思，译意为“真理的寻求”，后来发展到英文、法文，又有了“征询”、“问而求知”的意思。也有人认为希腊原文实际上是带有“纪事”，即以“求真的精神纪事”的意思。史为“纪事”在中国也有此说。《礼记·玉藻》说：君王“动则左史书之，言则右史书之”；《汉书·艺文志》亦说：“左史记言，右史记事，言为《尚书》，事为《春秋》。”一般认为，这是中国最早的成熟史学。记言、记事，虽然《礼记》与《汉书》所述“左史”、“右史”的功能略有出入，但是“记录”下当时的事和言以为后世垂训，却是一致的。

台湾的李宗侗先生所著《中国史学史》（1984 年中国友谊出版公司出版），在讲“史的起源”时，标题即为“史之初义为史官”。他明确地说：“史之初义为史官而非指史书”，并认为这一点与西欧史之起源不同。“在中国，史书是后起之义，由史官而引申成史官所写之史书。”其他的书著中也有此说，大多依据东汉许慎《说文解字》中释“史”字时的一段文字：“史，记事者也。”

也有人认为，史学起源于史书。有了文字以后，人们才能把历史记述下来，遂成史书，而有了史学。

还有一种说法，把史料即说成为史学。这在中国曾经有过。民国时期中央研究院历史语言研究所所长傅斯年就说过：“近代的历史学只是史料学，利用自然科学供给我们的一切工具，整理一切可以逢着的史料”；“史学的工作是整理史料”；“史学便是史料学”。① 英国的《剑桥近代史》多卷本的计划者阿克顿认为“他们的任务既不是描述自己那个国家和宗教的历史，也不是自己的党派的历史，他们的唯一目标是‘积累准确的知识’”；在他看来，“历史是‘经验所揭示的记录或事实’。历史学的目的是‘非常实际的’”。阿克顿及其继承者的看法，到了 20 世纪 30 年代便有人开始怀疑，甚至进行批评，指出他们这种类型的历史研究“缺乏洞察力”，是

---

①《历史语言研究所集刊》，第 1 集。

"迂腐穷酸地追逐细枝末节"。上述种种观点所反映的，是不同时期人们从不同角度对史学的含义做出的阐释。史学到底是什么呢？应该如何表述才算得上准确呢？

马克思和恩格斯有一段颇为精辟的论述，他们指出：史学"正是描述人们的实践活动和实际发展过程的真正实证的科学"。①

首先，史学所研究的是"人们的实践活动"和这些实践活动的"实际发展过程"。这里，既包含了对人类客观历史的认识，也包含着对人类客观历史的描述、阐述。史学是人们对于人类社会过去形态的一种认识活动。既是认识，就应该包括认识它的现象和本质、过程和规律这样两个方面。正如毛泽东在《实践论》中说的，人类的认识活动总是要经历一个由感性（"过程中各个事物的现象方面……各个事物的片面……各个事物之间的外部联系"）阶段发展到理性（"抓住了事物的本质，事物的全体，事物的内部联系"）阶段的过程。史学既是人们对于客观人类历史的认识，理所当然地也要经历这样两个阶段。搜集、整理史料，即史料学，属于弄清历史现象及其表面联系的感性阶段，运用抽象思维，透过历史现象认识历史本质，经过对历史过程的分析，揭示历史发展的规律，则属于对历史认识的理性阶段。只有这两个阶段都完成了，才算得上是对于人类客观历史认识的完成，才能算是完成了史学研究。

史学不只是研究（即认识）人类的客观历史，还要在此研究的基础上，将人类历史的发展过程及其规律描述、阐述出来，否则其成果便无从为人们所了解、知道，也就无从发挥这门科学的社会功能。这便是史学论文的撰写工作与史书的编著工作。因此，那种史学即史书的意见，是有它一定合理性即道理的。当然，它并未能够很全面地将史学的概念阐释清楚。

其次，史学研究要认识和描述"人们的实践活动"和这些实践活动的"实际发展过程"，是通过实证。由于史学研究的对象大都是已经发生过的事情，人们已不可能直接面对，只能通过掌握、辨析其遗留下来的痕迹，加以认识。只有真正运用了实证的方法，"有几份证据，说几分话"，史学才能成为一门科学。

总之，史学就是研究和阐述人类社会历史发展过程及其规律的实证科学。

---

①《马克思恩格斯选集》，2版，第1卷，73页，北京，人民出版社，1995。

二、史学的分支

史学在其发展过程中，逐渐地分出许多的门类，并都能相对地成为独立的史学学科。这种史学的分科，反映了史学在其研究过程中的不断深入与细化，对于现实的史学研究与教学工作，都有一定的意义。

（一）按照史学研究的对象的时间跨度，分有通史和断代史。

通史，指对历史作贯通古今，并在政治、经济、文化各个方面都作研究与阐述的学科和书著。如中国通史、世界通史。西汉司马迁的《史记》、北宋司马光的《资治通鉴》、南宋郑樵的《通志》，现代周一良、吴于廑主编的《世界通史》等，都属于通史类著作。

断代史，原指中国史学中以朝代为断限的史书。创始于西汉班固的《汉书》，后来的正史也都是断代史，如《旧唐书》《新唐书》《宋史》《元史》等。现在，可以泛指对某一历史时期的历史研究与阐述的学科和书著。如原始社会史、中国近代史等。史书中，如范文澜的《中国近代史》、胡绳的《从鸦片战争到五四运动》等。

（二）按照史学所研究历史的空间（地域）跨度，分有世界史、国别史、地区史和乡土史等。

世界史，指其研究、阐述内容涉及世界历史发展进程及其规律的史学学科和书著。如世界通史、世界上古史、世界中古史、世界近代史、世界现代史等的学科及相关史书。

国别史，凡其研究、阐述的内容只包揽一个国家历史的发展进程及其规律的史学学科和书著都称国别史，如英国史、法国史、日本史和中国史等的学科及有关史书。

地区史，指只涉及世界上某一地区的历史发展进程及其规律研究和阐述的史学学科和书著。如非洲史、拉丁美洲史、东南亚史等的学科及相关史书。

乡土史，一般指对我国某一地方（如省、自治区、市、地区、乡等）历史的研究及有关书著。如东北史、西藏史、台湾史、北京史等的研究及书著。

（三）按照历史的不同领域、不同方面进行研究与阐述，可以有各种不同学科的专史。如经济史、政治史、文化史、法制史、民族史、宗教史、哲学史、文学史、教育史、战争史，以及国际关系史等的研究与相关史书。

（四）由对历史的研究与阐述转而对史学自身进行研究和阐述的一些学

科和书著。如以研究、阐明史学自身规律的史学理论；以研究、阐述史学发展过程及其规律的史学史；以研究史料及其搜集、整理方法为对象的史料学和研究历史书籍编纂的理论与方法的历史编纂学等。

以上的史学分科并不是绝对的，常常是在一个分科或书著里兼有几类问题的研究与叙述，如断代的史料学、国别的专史等。

三、史学研究的主要内容

史学既以人类社会历史的发展进程及其规律为其研究和阐述对象，它所要研究、阐述的内容就必定要涉及人类社会历史的各个方面，具有十分广泛的性质。

人类的历史，首要的条件是“有生命的个人的存在”，而正是这些人们的社会实践活动，推动历史发展，构成了人类历史的全部内容。但是，当我们考察人们的实践活动时，立即就会发现它“表现为双重关系：一方面是自然关系，另一方面是社会关系。”① 这是因为，人类从其诞生之日起，就清楚地带有双重性质。一方面，他们要生存，要繁衍后代，于是便要与自然界发生关系，要与自然界斗争，征服自然，从而产生了人类的自然属性。人类的自然属性是人和人类存在的自然基础和前提。同时，人类从一产生便是社会性的，单个人不但不能生存，而且也发展不成人类社会，不能有如现在这样的发达进步，这就出现了人类的社会属性。社会性是人类与动物能够区别开来的本质属性。

正是这样，由人类实践活动的自然关系，便有了“人们对自然的作用”，产生人们征服自然的能力，这便是生产力。同时，由于人类实践活动的社会关系，即人与人之间发生的关系，便产生了生产关系。因此，人类社会的生产力与生产关系这两个方面及其之间辩证统一的发展进程和规律，应该是史学研究与阐述的主要内容。

马克思在《〈政治经济学批判〉序言》中说：“人们在自己生活的社会生产中发生一定的、必然的，不以他们的意志为转移的关系，即同他们的物质生产力的一定发展阶段相适合的生产关系。这些生产关系的总和构成社会的经济结构，即有法律的和政治的上层建筑竖立其上并有一定的社会意识形式与之相适应的现实基础。物质生活的生产方式制约着整个社会生

---

①《马克思恩格斯选集》，2 版，第 1 卷，80 页，北京，人民出版社，1995。

活、政治生活和精神生活的过程。"① 这段精辟论述为我们更好地把握史学研究与阐述的内容，很有裨益。

生产力包括历代劳动者、生产资料、生产工具、生产部门以及某些自然地理环境（与生产资料和生产条件有密切关系的自然条件）和科学技术；生产关系进一步可扩大为人与人的一切社会关系，包括历代的生产资料所有制、阶级、阶层、家庭、婚姻等；上层建筑则包括历史上社会的政治、法律制度、国家机器（军队、警察、法庭、监狱、政府部门），以及与之相适应的有关政治、法律、宗教、艺术、哲学等各种观念形态的东西。所有这些，就构成史学所要研究与阐述的内容。

第三节　史学研究的基本过程与特点

一、史学研究的基本过程

史学研究是人类对历史的认识，对这种认识，可以从层次的角度考察，也可以从一般过程的角度考察。从层次角度考察，史学研究有宏观微观、中观之分；从一般过程的角度考察，史学研究有步骤、程序之分。

（一）史学研究的不同层次

虽然系统地提出历史的宏观研究与微观研究的理论与方法，是在近代，但是宏观或微观地去观察、认识历史，却是古已有之的。

1. 历史宏观研究

从宏观上认识历史，就是要从总体上、联系上、多侧面、全方位和发展的角度去对历史进行考察，而后认识历史发展的必然性、规律性和人类历史现象的统一性。

《礼记·礼运》中说："孔子曰：'大道之行也，天下为公。选贤与能，讲信修睦。故人不独亲其亲，不独子其子，使老有所终，壮有所用，幼有所长，矜寡孤独废疾者皆有所养。男有分，女有归。货恶其弃于地也，不必藏于己；力恶其不出于身也，不必为己。是故谋闭而不兴，盗窃乱贼而不作，故外户不闭，是谓大同'"。接着又说："今大道既隐，天下为家。各亲其亲，各子其子，货力为己。大人世及以为礼，城郭沟池以为固，礼

① 《马克思恩格斯选集》，2版，第2卷，32页，北京，人民出版社，1995。

义以为纪。以正君臣，以笃父子，以睦兄弟，以和夫妇。以设制度，以立田里。以贤勇知，以功为己。故谋用是作，而兵由此起。禹、汤、文、武、成王、周公，由此其选也。此六君子者，未有不谨于礼者也。以著其义，以考其信。著有过，刑仁讲让，示民有常。如有不由此者，在执者去，众以为殃，是谓小康。"

文中将中国的历史划分为"大同"和"小康"，并且从总体入手、站在发展的角度对这两个历史时期进行考察，包括了人与人的关系、上层建筑的各个方面，以及人们的伦理意识等的状况和变化，并且作出了质的划分，这是属于对历史的一种宏观考察与宏观认识。

从史书上看，司马迁的《史记》和司马光的《资治通鉴》即是着眼于宏观历史认识的两部历史巨著。从时间跨度说，《史记》所记的历史起于传说中的黄帝，止于汉武帝太初年间，共三千年左右；《资治通鉴》则囊括了上起周威烈王二十三年（前403年）韩、赵、魏三家分晋，下迄后周世宗显德六年（959年）北宋建立前，共记1362年的史事。从地域跨度说，两部巨著都是记述全国的历史，而且记述了全国每一个历史时期的政治、经济、文化以及民族、对外关系等各个方面的史事。最关键的是，两部史书都是要总览历史发展，着眼于总结历史发展的经验教训和历史规律。

《史记·太史公自序》说该书的编写目的是"述往事，思来者"，"原始察终，见盛观衰"。《汉书·司马迁传》记述司马迁的《报任少卿书》，其中说道："仆（指司马迁）窃不逊，近自托于无能之辞，网罗天下放失旧闻，考之行事，稽其成败兴坏之理，凡百三十篇。亦欲以究天人之际，通古今之变，成一家之言。"这就清晰地表明，《史记》的旨意和着眼点是要通观历史，考察历史上的盛衰成败，弄通其前因后果；认识自然与社会的关系和古往今来历史发展变化的规律。

《资治通鉴》编写的宗旨，司马光在其《进资治通鉴表》中也说得十分清楚，就是要对历史删削冗长，举撮机要，专取关国家盛衰，系生民休戚，善可为法，恶可为戒者，为编年一书，使先后有伦，精粗不杂"，"鉴前世之盛衰，考当今之得失。"由于其编写的体裁为编年体，是按照了时间次序，缀史事于其下，因此在同一时间内的史事就"同年共世，莫不备载其间"。这样，历史的纵、横向联系便十分的清晰，易于显现出它们之间的因果关系及历史发展规律。通鉴的内容和通鉴的体裁可谓相得而益彰。

总之，《史记》与《资治通鉴》这两部史书，主要是从宏观上认识历史。

在近现代，尤其是新中国成立以后，我国的史学领域在马克思主义史学理论的指导下，对历史的宏观认识与研究得到加强，提高到自觉的地步，比之于过去完全呈现出了质的变化。例如，人们关于我国奴隶社会与封建社会分期问题、资本主义萌芽问题、农民战争问题、古代民族关系问题、封建社会长期延续的原因问题，以及亚细亚生产方式等的研究、讨论，就都是属于宏观的历史认识与历史研究的课题。范文澜主编的《中国通史》、郭沫若主编的《中国史稿》、翦伯赞主编的《中国史纲要》、侯外庐的《中国封建社会论集》、白寿彝主编的《中国通史》等重要的涉及中国通史和中国封建社会历史的史著，也都属于从宏观的角度考察并且阐述中国历史的范畴。它们的共同特点都是努力地把马克思主义史学理论与中国历史的实际相结合，从总体上，贯通而全面地考察、研究中国历史或中国历史上某一个重要的社会历史形态，并且着力于揭示中国历史发展的进程及其规律。

2. 历史微观研究

从微观上认识历史，则主要是限制于考察人类历史的局部或个别现象，而且常常是孤立地、静止地对历史进行观察。它所要认识的往往只是历史发展的偶然因素和历史现象的多样性方面。

中国古代史学一直重视的史书辨伪、文字校勘、史事考据等工作，考一个字、一个年代、一个地名、一个人物和一个事实等，就都属于对历史的微观认识这个范畴。司马光著《资治通鉴考异》一书，是他在编书过程中，将其收集的史料"参考群书，评其同异，俾归一途"，然后决定取舍的一步重要工作，亦是属于这种对于历史史实考辨的微观认识。清朝初年兴起的"乾嘉学派"，考经、考史，直到考证诸子等书，穷索史迹，钩沉辑佚，订伪辨谬，提出"无证不信"口号，更是把考据工作这种对历史的微观认识推到了登峰造极的地步。

马克思主义经典作家也非常重视从微观的角度去对历史现象进行考察和认识。恩格斯在其所写的《马克思（路易·波拿巴的雾月十八日）第三版序言》中说："马克思不仅特别偏好地研究了法国过去的历史，而且还考察了法国当前历史的一切细节，搜集材料以备将来使用。"① 恩格斯自己也十分注意历史的微观考察，强调构成历史的每一事实都要准确无误。在《英国工人阶级状况·序言》中，恩格斯说："这本书里所叙述的，都是我

① 《马克思恩格斯选集》，2版，第1卷，583页，北京，人民出版社，1995。

看到、听到和读到的。我的观点和我所引用的事实都将遭到各方面的攻击和否定……但是我要毫不迟疑地向英国资产阶级挑战：让他们根据像我所引用的这样可靠的证据，指出哪怕一件多少能影响到我的整个观点的不确切的事实吧。”①

3. 历史宏观研究和历史微观研究的关系

人们对于历史的宏观考察和微观考察是两个既相区别，同时又彼此联系的认识思维过程。它们的区别除了如同前述的各自所要考察、认识的对象、任务有着差异外，在其认识方法上也是很不相同的。宏观认识历史，所用方法偏重于抽象的逻辑思维。如分析、综合，比较、概括等。尤其是要运用马克思主义的历史唯物主义观点、辩证思维的方法。微观认识历史，则偏重于计量、辨伪、校勘、考据等的方法，其中也有思维，但是偏重于形式逻辑的思维。如对历史上一场战争的考据，可以做出数量的统计，看看双方各自所投入的兵力、装备、武器，等等。对于一个历史事实的有无，有时则用形式逻辑中的“排中律”来加以判断，非有即无；非无即有，排除了“无”也就说明了“有”；反之，排除了“有”便证明其“无”。

对于历史的宏观认识与微观认识二者之间的联系，主要表现为以下两点：

第一，作为史学界和某一位史学家，可以有所分工，有所偏重。一部分人多做些微观的认识工作，更侧重于从事辨伪、校勘、考据历史文献和历史事实的研究，而另一部分人则多做些宏观的认识工作，纵通古今，比较中外，总揽历史全局的发展，更多地着眼于历史发展规律性的认识。这是允许的，也是事实上存在的情况。但是，作为史学研究整体，这二者却必须结合起来，既不能只是考据史料，只讲微观认识一些个别的历史现象，走入“史料即史学”的泥潭。也不能只是着眼于宏观考察历史，“放空炮”。只有把宏观认识与微观认识结合起来，才能够形成为真正的历史科学。对此，清代杰出史学家章学诚有过一段名言：“高明者多独断之学，沈潜者尚考索之功，天下之学术不能不具此二途；譬犹日昼而月夜，暑夏而寒冬，以之推代而成岁功，则有相需之益；以之自封畛域，则有两伤之弊。”② 可以说，这里说的“独断之学”就是我们现在说的宏观认识，而“考索之功”说的则是今天意义上的微观认识，只有二者结合，史学才能够

---

①《马克思恩格斯全集》，1版，第2卷，278~279页，北京，人民出版社，1957。

②《文史通义·答客问上》。

获得“相需之益”的“岁功”。倘若各自“自封畛域”，就会有“两伤之弊”。

第二，从认识过程来看，对历史的微观考察属于感性的认识阶段，是要弄清楚一个个的历史现象，而对历史的宏观考察则属于认识的理性阶段，结果是“由表及里”、“由此及彼”地认识历史的本质，揭示历史的发展规律。微观考察是这个认识历史过程的基础和前提。但是，仅只有微观考察，只是弄清一个个的历史现象，还不能说已经真正地认识了历史，只有通过宏观考察，才能够使历史的表面现象得到升华、深化，才算是真正地认识了历史。

4. 历史中观研究

在微观与宏观的认识历史之外，还有的学者提出了中观认识历史的问题。所谓中观认识，包括两个含义：

（1）它是宏观认识与微观认识的结合，许多历史人物、历史事件或典章制度的研究，事实上都是属于这种中观认识的范畴。以明末李自成农民战争的研究为例，它既要有微观的考察，如李自成起事时间、荥阳大会有无、是否焚烧凤阳皇陵是高迎祥和李自成“分兵定向”的结果、究竟焚烧者是谁、李自成从何处进入的河南、李岩有无其人、关于李自成的死（时间、地点、是否被害）……这些都需要而且也已经有人在那里进行详细的考据，至今还有不少的分歧意见。同时，它更是需要从宏观上进行研究和把握，要把李自成起义与明末当时尖锐的各种社会矛盾联系起来；要把它的逐渐发展壮大与其他起义军的兴起或败灭、明王朝的腐朽以及东北的满洲兴起联系起来；还要把它的“均田”、“免粮”口号与历代农民战争的纲领口号加以比较；更要从中国封建社会里农民阶级的革命性与局限性的角度分析这次起义的一些特点及其最终失败的原因，等等。这样才能够认清这次农民战争的起因、发展、推翻明王朝，直到失败的历程，从中总结历史经验教训，揭示封建社会农民战争的某些规律。在这个研究过程中，微观地考察历史与宏观地考察历史二者始终是密切结合在一起的，从而形成了关于李自成农民战争的中观认识。

（2）中观考察历史也被看做是人们认识历史过程的一个重要环节与步骤。有学者专门就“微观、中观、宏观”的问题，进行了历史考察。他们认为：“历史认识按照认识范围的不同，大体形成微观、中观、宏观等几种类型。一般说来，微观研究将个别的历史事件和情节作为自己的研究对象，以就事论事弄清事实真相为自己的任务；中观研究将一组事件和历史过程作为自己的研究对象，以根据时间、空间、内容等弄清它们之间的外部联系为自己的任务；宏观研究将历史发展的全局与整体作为自己的研究对象，以发掘历史的内在联系、掌握历史发展的客观规律与发展趋势为自己的任务。三种类型近似于历史认识的感性、知性、理性三个不同的阶段”。又认为：“事实充分表明，微观、中观、宏观的历史考察，代表了历史认识、历史思维发展的不同层次、不同阶段，它们也正是历史实际自身不同特征逐一被用不同方式加以认识的客观需要的产物。”① 显然，这是从另一个角度论述了历史的中观考察，不是把它看成一般的宏观考察与微观考察的结合，而是从客观历史的特点出发，从考察的对象、任务及研究方法等方面的区别，将其与宏观考察、微观考察并列成为人们认识历史的一种类型，是历史认识活动中的一个“层次”和一个“阶段”。

（二）史学研究的一般过程

如果把对历史的微观认识、中观认识和宏观认识当做人类认识历史的结构、框架，从中我们可以细绎、概括出史学研究的一般过程：收集、整理史料；对史料作分析研究、形成历史认识。

1. 收集、整理史料，获得证据

（1）史料的分类。史料的种类很多。一般说，包括以下几个方面：

史迹遗存。指人类社会历史发展过程中一些尚存的实物性质的遗迹。

一类是历史遗迹，中国的，如陕西西安半坡村遗址，河南安阳殷墟遗址，北京元、明、清三朝的宫殿、园苑、居住宅院等的遗址，河北承德避暑山庄、外八庙，陕西西安的汉、唐陵墓，北京昌平的明十三陵，河北省境内的清东、西帝陵，五台、普陀、九华、峨眉等名山的佛寺古刹群，西藏拉萨的布达拉宫，历代的长城遗址，以及像上海、延安、西柏坡等地的许多革命遗址，等等。世界的，如印度河流域的摩亨佐·达罗城遗址（前2350年至前1750年），埃及尼罗河下游的金字塔群和狮身人面像，古希腊迈锡尼文化的王宫狮子门遗址，雅典卫城遗址，法国的凡尔赛宫，等等。这些有的是经过地下考古发掘才使之再现的，有的是一直在地上保存下来的。

一类是历史文物，即历史上遗留保存的实物，如历史上人们生产劳动用的工具（石器、铜器、铁器等）、生活用品（陶瓷、衣物、饰品等）、武

---

① 姜义华、瞿林东、赵吉惠著：《史学导论》，1版，95、100页，上海，复旦大学出版社，2003。

器（青铜的、铁质的）、货币，等等。

史迹遗存带有更大的真实直观性，可以帮助人们更直接地感受到历史发展的某些原貌，尤其是在文字产生以前的人类历史，除了依靠后世记载的部分传说史料外，主要是要依赖于史迹遗存这部分史料加以认识。如对原始社会历史的了解、研究，即是如此。即便有了文字记载以后，史迹遗存仍然是史学研究不可缺少的认识来源。如关于我国造纸术的发明，从过去传统的“蔡伦造纸”（蔡伦对改进纸有重大贡献）所界划的东汉时代，向前推到了西汉的文景时代，就主要是由于甘肃天水放马滩麻纤维纸实物的发现。宋代瓷窑遗址的被发掘和数量、品种众多的瓷器的存在，成为我们认识、研究宋代瓷器手工艺的重要依据。

历史文献。白寿彝先生认为，“一切具有历史意义的文字记录”都可称做历史文献。① 宋末元初的马端临在《文献通考》的《自叙》中说：“凡叙事，则本之经史而参之以历代会要，以及百家传记之书，信而有徵者从之，乖异传疑者不录，所谓文也。凡论事。由先取当时臣僚之奏疏，次及近代诸儒之评论，以及名流之燕谈，稗官之记录，凡一话一言，可以订典故之得失，证史传之是非者，则采而录之，所谓献也。”他在这里把传流的历史文献种类大体上作了概括。从中可见，历史文献包括有经、史、子、集诸部的古代典籍，其中尤其是史部之书，有“臣僚之奏疏”，应该亦有帝王之诏令等的档案文书。前者如《十三经》《诸子集成》、自《史记》开始的二十四史、《左传》《资治通鉴》《明实录》《清实录》《通典》《文献通考》，以及《王荆公集》《曾文正公全集》《左文襄公全集》等；后者如《唐大诏令》《宋会要辑稿》《明经世文编》等。以上主要列举了关于中国史上的历史的《历史》，修昔底德的《伯罗奔尼撒战争史》，古罗马军事家、政治家、史学家恺撒的《高卢战记》和《内战记》，史学家波里比阿的《通史》，李维的《自建城以来》（包括传说中罗马城的兴建到公元前9世纪的罗马史），塔西佗的《历史》《编年史》和《日耳曼尼亚志》等。档案在世界史研究中从近代以来亦被更加广泛地应用。我们知道，马克思为了撰写《资本论》中关于英国劳工法的问题，就曾经最广泛地翻阅、利用过大英博物馆里所收藏的载有工厂视察员报告的蓝皮书档案资料。

必须看到，在浩瀚的历史文献中，还有一部分是属于地下考古发掘的成果。商代的甲骨文，从1899年被发现开始，到1979年《甲骨文合集》

① 白寿彝主编：《史学概论》，1版，5页，银川，宁夏人民出版社，1983。

出版问世，其间80年，人们发现了载字甲骨大约10万片，已经整理出的甲骨文单字（除去重复的字和异体字）有约4500个，其中能够准确识读的有1000多字。另外，刻或铸在大量商周青铜器上的文字，即金文（亦称“钟鼎文”、“铭文”），其数量也不算少，有的一件器物上的金文即达几百字，俨然是一篇短文。其实，通过地下发掘而发现古文献资料的历史，在我国还可以追溯到更远。西晋武帝太康二年（公元281年），汲郡（战国时魏地，今河南汲县）有人盗魏襄王墓，发现竹简数十车，后整理成《竹书纪年》，有关我国古史记载甚丰。新中国成立后，1973年在湖南长沙马王堆汉墓出土有帛书《老子》；1972年在山东临沂银雀山汉墓出土大批兵书，其中尤以《孙子兵法》与《孙膑兵法》更为珍贵，它澄清了从隋唐以来关于这两部兵书的许多疑点和混乱。1975年年底至1976年年初，考古工作者在湖北云梦睡虎地发掘了12座战国末年至秦代的墓葬，其中出土了1155支秦简（另有80片残片）。这批秦简以秦隶书书写，包括《编年记》《语书》《秦律十八种》《效律》《秦律杂抄》《法律问答》《封诊式》《为吏之道》《日书》两种等10部分，是研究秦史的重要资料。解放前后，重大考古发现的文献还有在甘肃敦煌和酒泉、内蒙额济纳河两岸及黑城东南、新疆罗布泊等地汉代边塞、烽隧屯戍地遗址发现的汉代木简3万多枚；在甘肃敦煌石窟和新疆吐鲁番发现的主要是唐代的有关户籍、土地制度的大量古文书，等等。

近代学者王国维（1877—1927年）将以上两种文献资料结合起来，在他的“古史新证”研究中，广泛地利用新发现的文献材料，取得了许多新的成果。他提出的历史研究的“二重证据法”就是以旧的原有的文献材料解释新发现的文献材料，同时又用新发现的文献材料印证旧的原有的文献材料，从而为中国古代历史研究开辟了一条新的道路。他撰写的《殷卜辞中所见先公先王考》和《殷卜辞中所见先公先王续考》两书（各1卷），是这种研究方法的力作。

《殷卜辞中所见先公先王考》和《殷卜辞中所见先公先王续考》在甲骨学家罗振玉发现甲骨文中有“王亥”一名的基础上，依据《山海经》《竹书纪年》以及《世本》《楚辞》《吕氏春秋》等原有文献材料，加以考据，证明王亥为殷商之先公，即《世本》中的“胲”和“核”、《楚辞·天问》中的“该”、《吕氏春秋》中的“王冰”、《史记·殷本纪》中的“振”、《汉书·古今人表》中的“垓”。接着，他以此为线索，继续深究，终于证明了甲骨文所见的殷代先公先王的名字及世系，基本上与《史记·

殷本纪》的记载相合。这就用新文献实证了《史记·殷本纪》，把我国有文字可考的信史上推到了先商时代。这两部著作还从甲骨文中考据出殷商王室的兄终弟及继承制度及其与周制度的差异。此外，王国维对于金文、汉简、敦煌写卷等方面的研究也有卓越之功。

历史文献在整个史料中占据着最重要的地位。首先，作为人类社会历史遗留下来的痕迹，历史文献部分是最为丰富的。以中国的历史文献为例，它简直是浩如烟海、汗牛充栋。其中，仅纪传体的“正史”（“二十四史”），就有3229卷，4500余万字；重要的编年体史书《资治通鉴》有294卷、《明实录》为2909卷、《清实录》为4355卷；清乾隆时编的《四库全书》所收图书达79070卷。档案的资料更是惊人。据统计，清代的原始档案，从清入关前的天命九年（1607年）至宣统三年（1911年）朝廷和一些地方机关的官文书，以至清亡后溥仪暂居故宫和天津张园、静园时期的文件，尚收存的，计约九百余万件册。”① “其文字则大多数是汉文或满汉合璧，一部分是满文，并有一些蒙、藏等少数民族文字，以及英、法、俄、日、拉丁等外国文字。”②

其次，历史文献通过文字的记述，可以更加具体，更为形象、逼真、生动地表现出历史的发展进程及其各个侧面。例如，关于历史上的典章制度，常常是靠了文献记载，我们才可以得知其详。唐代的均田制，现见到的有关记载共有唐政府颁布的三次“均田令”（分别是唐武德七年（624年）、开元七年（719年）和开元二十五年（737年）；通过这些“均田令”，便可以得知一般民户永业田、口分田的授田具体情况以及贵戚和五品以上官员各自请受田亩的限数、按勋级请受“勋田”的规定等。至于这些均田令在实际中得以实施与否，以及实施的程度，我们则可以从解放前后发现的敦煌文书与吐鲁番文书中得到进一步的验证。如从武则天圣历三年（700年）的敦煌县效谷乡户籍残卷中邯郸寿、张玄钧等户的户籍便能够看到，户籍上登记的应授田数符合均田令的规定。但是，其实际授予的田地却远远不足规定的数额。根据这些文书资料，我们清楚了唐朝前期确实推行了均田制。但是，就在敦煌、吐鲁番两地，实际上的授田也是严重不足的。

尽管历代人口的情况和变化比较复杂，但是，历史文献中却往往有着

① 白寿彝主编：《史学概论》，84页，银川，宁夏人民出版社，1983。

②《历史档案》，1981年，第1期。

详细的统计记载。如《汉书·地理志》就十分具体地记录了西汉全国京畿地区、80个郡和20个封国各自所拥有的户数和人口数。其他历代的史书也往往都有如是的统计与记录。

历史上一些人物、事件的具体、逼真情况，更是只有依靠历史文献所提供的记述，我们今天才能得以见其“庐山真面目”。《史记》中对一些历史场面的记载就非常生动，因而脍炙人口。关于楚汉之争的序幕“鸿门宴”，《史记》中是这样描述的：

“沛公（刘邦）旦日从百余骑来见项王（项羽），至鸿门，谢曰：‘臣与将军戮力而攻秦，将军战河北，臣战河南，然不自意能先入关破秦，得复见将军于此。今者有小人之言，令将军与臣有隙。’项羽曰：‘此沛公左司马曹无伤言之；不然，籍何以至此。’项王即日因留沛公与饮。项王、项伯东向坐，亚父南向坐。亚父者，范增也。沛公北向坐，张良西向侍。范增数目项王，举所佩玉块以示之者三，项王默然不应。范增起，出召项庄，谓曰：‘君王为人不忍，若入前为寿，寿毕，请以剑舞，因击沛公于坐，杀之。不者，若属皆且为所虏。’庄则入为寿。寿毕，曰：‘君王与沛公饮，军中无以为乐，请以剑舞。’项王曰：‘诺’。项庄拔剑起舞。项伯亦拔剑起舞，常以身翼蔽沛公，庄不得击。于是张良至军门，见樊哙。樊哙曰：‘今日之事何如?’良曰：‘甚急。今者项庄拔剑舞，其意常在沛公也。’哙曰：‘此迫矣，臣请入，与之同命。’哙即带剑拥盾入军门。交戟之卫士欲止不内，樊哙侧其盾以撞，卫士仆地，哙遂入，披帷西向立，嗔目视项王，头发上指，目眦尽裂。项王按剑而跽曰：‘客何为者?’张良曰：‘沛公之参乘樊哙者也。’项王曰：‘壮士！赐之卮酒。’则与斗卮酒。哙拜谢，起，立而饮之。项王曰：‘赐之彘肩。’则与一生彘肩。樊哙覆其盾于地，加彘肩上，拔剑切而啖之。项王曰：‘壮士。能复饮乎?’樊哙曰：‘臣死且不避，卮酒安足辞！夫秦王有虎狼之心，杀人如不能举，刑人如恐不胜，天下皆叛之。怀王与诸将约曰：先破秦入咸阳者，王之。’今沛公先破秦，入咸阳，毫毛不敢有所近，封闭宫室！还军霸上，以待大王来。故遣将守关者，备他盗出入与非常也。劳苦而功高如此，未有封侯之赏，而听细说，欲诛有功之人，此亡秦之续耳，窃为大王不取也。项王未有以应，曰：‘坐’。樊哙从良坐。坐须臾，沛公起如厕，因招樊哙出。……于是遂去，乃令张良留谢。”①

---

①《史记》，卷7，《项羽本纪》。

如果没有《史记》这样的历史文献的记载，栩栩如生的历史人物和叱咤风云的历史事件，就不可能呼之欲出地“再现”于今人面前。

历史文献的重要性还不仅于此，它还是使其他史料得以保存或者能够恢复其历史面貌的唯一手段。如史迹遗存，地上的部分，如果没有文献记载，我们今天就很难了解其来龙去脉及其当时的具体情景。北京的郊祀天坛、地坛，今天其建筑遗址完好地保存着，吸引不少游人。但是，要想了解它们怎么由明初的“天地坛合祀”而变化成后来的“分祀”，就要查阅《明实录·嘉靖九年》。那里详细地记录了当时嘉靖与群臣就此问题讨论、争辩的具体情况。而要详细地了解明、清两朝皇帝在天坛、地坛祭祀的具体情景及其仪式，则要查阅《明会典》和《清会典》及其他史籍。史迹遗存的地下部分，是要通过考古发掘才能再现于世的。可是能够直接参加考古工作的人终究是少数，且一旦发掘工作完毕，现场往往很难原样不动地保存下来，要想让更多的人了解某一地下发掘的当时现场、情景以及出土文物，只有依靠于考古报告这种考古文献资料。由此可见，史迹遗存部分最后也是主要地要通过历史文献而呈现给史学工作者。另外，口碑史料和民族调查资料，也都是只有通过文字记录才能够得以保存下来，而最后“转化”为历史文献。

口碑史料。一些历史事件、历史进程的亲历者、目击者或者历史人物的亲朋故友，在他们心中保存着不少当时历史的事实情景，都不同程度地有一本历史“陈年旧账”。这些往往都还停留在人们口头的追忆与传述。我们称为口碑史料。如北京师范大学历史系在20世纪50年代曾组织师生去河北廊坊调查访问当年义和团尚健在的团民，获得了许多实物资料和口头资料。中央和地方的文史馆也专门做这方面工作，组织一些老人把他们知道的历史事实记录下来，并编辑成《文史资料》出版。近年，越来越受到人们重视的“口述历史”亦是口碑史料的一种。随着时间的推移，许多历史老人逐渐谢世，及时收集这部分口碑史料，是史学工作者的一项不容忽视的工作。

民族调查资料。主要是指对于仍然处于社会历史发展比较落后阶段的民族的调查资料。研究民族学的学者通常都要做这种调查，收集大量资料。例如，美国民族学家摩尔根长期生活在美洲印第安部落里，调查并记录了大量的处于原始社会历史阶段的印第安人的材料，最后写成《古代社会》一书。我国在20世纪50年代末60年代初，曾经组织一大批学者和民族工作者，对一些处于历史发展较低阶段的少数民族进行调查。如刚刚脱离原始社会的云南苦聪族，东北鄂伦春族、鄂温克族、达斡尔族；刚刚脱离奴隶社会的云南凉山的彝族和佧佤族；刚刚脱离封建领主制社会的云南西双版纳等地的傣族，等等。陆续写出了一大批民族调查报告、研究专著和民族志。民族调查的内容涵盖了文物、文化遗址、口碑（口头流传的史诗、传说等）、民族生产、生活实况等。

处于落后发展阶段的民族，往往保留着人类一些先进地区早已经消逝或灭绝的事实和材料，能为我们研究、认识以往的历史提供历史文献中无法寻求的资料。“如果说，考古学也能提供现代人所不知的很多材料，那么，它所提供的只是古代的遗物，或者说是古代社会的‘遗骸’，而不是（也不可能是）古代社会的活体。而民族学所能提供的却是我们的古代社会的活生生的模型。”① 马克思、恩格斯正是由于读了摩尔根《古代社会》一书提供的大量资料，加上其他的研究，从而对人类的原始社会形态有了更深入的认识。恩格斯在评价摩尔根《古代社会》时说：“摩尔根的伟大功绩，就在于他在主要特点上发现和恢复了我们成文史的这种史前的基础，并且在北美印第安人的血族团体中找到了一把解开希腊、罗马和德意志上古史上那些极为重要而至今尚未解决的哑谜的钥匙。”②

我国不少学者在研究古代史的时候也十分重视民族调查的资料。郭沫若主编的《中国史稿》在叙述到山顶洞人遗址中发现死者“尸骨上部有赤铁矿的粉粒”时，就征引“一些近代仍处于原始社会阶段的氏族部落”的资料，推测“红色代表鲜血，是生命的来源和灵魂的寄生处”，从而得出山顶洞人“已经有了原始的宗教观念”的结论。在讲到我国原始社会母系氏族的墓葬方式时，也征引了民族调查资料：“北美印第安人易洛魁部落、拆罗歧部落和绰克托部落都有曝尸、收骨存放的习俗”，“我国鄂温克族人也曾有类似的习俗。据此推测，仰韶文化的人骨在迁墓之前也可能经过类似的处理过程。”③ 郭沫若在其所著《奴隶制时代》一书的“改版书后”（1953 年 10 月 20 日写）中还专门讲述了他自己在研究我国奴隶社会形态与奴隶社会与封建社会分期问题时，是如何地重视民族调查资料的。他说：“要阐明我国的古代社会自当尽力找寻和占有直接的史料。但因时代远隔，

① 白寿彝主编：《史学概论》，259 页。

②《马克思恩格斯选集》，2 版，第 4 卷，2、3 页，北京，人民出版社，1995。

③ 郭沫若主编：《中国史稿》第一册，1 版，31、46 页，北京，人民出版社，1976。

直接的史料很有限，因而必须采取权宜的办法——用间接的资料来做比较研究。古代的希腊、罗马自然可资比较，而尤其重要的是我们国内的兄弟民族的情况能够为我们提供出很丰富的资料。我曾经注意到彝族社会的情况，在《青铜时代》和《十批判书》中都曾提到过，在本书中也曾提到，但我所依据的资料是已经陈旧了（作者注：我所依据的是一九三五年四月出版的重庆中国西部科学院特刊第一号《四川省雷马峨屏调查记》。见《青铜时代》所收《由周代农事诗论到周代社会》）。很可庆幸的，是自新中国成立以来对于彝族社会有了更深入的了解。……补正我书中的不足和不明确的地方。”接着，郭沫若还就新的彝族地区调查材料如黑彝、白彝问题，白彝中的“锅庄娃子”（彝名“格式洛洛”）、“安家”、“曲诺”等人的身份问题，以及黑彝为控制“曲诺”而制定的种种不成文法，做了介绍，并将其与西周社会加以比较，得出“西周的社会制度，比起彝族社会的情形来自然进步得多，但在基本上似乎并没有什么两样”的看法。

（2）史料的辨伪与考证。在史学研究过程中，尽管祖先为我们留下了丰富的史料，但是与人类漫长的发展史相比，这些史料仍然显现出它的很多不足，在利用这些史料作研究时，要特别留意。

就拿原始社会来说，由于那时还没有文字，只能依靠地下考古发掘材料、后世的传说和间接的民族调查资料，来予以认识。这三种资料都有一定的局限性，其所能保留下来的部分实在是微乎其微的，而且还往往遭到严重的破坏（如某些遗址、遗物或古人类遗骸），或者掺杂进去许多其他方面的因素。如大凡经调查的尚处于落后形态的民族，往往已经接受了先进民族的影响，其所保留的一切已经很难是“原封不动”的；同时，时至近现代，一些民族仍然处于较为落后的社会形态，必有其特殊的原因，将其与人类“正常”情况下的历史发展完全相比较，亦往往容易犯简单化的弊端。这些都不能不成为使用民族调查资料研究古史的局限。古史传说部分的资料，同样地有它的弊病和局限。顾颉刚先生“累层地造成的中国古史”的意见，就比较集中地指出了这一点。他在《与钱玄同先生论古史书》①一文中阐述了自己对古史传说的研究意见：第一，就传说的古史而言，“时代愈后，传说的古史期愈长”。如作为古之圣贤，周代人心目中最古的是禹；到了孔子时便出现了尧、舜；战国时期又有了黄帝、神农；秦时出现了三皇，汉以后便又有了盘古。第二，“时代愈后，传说中的中心人物愈放

① 顾颉刚等：《古史辨》，1册，中编。

愈大”。如舜在孔子时候只不过是一个“无为而治”的圣君，可是到了《尧典》中便成了一个“家齐而后国治”的圣人，再到战国时的孟子那，就成了一个儒家所宣扬的孝道的典范了。第三，人们“不能知道某一件事的真确的状况，但可以知道某一件事在传说中的最早的状况。”因此，顾颉刚先生认为，所谓古史的传说不过是后人编造的，并且带有“累层”的特点，是越造越多，越造越大。应该说，他的这种观点有偏颇之处，但是，却也道出了一个事实，即古史传说中确实掺杂进了不少后人的意识和想象的成分，尤其是儒家的观点。我们在使用这些材料研究原始社会的历史时，对之是不能不予以注意的。

人类有了文字以后，开始有了历史记载，留下了大量的历史文献，可是无论就数量上看，还是从质量上看，这些历史文献的局限也都是十分明显的。

由于历史文献的记录者、撰述者的阶级偏见或者囿于时代所限，尽管他们大都以“秉笔直书”自诩，但是他们对历史活动的记述必然有孰重孰轻，甚至带有明显的倾向性，有的则视野狭窄，挂一漏万。例如，孔子的《春秋》，由于受孔子思想的影响和春秋时期时代特点的制约，它主要记叙的是周天子与诸侯国之间和诸侯国与诸侯国之间的交往之事（包括朝聘、会盟、战争等），以及天文等自然现象（日月食、星象、地震、水灾、旱灾、虫灾等）。但是，由于受孔子轻视经济，重视政治，更不屑于去管生产的观念支配，《春秋》中关于经济史的资料就实在太少了。再如，我国封建时代的史书，尤其是其“正史”，几乎清一色地详帝王将相，而忽视劳动人民的活动，对于阶级斗争（农民起义、农民战争）不是抹杀、掩盖，语焉不详，就是横加污蔑。再如，由于“天朝大国”观念的影响和古代世界各国彼此联系相对地少、大多处于“隔绝”状况的局限，我国史书上涉及周边国家的记叙还有些，而涉及整个世界的记载就少得十分可怜了。新航路发现以后，欧洲人东来，《明史》才开始有《佛朗机传》（西班牙），而到了近代，西方侵略者以炮舰敲开中国大门，先进的中国人才更多地了解世界，于是魏源的《海国图志》、黄遵宪的《日本国志》、王韬的《法国志略》等研究世界史的书著才相继问世。

即便是当时历史事件的目击者，其所记述的材料也很难说没有局限和问题。古希腊杰出的史学家修昔底德就曾说：“我所记载的，一部分是根据我亲身的经历，一部分是根据其他目击其事的人向我提供的材料。这些材料的确凿性，总是尽可能用最严格、最仔细的考证方法检验过的。然而即使费尽了心力，真情实况也还是不容易获得的：不同的目击者，对于同一个事件会有许多不同的说法，因为他们或者偏袒这一边，或者偏袒那一边，而记忆也不一定完全可靠。”①

正因为历史文献有很多局限性，所以需要在利用之前考证其真伪。否则，得出的结论就有可能是错误的。

（3）史料与史学研究。马克思主义经典作家在研究历史时，十分重视占有最广泛的史料。马克思为了撰写《资本论》，揭示资本主义形态的发展规律，就曾经花费了不下25年的时间，翻阅、钻研了1500种以上的书，其中就包括大量的历史资料。正像列宁说的：“《资本论》不是别的，正是把堆积如山的实际材料总结为几点概括的、彼此相联系的思想。”②

我国古代的著名史学家和史学巨著，其成功的重要因素之一也都是十分重视拥有并使用足够的翔实史料。孔子就很注意历史文献问题。他曾不无惋惜地感叹说：“夏礼吾能言之，杞不足征也；殷礼吾能言之，宋不足征也；文献不足故也。足，则吾能征之矣。”③ 杞，姒姓封国，禹之后代；宋，周初封纣兄微子而建，让其承殷祀。这两个封国没有能够保留更多的夏、商文献，故孔子在研究夏、商两代的礼时，就感觉遇到了困难；倘若他们保有足够的文献资料，孔子则很有信心地认为：“吾能征之矣。”可是，当孔子编写《春秋》时就不同了。他除去依据当时鲁国史官编著的《鲁春秋》外，还大量地参考了当时能够见到的周王室和各诸侯国史官们的记述及有关资料。

西汉司马迁著《史记》之所以能够传诸享誉后世，原因之一是它据有十分翔实的史料。柴德庚先生所著《史籍举要》（1982年北京出版社出版）对此就有十分细致、认真的考据、叙述。他在该书中讲到“《史记》的史料来源”时，将其归纳为四个方面，包括书籍（有经书、国语、国策、楚汉春秋、诸子、骚赋等）、档案（如汉初诏令、记功册等）、见闻（像在《项羽本纪》中说：“吾闻之周生曰，‘舜目盖重瞳子’，又闻项羽亦重瞳子”；在《李将军列传》中说：“吾睹李将军悛悛如鄙人，口不能道辞”；在《游侠列传》中说：“吾视郭解，状貌不及中人，言语不足采者”）、游历（如在《河渠书》中说：“余登庐山”；在《魏公子列传》中说：“吾过

① 修昔底德：《伯罗奔尼撒战争史》，谢德风中译本第17～18页。
②《列宁全集》，2版，1卷，121页，北京，人民出版社，1984。
③《论语·八佾》。

大梁之墟”；在《淮阴侯列传》中说：“吾如淮阴”）。

北宋司马光著《资治通鉴》在史料的运用与考究上，更是独具特色。首先是史料丰富，但凡宋代以前和宋代时期司马光所能见到的历史文献资料，他几乎都予以使用了。仅宋神宗所赐原神宗为颖王时府邸的藏书就有2402卷，当时皇家藏书馆崇文院所藏书籍，他亦都能参看使用。这在当时就史料之详而言确是空前的。《四库全书总目提要》根据宋人高似孙撰写的《纬略》记载，《资治通鉴》的引书当有322种之多。第二是其所用文献书籍现在一些已经亡佚，多赖该书予以收录才能被后人见到、使用。第三是《资治通鉴》在史料的审查、鉴别上十分认真，下的工夫很深。司马光对所收集到的各种史料，都是采取“参考群书，评其同异，俾归一途”的方法，进行一一考据，务使其精确无误。与《资治通鉴》成书的同时，司马光还撰写了《资治通鉴考异》一书，共30卷，将其考据诸书异同，辨证谬误的情况，一一记下。《考异》正是司马光对待史料严谨，终于成就一代史学巨著的见证。

2. 分析研究史料，形成历史认识

尽管史料有许多的局限性，但是由于它本身就是历史遗留下的痕迹，因而仍然是我们能够认识、研究人类历史的唯一源泉。可以说史料是由客观历史到史学的“中介”。如果缺少了这个“中介”，史学便无从谈起了。

历史结论一般都是从对史料的分析中得出的。无论是公认的结论还是有争议的问题，都有史料作依据。

从20世纪50年代到80年代，史学界一直在讨论北宋农民起义领袖宋江的最后结局归宿问题。因为它涉及我国著名古典小说《水浒》内容的真实依托和小说作者的思想，因此引起了人们很大的兴趣。双方意见针锋相对：一说宋江最后投降了宋王朝，受了招安，甚至也随宋军征讨过方腊农民起义；一说他是被俘后被北宋王朝杀害的。其实，这个争论的核心就是史料问题。因为《宋史》的《徽宗本纪》与《张叔夜传》的记载和其他记载就往往大相径庭，相互抵触。《宋史·徽宗本纪》说：“（宣和三年二月）是月，方腊陷处州。淮南盗宋江等犯淮阳军，遣军讨捕。又犯京东、江北，入楚、海州界。命知州张叔夜招降之。”《宋史·张叔夜传》说：“宋江犯河朔，转略十郡，官军莫敢婴其锋。声言将至，（张）叔夜使闲者觇所向。贼径趋海濒，劫巨舟十余，载卤获。于是募死士得千人，设伏近城，而出轻兵距海诱之战。先匿壮卒海旁，伺兵合，举火焚其舟。贼闻之，皆无斗志。伏兵乘之，擒其副贼，（宋）江乃降。”这里，都说宋江是被宋朝廷招降了。然而，现存北京大学的陕西《折可存墓志铭》中却又有“公讳可存……宣和初……方腊之叛，用第四将从军，诸人藉才，互以推公，公遂兼率三将兵，奋然先登，士皆用命。腊贼就擒，迁武节大夫。班师过国门，奉御笔捕草寇宋江，不逾月，继获，迁武功大夫”等文字；《东都事略·徽宗纪》中也说：“宣和三年二月……淮南盗宋江犯淮阳，又犯京东、河北，入楚、海州。……五月，丙申，宋江就擒。”再加上《三朝北盟会编》曾在北宋政府征讨方腊农民起义的军队将帅名单中，列有宋江的名字，① 这就使得这个问题更加地疑窦丛生了。

《孙子兵法》与《孙膑兵法》也存在长期的讨论。《汉书·艺文志》中著录“兵权谋家”（兵家之一）的书目中提到有“《吴孙子兵法》八十二篇，图九卷。《齐孙子兵法》八十九篇，图四卷。”唐·颜师古注说，前者为“孙武也，臣于阖庐”；后者为“孙膑”。显然，当时既有孙武的《孙子兵法》，也有孙膑的《孙膑兵法》，是两部兵书。但是，到了《隋书·经籍志》中就只著录有《孙子兵法》，而不见了《孙膑兵法》。从那以后，人们便围绕着是否有过《孙膑兵法》，众说纷纭。有人则认为，根本没有过这部兵书，同时认为，《孙子兵法》是由孙武开始，非一人完成，直到孙膑才陆续成书的。这个问题直到1972年考古工作者在山东临沂银雀山一号汉墓中发现了《孙武兵法》和《孙膑兵法》两部兵书的竹简，才得以解决。很清楚，这个问题的出现和解决都是史料的问题。

对于史料在史学研究中的重要地位，马克思曾经十分明确地指出：“不论在自然科学或历史科学的领域中，都必须从既有的事实出发”②“研究必须充分地占有材料，分析它的各种发展形式，探寻这些形式的内在联系，只有这项工作完成以后现实的运动才能适当地叙述出来。”③ 还说：“即使只是在一个单独的历史实例上发展唯物主义的观点，也是一项要求多年冷静钻研的科学工作，因为很明显，在这里只说空话是无济于事的，只有靠大量的、批判地审查过的、充分地掌握了的历史资料，才能解决这样的任务。”④

---

①《三朝北盟会编》卷141载：“宣和二年，方腊反睦州……东南震动，以（童）贯为江浙宣抚使，领刘延庆、刘光世、辛企宗、宋江等军二十余万讨之。……贯至浙，率诸将擒腊，献于京师，加太师。”

②《马克思恩格斯全集》，1版，第20卷，387页，北京，人民出版社，1971。

③《马克思恩格斯选集》，2版，第2卷，111页，北京，人民出版社，1995。

④《马克思恩格斯选集》，2版，第2卷，39页，北京，人民出版社，1995。

下面，我们以中国哲学史的研究为例，来说明这个过程。

一般说，研究中国哲学史要做如下几个步骤或几个层次的工作。

第一步，辨别哲学著作的时间和作者。这是研究中国哲学史必做的第一步工作书。如《庄子》一书，《汉书·艺文志》著录有52篇，现在仅存晋人郭象注本保留下来的33篇。全书分作《内篇》《外篇》和《杂篇》三个部分。到底哪一部分出自庄子之手，哪些部分为他人或后来人所撰？学者们认真地进行了考辨。现在，大多数人认定，《内篇》的7篇为庄子所著，《外篇》和《杂篇》则是庄子的门人和后来道家的作品。另一说，内、外、杂诸篇都反映了庄子的思想。这一步工作做好了，我们才可以正确无误地利用《庄子》一书研究庄子的哲学思想及其范畴。

第二步，研究历史上每一个思想家的哲学观点，确定其在哲学范畴中究竟是属于唯心的，还是唯物的；是属于形而上学，还是具有朴素的辩证法思想。

第三步，把这些历史上的思想家连贯起来进行研究，并且分辨出其当时哲学思想的“源”（社会存在）和“流”（前后继承关系），然后总结出中国哲学史的发展进程及其规律。如果再与外国哲学史进行比较研究，就能够更加深刻地认识中国哲学史的发展特点及与外国哲学史一样所体现的哲学史上的共同规律。

其中，第一步属于对中国哲学史认识的微观范畴，而第三步则是属于宏观地认识中国哲学史。就中国哲学史的研究说，第一步是基础和前提条件，而只有第三步才能算作是真正地对之有了完整的认识。这三个步骤是既有区别又有联系的一个统一的整体。

二、史学研究的主要特点

（一）史论结合

研究历史需要得到结果或做出结论，但是历史研究的结果或结论必须要以史料为依据，否则就不是历史研究而是哲学研究或者文学创作。史料“亦即人类社会历史在发展过程中所遗留下来的痕迹”，[1] 是人类认识历史、进行史学研究的前提。如何在历史研究中处理好史料与理论的关系，即人们常说的史论关系，一直是我国史学界十分关注的问题。

新中国成立前，史学界在“史料学即史学”的思想影响下，轻视理论

① 白寿彝主编：《史学概论》，4页，银川，宁夏人民出版社，1983。

指导，尤其是反对用马克思主义唯物史观指导历史研究的现象，是很普遍的。就是解放以后，在20世纪50年代，仍然有些人把专事考据的史学文章、著述，捧得极高，认为这才是“真正的学问”，而把运用马克思主义理论分析史料的文章，贬为“流感”（即流行性感冒，一阵子即消失的意思），不是“真学问”。于是，针对这种倾向，史学界一些同志提出了历史研究应该“以论带史”的口号。这个口号强调了史学研究工作必须要以马克思主义理论为指导，在当时对克服旧的史学研究弊端是有积极意义的。但是，这个口号带有明显的片面性，容易使人产生误解，认为理论要比史料重要，以为只要是有了正确的理论就可以带动起史料，而成就历史研究了。后来，这个口号果然被史学界“左”的倾向所引申、发展，在那时候的许多史学论文或著作中，引上一些经典著作的词句，然后据此摘录剪裁几条史料，便算是史学研究了。这种情况后来被人们称为“穿靴戴帽”或“以论代史”。显然，这种倾向是错误的。因为马克思主义经典作家从来认为马克思主义可以也应该指导其他学科（包括历史学科）的研究，但是它却不能够代替一切学科自身的研究工作。诚如恩格斯所指出的：“如果不把唯物主义方法当做研究历史的指南，而把它当做现成的公式，按照它来剪裁各种历史事实，那么它就会转变为自己的对立物。”①

在实践中，为了纠正史学研究的这种不良倾向，史学界有的同志又提出了“论从史出”的口号。认为任何理论都要从研究大量的史料之后，才能够上升、归纳出来。假如这样理解，并不无道理。但是，在以后的史学研究中，对这个口号认识上的偏差，却又有意无意地削弱了理论对史学研究的指导地位。如当时就有人提出，中国古代史的研究就不应该用马克思主义作指导，因为那个时候马克思主义还没有诞生。也有人在讲到历史人物时，不同意运用马克思主义理论加以分析，作出评价，而主张“以当时当地大多数人的意见”来作为评论的标准和尺度，等等。

显而易见，以上我国史学界曾经提出过的关于史与论的两个口号，就口号提出的背景看，都是有它的合理性一面，而且有一定的道理，也都产生过一定的积极影响，但是它们又都带有片面性；从认识论的角度看，前者有教条主义的倾向，后者则有着经验主义的弊端，以其来指导史学研究工作，都曾经带来一定的问题，产生过某些消极的作用。现在，已经没有人再简单提这两个口号了。

---

①《马克思恩格斯选集》，2版，第4卷，688页，北京，人民出版社，1995。

经过历史的反复，史学界的大多数人都认为，关于史学研究中的史与论的关系，还是以“史论结合”的提法，比较确切、比较好。

史论结合就是要求我们在研究历史时，既要重视占有翔实的史实，又要坚持以马克思主义的理论作为指导，并且要把二者很好地结合起来。具体地说，就是毛泽东同志反复教导过的科学的学风：“有的放矢”、“实事求是”。“矢”是马克思主义理论，“的”是人类历史的实际，我们要用马克思主义的理论这个“矢”来“射”（指导研究）人类历史实际这个“的”。“实事”指客观的人类历史，“求”是去研究、认识，“是”是历史内部的固有联系，即其规律，“实事求是”就是在马克思主义理论的指导下，认真地研究客观的人类历史，并从中找出历史发展的规律。毛泽东同志曾经说：“要这样做，就须不凭主观想象，不凭一时的热情，不凭死的书本，而凭客观存在的事实，详细地占有材料，在马克思列宁主义一般原理的指导下，从这些材料中引出正确的结论。”① 这一段话是指的任何研究工作，当然也适用于历史研究，我们可以把它作为是对史论结合，对历史研究中史与论关系的十分精辟的说明和阐述。

（二）历史与现实关系密切

史学研究经常碰到的另一个问题，是历史与现实的关系问题，也即是人们常说的史学的时代性、时代感问题。

时间，把人类社会划分为“过去”、“现在”和“未来”。人类的历史与人类的现实与人类的未来本来是一脉相承、彼此衔接而不可分开的。正如李大钊说的：“无限的过去都以现在为归宿，无限的未来都以现在为渊源”。② 撇开“未来”不说，过去与现在，即历史与现实之间，既有区别，又有着实在的不可割断的联系。这种联系，在史学研究中明显地表现为以下几个方面。

1. 历史总是吸引着现实的人们；现实的人们不但不忘记历史，而且总要从历史当中寻求自己所需要的东西

现实的人注意自己的历史，我们可以追述到人类的远古时代。摩尔根在《古代社会》一书中就记录了印第安人的一个部落易洛魁人，每逢新首领授职和部落的哀悼会议上，都要由一位专司巫职的首领，拿一种由紫色和白色的贝珠串起来的带子，用贝珠带上的各种图案给大家讲授一遍本部

①《毛泽东选集》，2版，第3卷，801页，北京，人民出版社，1991。

②《李大钊选集》，1版，94页，北京，人民出版社，1959。

落的历史。① 我国商、周王朝后代每逢祭祀先祖时，也都要回顾一次本部落的历史。《诗经》中的《玄鸟》《长发》所记："天命玄鸟，降而生商"，"古帝命武汤，正域彼四方"和"帝立子生商"，"武王（指成汤）载旆……如火烈烈……韦顾既伐，昆吾夏桀"，即是先商的一部小史；而《生民》《公刘》等篇，如果再加上《火稚》《鲁颂》等，则成了从后稷到公刘再到古公室父和文王的先周小史。

在我国古代有不少"秉笔直书"的记载，如晋国太史董狐书史："赵盾弑其君"，之后，赵盾便十分恐慌，辩解晋灵公是被赵穿所杀，并不是自己所为；董狐坚持直书，并说："子为正卿，亡不越境，返不讨贼，非子而谁？"赵盾于是哑口无言了。② 孔子十分称赞董狐，说其"书法不隐"。再如，公元前548年，齐国国君庄公被崔抒杀死，另立新君；齐太史即书之于史说："崔抒弑其君"；结果，齐太史被崔抒所杀。他的两个弟弟仍坚持书之，又先后被杀，南史氏闻之，抱简奔来，坚持原书。③ 这些故事无疑地都说明在我国古代史学上有着"直书"而不"曲笔"的优良传统，但是这些故事不是也说明了无论是董狐、齐太史兄弟、南史氏，还是赵盾、崔抒，都是对于历史敬之畏之，十分地注意历史记载吗?!

在现实生活的人们，还总是要从历史上寻求对现实有用的东西，如借鉴、垂训，以至于关于人类社会发展的规律，等等。甚至有时会像马克思在《路易·波拿巴雾月十八日》一书中所说的那样，现实的人"他们战战兢兢地请出亡灵来为他们效劳，借用它们的名字、战斗口号和衣服，以便穿着这种久受崇敬的服装，用这种借来的语言，演出世界历史的新的一幕。"④

2. 现实又总是要为历史的认识、研究提出新的问题，供给其新的认识能力和认识方法

任何一个史学家总是生活在现实中，立足现实，而去认识、研究历史。因此，他们对于历史的认识与研究，就不可能不受到现实的影响与制约，这样或那样地打着现实的"烙印"。

首先，现实所关心、敏感的问题，常常要人们去重温历史，从而加深

① 摩尔根：《古代社会》上册，1版，137~138页，北京，商务印书馆，1981。

②《左传》宣公二年。

③《左传》襄公二十五年。

④《马克思恩格斯选集》，2版，第1卷，585页，北京，人民出版社，1995。

对这些问题的认识。这就不能不为人们研究历史提出一些新的课题。正像恩格斯所说的那样，当前现实所发生的“新的事实迫使人们对以往的全部历史作一番新的研究。”① 例如，在中国，春秋时期那种天子衰微，诸侯争霸，甚至“礼乐征伐自大夫出，陪臣执国命”的现实，就向史学提出了如何在当时维持统治者正常秩序的问题，于是乎以“正名”为宗旨的孔子《春秋》便问世了。西汉初年，鉴于秦之速亡的现实．统治者和思想家们一时都以总结“秦所以亡，汉所以兴”作为研究的重大课题，先有陆贾的《新语》，后有贾谊的《过秦论》，形成了一股强大的思潮。可以看到，就是汉武帝时，董仲舒的一些言论也仍然以此作为话题。如他曾在针对时弊劝诫武帝时说：“至秦则不然，用商鞅之法，改帝王之制，除井田，民得买卖，富者田连阡陌，贫者亡立锥之地。又颛川泽之利，管山林之饶，荒淫越制，逾侈以相高；邑有人君之尊，里有公侯之富，小民安得不困？又加月为更卒，已，复为正一岁，屯戍一岁，力役三十倍于古；田租口赋、盐铁之利，二十倍于古。或耕豪民之田，见税什伍。故贫民常衣牛马之衣，而食犬彘之食。重以贪暴之吏，刑戮妄加，民愁亡聊，亡逃山林，转为盗贼，赭衣半道，断狱岁以千万数”。②

正是在现实的这种需要下，我国古代的史学巨著《史记》问世了。司马迁特别选用了通史的体例，目的是要把我国从传说中的黄帝到汉武帝太初年间（司马迁自己生活的当代）的历史，作一个叙述，借以从中“究天人之际，通古今之变”，实际上是认真地总结历史上天与人之间和人世间自身内部不断变化、发展的原因，即规律性。《史记》于秦王朝的兴亡和秦汉之际乃至于从刘邦到文、景这段历史，记之尤详。我们处处可以看出，他是怎样地希望从这段历史给现实的人们以一些启迪的！其中，有关本纪和列传的“太史公曰”，今日读来仍然觉得兴味醇厚，闪烁着历史经验、教训的光辉。如《秦始皇本纪》的“太史公曰”写得特别长，从秦之变法，“饰法设删，而天下治”，富强而兼并六国，“振长策而御海内，吞二周而亡诸，履至尊而制六合，以鞭笞天下，威震四海”，到由于始皇施暴虐，二世又“重之以无道，……更始作阿房宫，繁刑严诛，吏治刻深，赏罚不当，赋敛无度，天下多事，……刑戮相望于道，而天下苦之”，终于导致秦朝速亡，都予以归纳概述；并且深刻地说：“由此观之，安危之统相去远矣。野

①《马克思恩格斯选集》，2版，第3卷，739页，北京，人民出版社，1995。

②《汉书》卷24，《食货志》上。

谚曰'前事不忘，后事之师也'。是以君子为国，观之上古，验之当世，参以人小，察盛衰之理，审权势之宜，去就有序，变化有时，故旷日长久而社稷安矣。"再如，在《高祖本纪》的"太史公曰"中说："秦政不改，反酷刑法，……汉兴，承敝易变，使人不倦，得天统矣。"在《吕太后本纪》的"太史公曰"中说："孝惠皇帝、高后之时，黎民得离战国之苦，君臣俱欲休息乎无为，故惠帝垂拱，高后女主称制，政不出房户，天下晏然。刑罚罕用，罪人是希。民务稼穑，衣食滋殖。"在《孝文本纪》的"太史公曰"中又说："孔子言'必世然后仁。善人之治国百年，亦可以胜残去杀'。诚哉是言！汉兴，至孝文四十有余载，德至盛也。"这正是把从汉初高祖"承敝易变"到惠帝、吕后继续这个政策，'民务稼穑，衣食滋殖"，再到汉文帝一共坚持"休养生息"已达40余年，终于"胜残去杀"，获得天下大治的事实，作了再好不过的总结。这里，既包含了汉初鼎旧革新的经验、教训，也包含了一个正确政策要有延续性、坚持一定时间然后可以有治有成的深刻规律。

唐代，政书体（又称典制体）史书的出现和杜佑《通典》的问世，亦是一个很好的例子。隋唐时代是继秦汉之后，在我国封建社会各种制度上做出又一次较大革新和创建的时期。无论是在土地制度、赋税制度、政治制度，还是在考试制度等等方面，都十分的突出。这就必然地要求能够从历史上得到借鉴，从而使得这些革新更加的合理与完善。可是，恰恰从《后汉书》以后，诸纪传体史书于书志上很不完备。《三国志》《梁书》《陈书》《北齐书》《北周书》《南史》《北史》，均只有本纪、列传，而并无书、志；《宋书》《南齐书》虽然有"志"，但却缺乏重要的食货、刑法等志。正是在这种现实需要与史学发展矛盾的情况下，政书体的《通典》才应运产生了。

在西方历史上，现实发展向史学提出新课题的情况，也是比比皆是的。公元313年，君士坦丁大帝颁布《米兰诏令》，此后，基督教在罗马帝国境内取得合法地位；公元392年，塞奥多修斯大帝更定基督教为罗马国教。在统治者的提倡、支持下，伴随着基督教政治地位的巩固、发展，在西方产生了"基督教史学"。他们把历史说成是上帝意志的体现，同时也就是上帝存在的见证；于是，每一个关键的历史时刻，都有上帝在主宰着人世的活动。他们还用基督教的神话传说，代替人间的信史，以《圣经》所载作为表示历史事实的史料；甚至把基督教的诞生和传播，作为世界历史的中心，认为人世间的世俗史只不过是为基督教服务的，一部人类历史就是基督教的胜利史。至于到了中古时代，基督教更是发展成了封建领主们统治农奴的重要支柱，在经济、政治和文化上，占据着十分重要的地位。诚如前引恩格斯的话："中世纪是从粗野的原始状态发展而来的，它把古代文明、古代哲学、政治和法律一扫而光，以便一切都从头做起。它从没落了的古代世界接受的唯一事物就是基督教和一些残破不全而且丧失文明的城市。其结果正如一切原始发展阶段的情形一样，僧侣获得了知识教育的垄断地位，因而教育本身也渗透了神学的性质。在僧侣手中、政治和法学同其他一切科学一样，不过是神学的分支，一切都按照神学中适用的原则来处理。教会的教条同时就是政治信条、圣经诗句在各个法庭都具有法律效力。……政治和法律都掌握在僧侣手中，也和其他一切科学一样，成了神学的分支，一切按照神学中通行的原则来处理。教会教条同时就是政治信条，圣经词句在各法庭中都有法律的效力。"① 和这种现实相一致，史学的神学化更是达到了登峰造极的程度，它的内容几乎全部成为基督教宣传所需要的课题。

可是，当14、15世纪，西欧（首先是意大利）一些城市出现了资本主义萌芽，进而新兴的资产阶级力量发展壮大起来。他们在政治上要冲击乃至于取代封建统治制度，在文化上则兴起了一股以资产阶级人文主义为核心的文艺复兴运动。这个现实的巨大发展，同样反映到了史学，要求史学也摆脱基督教神学的羁绊，从研究"天国"转到研究人世，赞美新兴的资产阶级，为他们的夺权斗争制造根据。这一时期，产生的《佛罗伦萨史》和《意大利史》《英、法诸国的编年史》，以及以资产阶级新教观点解释基督教的教会史（如佛拉西斯的《马格德堡世纪史》），都是其中著名的。后来，更在资产阶级革命时代，出现了《法国大革命史》等名著。这在史学史上被称作为"理性史学"，其特点是要求以理性和科学观点解释历史，反对用基督教的蒙昧、迷信思想说明历史；同时，通过历史宣扬历史进化和资产阶级的民主、法制，反对封建专制制度。

像以上这样的现实启迪人们去研究历史，向历史不断地提出新的研究课题，使史学与现实的脉搏息息相通的事例，我们从古今中外还能够举出许多许多。这一事实清楚表明史学的内容是永远不会停滞不前、一成不变的，它总会随着现实的发展而发展。一个时代有一个时代的史学。史学尽管是研究人类过去已经消逝的社会，但是它永远具有时代性，给人以强烈

---

①《马克思恩格斯全集》，2版，第10卷，82页，北京，人民出版社，1998。

的时代感。

3. 现实还能够给历史研究提供新的认识条件、能力和方法，推动史学不断地向前发展。

人们研究历史也和人类认识其他事物一样，要经历一个由“必然王国”向“自由王国”的发展过程。这是一个逐步深化的过程。我们与历史认识上的绝对主义，即自信自己已经或者行将掌握绝对真理、永恒真理，达到了对历史认识的穷极者不同，也和那些历史的不可知论者不同，而认为人们在一个时期内对历史的认识，总是相对的，不可能绝对地完善无误，但是，人们对历史的认识却又一定会不断地深入、不断地发展．它会越来越接近于历史的真实，揭示出历史发展的规律。

接近历史真实的过程是经由一代一代的史学家去完成的。其中，后世史学家自己的努力固然是一个因素，但是他们所生活的新的现实时代，提供给他们的条件，则是更重要的因素。

首先，许多历史资料在当时或前代还不能够或者没有被披露出来，只有在后世才得以让史学家见到、搜集起来，加以使用。在这里，时间是重要的，现实往往要胜过于历史的当时。恩格斯在讲到当历史事件还在进行的时候，我们还不能够对它产生明确认识时，说：这是因为历史事件的一些重要因素还处在“隐蔽作用状态”，“而只有在事后，即在搜集和鉴别了材料之后才能得到”对其明确的历史认识。① 我们还可以举前边说过的甲骨文等的发现与殷商史研究关系的例子，来说明这一点。尽管史书中早就记载商朝已经“有册有典”，但是，在孔子时恐怕也没有见到这些资料，以至于他在研究殷礼时不得不叹息地说：“宋不足征也。文献不足故也。足，则吾能征之矣。”事实上，即便就在商代当时，这些资料也只是被控制在“巫”一类的史官手里，更多的人也是见不到的。所以，在很长时期里，商史仍处于传说时代。直到19世纪末发现了甲骨文和抗战前中央研究院在河南安阳小屯大规模地进行殷墟考古发掘以后，商史研究才获得了较为丰富的文字资料和实物资料，大大充实了内容，一跃而成为信史。当代史的研究亦然。

过去，我国史学界有的同志有一种看法，认为从史料的角度讲，越是当时的记载越可靠，后世或哪怕只是稍后的记载其价值都小如当时。如，北宋发生的事情，北宋人的记载是准确的，而南宋人的有关记载则准确性

① 《马克思恩格斯选集》，2版，第4卷，506页，北京，人民出版社，1995。

远不及北宋。如果以上面的道理看，这种意见显然就有些失于偏颇、绝对化了。因为在古代限于各种信息传递的局限以及其他种种原因，北宋人记载当时的事未必能够就是全面的、准确的，传讹之处在所难免，而南宋人因为已经过了一段时间，一些资料或口传倒是充分了些，其所载未必较北宋就不为准确、全面。史料绝对地以时代即当时或后世来定其优劣，恐怕是不能被视作为一条考据的标准的。

其次，一个历史事件的发展及其影响、后果，往往在当时还在进行，或者尚未能够发展得很充分，其所包含的许多矛盾，往往也还不能够充分地得以展开。这一切的解决都需要一定的时间。因此，只有后世的史学家对于其前世的历史，才有可能相对地认识清楚，而当时人却常常相对地"糊涂"。"不识庐山真面目，只缘身在此山中。"马克思说：人们"对人类生活形式的思索，从而对这些形式的科学分析，总是采取同实际发展相反的道路。这种思索是从事后开始的，就是说，是从发展过程的完成的结果开始的。"① 这种情况在历史上是屡见不鲜的。以隋朝覆亡这段历史为例。隋炀帝统治的荒暴肆虐是隋末农民起义爆发的直接原因，由此最终导致改朝换代，建立唐王朝。当时，起义的农民军和乘机起兵反隋的"群雄"，都是把矛头直接指向隋炀帝的，认为他是这场事变的罪魁祸首。如瓦岗军的领导人李密在发布的那篇著名的《讨隋檄文》中，就一一列举了隋炀帝的罪恶，指出这些罪恶之重"罄南山之竹，书罪无穷；决东海之波，流恶难尽",② 要求对之讨伐。这篇檄文是当时各地反隋力量的共识，一时极富号召力。这可以被看成是当时人对隋末形势的看法。但是，到了唐初，人们对于这段历史就又有了新的认识。他们既看到了炀帝之恶，同时更深层次地考察隋亡的原因，追根到了隋文帝。唐太宗就曾指出："隋文爱府库而不恤百姓"；魏征则更加直截了当地说："祸起于炀帝而根于隋文。"当事变"发展过程的完成的结果"已经出来以后，人们的"思索"的确是更加深入地"开始"了。唐初对隋亡原因的认识，无疑地要比隋末当时人的看法，是更加接近了历史的真实。正是由于这个缘故，我国史学史上形成了一个传统，即后朝编前朝的历史。如，东汉的班固编西汉的历史，写成《汉书》；陈寿在西晋时撰写《三国志》；五代和北宋时而成《旧唐书》与《新唐书》；元朝顺帝时才诏修《宋史》《辽史》《金史》；明朝洪武年间编成

---

①《马克思恩格斯全集》，2版，第44卷，93页，北京，人民出版社，2001。

②《旧唐书·李密传》。

《元史》；清朝顺治下诏修《明史》，至雍正时始成，刻版则在乾隆时了。这里，固然有个资料的完整问题，但是更重要的还是只有到了后朝，前朝的历史发展过程才算是真正地“完成”而有了“结果”。人们对于它的认识才可能得以“思索”和“开始”。

再次，现实还往往为人们的认识历史、研究历史，提供出新的更高的思维能力、认识能力。一是，人们在实践中，认识能力总是要不断地提高的。后人由于其实践丰富于前代，随之而来的认识问题的能力，也一定较前代有所发展。毛泽东同志在《实践论》中说：“无产阶级和革命人民改造世界的斗争，包括实现下述的任务：改造客观世界，也改造自己的主观世界——改造自己的认识能力，改造主观世界同客观世界的关系。”① 这段话的精神也同样适用于历史上无产阶级产生以前的人们。他们也都是在改造客观世界的同时，改造着自己的主观世界，即改造自己的认识能力，其间的区别只是在于自觉的程度有所不同。例如，司马迁所生活的现实条件与孔子生活的条件就不同，其被“改造”了的“客观世界”，已有了长足的发展和变化：一个是统一的多民族的专制主义中央集权制度下的西汉，一个是虽有周天子但实际上全国处于诸侯割据状态的春秋时期，因此，两个人的史学视野、史学认识能力就有很大的不同。孔子写的《春秋》主要是中原地区的史书，旁及新发展起来的楚及吴、越等江南地区，对少数民族也只是很笼统地以华夏与夷狄来区分，其记事亦很少经济，多“唯祭与戎”，司马迁则不同，不仅是写了当时更广大地区的历史，而且十分注意各个地区的互相联系、密不可分。他在《史记·货殖列传》中就有关于各地物产及彼此沟通的记载，说明其经济视野已是十分广阔。这一切不能不说与西汉统一局面的现实密切相关。在同一书中，司马迁就说：“汉兴，海内为一，开关梁，弛山泽之禁，是以富商大贾周流天下，交易之物莫不通，得其欲。”《史记》中还专门有《匈奴列传》《南越列传》《东越列传》《西南夷列传》《大宛列传》，专一地记载了少数民族的历史。这无疑又是我国统一多民族国家向前发展的现实对司马迁史学认识所产生的影响。显然，司马迁对历史的认识能力较之于孔子，不知有了多少发展与提高！

到了近代，半殖民地半封建社会的现实，迫使一些先进人士抛弃或部分抛弃原有的封建传统观念，转而向西方学习，于是一些西方资产阶级的思想传入中国，也影响到了人们对于历史的认识。如，当时，赫胥黎的社

①《毛泽东选集》，2版，第1卷，296页，北京，人民出版社，1991。

会进化论对中国史学研究的影响就较大。康有为为维新变法寻求的理论根据，便是社会进化论。他在《论语注》中说："人类进化，皆有定位，自族制而部落，而成国家，而成大统；由独人而渐立酋长，由酋长而渐正君臣，由君主而渐到立宪，由立宪而渐为共和，……盖自据乱进入升平，升平进为太平，进化有渐，因革有由，验之万国，莫不同风。……孔子之为《春秋》，张为三世①，……盖推进化之理而为之。"其在当时所著的《孔子改制考》《春秋董氏学》等书中，对由孔子"三世说"所推演的历史进化论思想，又都反复地进行了阐发。与康有为同时的夏曾佑不仅在其与严复合办的报纸中，宣传由严复翻译的赫胥黎的《天演论》，而且写了我国第一部运用进化史观划分历史阶段的中国历史著作——《中国古代史》。

历史在发展。人们随着新的改造世界的活动，自己的认识能力也在不断地提高。我国近代人们运用社会进化论思想认识历史，较之于封建时代的历史凝固论（"天不变，道亦不变"）、循环论来说，不知要进步了多少。

关于这一点，美国著名的历史学家巴巴拉·塔奇曼在其著《实践的历史》（1982）中有一段话，对我们还是很有启发的。他说："后来的历史家的巨大有利条件是他所描述的事情与他之间的时间上的间隔。有了这个间隔，他就有了一个广阔的视野，他就能更清楚地认识、理解当时所发生的一切，并从中分清什么是关系重大的，什么是无足轻重的。时间的间隔能使人们冷静地判断事物，作出比古代更为公正的评价。"

再者，由于在更高级的社会里仍然保留着较低级社会的某些东西，有的反而有了更为充分的发展，因此，在更高级社会的"现实"中，反而对于以往的低级社会历史能够获得更深刻的认识。这也是我们为什么说，现实有时会赋予人们对于历史以更高认识能力的重要原因之一。

马克思在《（政治经济学批判）导言》中对此有一段十分精辟的论述。他说："资产阶级社会是最发达的和最多样性的历史的生产组织。因此，那些表现它的各种关系的范畴以及对于它的结构的理解，同时也能使我们透视一切已经覆灭的社会形式的结构和生产关系。资产阶级社会借这些社会形式的残片和因素建立起来，其中一部分是还未克服的遗物，继续在这里存留着，一部分原来只是征兆的东西，发展到具有充分意义，等等。人体

① 东汉何休注《公羊传》，将孔子《春秋》所分十二世、西汉公羊学家董仲舒解释成的"三史"（"有见"、"有闻"、"有传闻"），演变为"据乱世、升平世、太平世"三世说。康有为在这里据"三世说"，阐发他的历史进化观点。

解剖对于猴体解剖是一把钥匙。反过来说低等动物身上表露的高等动物的征兆，只有在高等动物本身已被认识之后才能理解。因此，资产阶级经济为古代经济等等提供了钥匙。"① 众所周知，马克思和恩格斯就正是在资本主义社会历史阶段，深入地研究、解剖了资本主义以前诸形态的历史，对以往的史学做了一次彻底的清算，从而揭示出了这些社会历史发展的规律。如，马克思和恩格斯合著的《德意志意识形态》（其中第一卷［一］追溯到历史）、由马克思写作恩格斯整理的《资本论》第三卷（其中第二十章、第三十六章、第四十七章都追溯到历史）、马克思和恩格斯合著的《共产党宣言》，以及马克思著的《政治经济学批判》《剩余价值学说史》《资本主义生产以前各形态》《不列颠在印度的统治》《摩尔根（古代社会）一书摘要》《黑格尔法哲学批判》和恩格斯著的《家庭、私有制和国家的起源》《德国农民战争》《路德维希·费尔巴哈和德国古典哲学的终结》《反杜林论》《共产主义原理》《论封建制度的瓦解和民族国家的产生》《法兰克时代》《马尔克》《法学家的社会主义》等许许多多的经典著作，就都是径直用科学的观点研究古代历史或者在论述资本主义时追溯到古代历史，发现、阐述其历史发展规律，并进一步地确立起唯物史观的光辉典范。

关于现实能够为历史研究提供出新的研究方法，我们可以从一部史学史上看到许多生动的实例。前面谈及的王国维的“二重证据法”就是在近代考古学技术发展起来以后而产生的新的历史文献研究方法；现代，从生物科学开始并推广到整个自然科学领域的系统论，正逐渐形成为历史科学的一个新的研究方法——历史系统研究方法。当代，电子计算机也已经被研究领域引入使用，进行历史资料的数据处理，而形成为新的计量史学研究方法，等等，都是很好的证明。我们相信，随着时代的发展，不仅自然科学的研究手段和研究方法会不断地更新、变化，社会科学（包括历史科学）的研究手段和研究方法，也一定会日新月异地不断进步、向前发展。

第四节　史学的社会功能

一、史学的社会地位

由于人类要认识自然，利用自然界，产生了自然科学，也由于人类要

①《马克思恩格斯选集》，2版，第2卷，23页，北京，人民出版社，1995。

改造社会，发展社会，所以便产生了社会科学。前者要服务于认识、利用自然，后者则要服务于改造社会。很显然，一些学科之所以能够产生、存在和发展是因为它对于社会、人类有着自己的功能和价值。如果这种功能、价值一旦消失，这门学科便会失掉存在的意义，便会或迟或早地枯萎，直至被社会取消。这种情况在历史上是不乏其例的。我国魏晋南北朝时期，门阀世族盛行，选官依照于“九品中正制”，特重门第，有司选举必稽谱牒。因此，谱学一时极盛。晋太元中，贾弼撰《姓氏簿状》，子孙相传，号为贾氏谱学；梁·王僧孺因贾氏旧本，改撰《十八州谱》等书，号为王氏谱学。这种风气后来虽然渐衰，但是仍然一直地延续到唐初。当时，路敬淳、柳冲、韦述等都讲授谱学；唐太宗和武则天也都修订《氏族志》。南宋史学家郑樵所著的《通志》著录的谱系就有6种170部。那时候谱学之所以兴盛是由于它适应了当时社会上一部分人的需要，能够为当时的政治制度服务。但是，随着门阀制度的衰落，特别是科举制的发展，选官已经不再凭借门第，于是谱学也就失去了其依托和存在的价值与意义。到了清代马端临撰写《文献通考》时，谱学所存者已不过数家。现在，它更不能成为什么“学科”而立足于社会了。

堪舆学的盛衰亦是一个很好的例子。所谓堪舆，即“风水”；堪舆学实际上是专一相宅、相坟墓，察看其“风水”的一门学科。它主要以迷信为内容，但是也形成了自己的一套“理论”和“方法”。清代雍正时编的《古今图书集成》这部巨型类书中保存了不少堪舆学的书目及其内容。一些搞堪舆的“风水先生”，在我国封建社会里是享有较高地位的。他们以其所“学”下为一般达官贵人以及民人相宅、相墓，上为帝王相宫殿、陵墓等建筑，能够做官。其官，明、清时隶属于礼部钦天监，也可谓盛极一时。显然，它的存在与发展是与我国封建时代的科学不发达及特有的阶级关系和制度密不可分的。但是，同样地随着时代的变化，尤其是人们科学意识的不断加强，这门堪舆学也早已无复存在了。现在，某些落后地区仍然有搞风水迷信的人在欺骗群众，但是只能偷偷摸摸，不可能再成为一门正统的学科。

可是，史学却完全不同。它从人类在原始社会时开始萌芽，直到今天，一直作为一门重要的学科存在着。之所以能够如此，是因为史学虽然研究人类的过去，而最后归宿却是要服务现实，对于推动人类的发展与进步，有着巨大的社会功能和价值。

马克思主义经典作家从来都是十分重视史学这门学科的。恩格斯曾经明确地说："我们根本没有想到要怀疑或轻视'历史的启示'；历史就是我们的一切，我们比任何一个哲学学派，甚至比黑格尔，都更重视历史。"①毛泽东同志更是反复地强调了解历史和研究史学的重要作用。在革命战争年代里，他批评有些干部"对于自己的历史一点不懂，或懂得甚少，不以为耻，反以为荣"；② 他还深刻地提出："指导一个伟大的革命运动的政党，如果没有革命理论，没有历史知识，没有对于实际运动的深刻的了解，要取得胜利是不可能的。"③"不要割断历史。不单是懂得希腊就行了，还要懂得中国；不但要懂得外国革命史，还要懂得中国革命史；不但要懂得中国的今天，还要懂得中国的昨天和前天。"④"我们这个民族有数千年的历史，有它的特点，有它的许多珍贵品。对于这些，我们还是小学生。今天的中国是历史的中国的一个发展；我们是马克思主义的历史主义者，我们不应当割断历史。从孔夫子到孙中山，我们应当给以总结．承继这一份珍贵的遗产。这对于指导当前的伟大的运动，是有重要的帮助的。"⑤ 在新中国成立后，毛泽东同志继续要求人们要重视历史。1953 年，他写信给当时任中共中央办公厅主任的杨尚昆，嘱托他将《联共党史》"结束语"的六条印成单张一二千份，发给参加中央组织会议的同志和中央有关领导人及北京市的干部，要他们"加以阅读、研究，可能时还加以讨论。"1958 年，在我国的社会主义改造基本完成，第一个五年计划超额完成，全党面临着大规模社会主义建设的艰巨任务时，为了提高全党和全民族的素质，更好地把我国的社会主义建设事业推向前进，他再次明确地提出了要"学点历史"的号召；为此，他还早在 1954 年便指示史学界的一些学者组织力量校点《资治通鉴》，接着又提出标点《前四史》，即《史记》《汉书》《后汉书》《三国志》的任务。后来，在毛泽东同志的直接赞成和支持下，我国史学界最终完成整理、标校《二十五史》的宏大工程。这对于全党、全国人民实现"学点历史"的重大目标，提供了有利条件，做出了重大的贡献。

毛泽东同志自己在学习历史、研究历史上，也为我们树立了榜样，对我们是很有启发、帮助的。毛泽东同志历史知识的渊博是惊人的，而且他

---

①《马克思恩格斯全集》，2 版，第 3 卷，52 页，北京，人民出版社，2002。

②《毛泽东选集》，2 版，第 3 卷，798 页，北京，人民出版社，1991。

③《毛泽东选集》，2 版，第 2 卷，533 页，北京，人民出版社，1991。

④《毛泽东选集》，2 版，第 3 卷，801 页，北京，人民出版社，1991。

⑤《毛泽东选集》，2 版，第 2 卷，533 ~ 534 页，北京，人民出版社，1991。

在革命和建设的实践中，广泛地运用了自己的历史知识。张贻久著的《毛泽东读史》一书作过一个统计，说："翻开《毛泽东选集》第一至五卷，在这130多万字的著作中，毛泽东旁征博引了大量的历史典籍，如《左传》《吕氏春秋》《史记》《汉书》《资治通鉴》《礼记》《易经》《论语》《孟子》《老子》《列子》《山海经》等等。涉及的历史人物，既有著名的政治家、军事家、文学家、学者、诗人，如曹操、孙武、司马迁、韩愈、朱熹等；又有佞臣奸相，如魏忠贤、李林甫、秦桧等。既有在中国被尊为'圣人'的孔夫子、'亚圣'的孟夫子；又有外国著名的科学家、发明家哥白尼、达尔文等等。对于中国历史上的农民起义领袖，如：陈胜、吴广、朱元璋、李自成、洪秀全等，毛泽东则倾注着更大的热情关注。对于中国历史上许多著名的战役，如楚汉的成皋之战、新汉的昆阳之战、袁曹的官渡之战、吴蜀的彝陵之战、秦晋的淝水之战等成败得失的评述，也都多次出现在他的著作和讲话中。在《毛泽东诗词选》中，同样可以读到他对秦皇汉武、唐宗宋祖的评论；读到他不忘曹操的碣石遗篇；读到他歌颂共工为胜利的英雄；读到他要人们记取项羽失败的教训，穷寇宜追，把革命进行到底，等等。"该书接着引述了"许多国际著名的政治家、社会活动家、学者和有识之士"对于毛泽东同志具有丰富的历史知识，以及毛泽东同志对于中国革命和国际事务做出的伟大业绩、贡献关系的赞叹和评论。如，美国前总统尼克松称赞说："毛泽东是一代伟大的革命领导人中的一位出类拔萃的人。他不仅是一位完全献身的和重实际的共产党人，而且他也是一位对中国人民的历史造诣很深的富有想象力的诗人。"英国前首相希思说："他（注：指毛泽东）对国际事务的深刻理解，以及他对历史的知识，使他得以从世界战略出发来考虑问题。"西方研究毛泽东生平和思想颇有影响的学者、《毛泽东》一书的作者施拉姆教授也曾比较客观地评价说：毛泽东"阐述共产主义的著作，善于运用中国历史上的典故，富于文采，从而使共产主义非常通俗易懂而易于为他的同胞们所接受。"

马克思主义经典作家对于史学功能的论述和他们的实践活动，都有力地证明了历史学对于人类社会的重大意义和作用。史学的社会功能，大体可以包含三个方面：一是，历史学对于人类认识和实践活动的积极作用；二是，历史的借鉴作用；三是，史学的教育功能。

二、史学的社会功能

（一）史学对于人类认识、实践活动的作用

1. 可以帮助人们正确认识现实，即自己国家的国情和世界的今天，努力建设好自己的国家，投身到人类进步事业中

马克思在《路易·波拿巴的雾月十八日》中，有一段非常深刻、著名的话。他说："人们自己创造自己的历史，但是他们并不是随心所欲地创造，并不是在他们自己选定的条件下创造，而是在直接碰到的、既定的、从过去承继下来的条件下创造。"① 马克思和恩格斯还说过："历史的每一阶段都遇到有一定的物质结果，一定的生产力总和，人对自然以及个人之间历史地形成的关系，都遇到有前一代传给后一代的大量生产力、资金和环境，尽管一方面这些生产力、资金和环境为新的一代所改变；但另一方面，它们也预先规定新的一代本身的生活条件，使它得到一定的发展和具有特殊的性质。由此可见，这种观点表明：人创造环境，同样，环境也创造人。"②

从马克思和恩格斯的上述论述中，我们可以清楚地看到。第一，人们总是在不断地创造着自己的历史，包括生产力、资金，环境和生产关系以及上层建筑，即"创造环境"这正是人类历史不断地前进和发展的一面。长江后浪推前浪，后一个时代总比前一个时代进步。第二，人们在创造历史不断前进的时候，又必然总是在一定的基础上进行的，谁也不能够随心所欲地脱离这个基础而创造自己的历史。这个基础既是"直接碰到的、既定的、从过去承继下来的条件"，也是每一代人或每一个人都要遇到的历史上已经形成的"一定的物质结果、一定数量的生产力总和，人和自然以及人与人之间在历史上形成的关系"，"前一代传给后一代的大量生产力、资金和环境。"从这个意义上说："环境也创造人。"第三，史学正就是研究和阐述人们在创造历史时所遇到这个基础，它能够帮助人们更好地认识现实活动所赖以存在的条件和环境从而更有效果地依据这些条件和环境即今天中国的国情和世界现状，来从事改造环境的历史创造活动。

正因为如此，毛泽东同志在抗日战争时，反复地教导全党、全国人民必须研究历史，要懂得今天（指抗日战争时期）的中国是昨天和前天的中国的继续，要从中国昨天和前天历史的发展中，认清当时的半殖民地半封建社会的经济、政治和文化等国情，并据此确定党的政策，进行新民主主义革命，改变现状。我们知道，正是由于毛泽东同志和老一辈无产阶级革

---

①《马克思恩格斯选集》，2版，第1卷，585页，北京，人民出版社，1995。

②《马克思恩格斯选集》，2版，第1卷，92页，北京，人民出版社，1995。

命家始终坚持调查中国的现状，深谙中国的历史，牢牢地掌握了中国的国情，反对教条主义，所以能够把马克思主义的普遍真理与中国的社会实际相结合，才找到中国革命的道路，创立毛泽东思想，领导党和全国人民推翻三座大山，取得新民主主义革命的伟大胜利，建立了新中国。

一些通晓国际事务的外国政治家也懂得这个道理。美国前国务卿、著名的国际问题专家基辛格就说过："如果我们不能通晓历史背景，那么对外交事物的研究，即对整体国家的研究，就不可能得出有意义的结论。因为社会与其说存在于空间，倒不如说存在于时间。"①这里，必须强调的一点是，现实（国情和世界现状）当中，实际上是包含着历史的。历史总是以各种各样的形式渗透在现实当中。孔子就曾经说过："殷因于夏礼，所损盖可知也。周因于殷礼，所损益可知也。其或继周者，虽百世可知也。"②这里，虽然反映了孔子历史观中的只见量变不见质变的一面，但是，他却看到了现实之中包含着历史的事实。殷礼里有夏礼，周礼里又有殷礼。西汉初年，刘邦"承敝易变"，"汉承秦制"，"校秦之弊"，也是说明现实与历史之间是既有变化，同时也是有包容的。我们明白了这一点，就会懂得上述马克思和恩格斯说的那两段话，就会深信立足于现实的人，要创造历史和新的环境，改造社会，首先就必须了解自己今天一切活动所赖以存在的历史基础，就要研究历史，尊重史学。

2. 帮助人们认清人类社会的发展规律，展望未来，更自觉更有信心地投身到改造自然、改造社会的现实活动中去

规律，亦称法则，指事物在其发展过程中的本质联系和必然趋势；带有普遍性和重复性等特点。正因如此，人们通过研究历史所揭示出来的人类社会的发展规律，一般说，同样地可以适用于认识现实。尤其是按照人类历史规律的层次性特点，有些社会规律能够适用于几个乃至所有的社会形态或者整个的人类社会，带有时间和空间的更为广泛的普遍性。研究历史，加深对现实社会规律的认识，这是史学的一个十分重要的社会功能。

通过研究历史，利用历史规律，考虑当前的治政，这在我国历史上是早已有之的。殷商一味地崇天，以为只要有上帝的支持，它的统治就可以永固。所谓"我其祀宜（祭名），作（则）帝降若（顺、幸福），我勿祀

---

① 基辛格：《重建世界》。

②《论语·为政》。

宜，作帝降不若。”[①] 但是，它终究还是为周所代而灭亡了。西周初年的统治者就从中一定程度上认识了历史的这一规律，明白只靠上帝是不行的，还要有民的支持。周公旦执政时，就在继续强调“天命”的同时，进一步地提出了“敬德”和“保民”的概念，认为统治者只有一面尊天，一面修德、顺乎民意才能够巩固统治。战国时，荀子是很注意认识历史规律的一位思想家。他曾经就齐湣王身死国亡的事件，总结规律，阐述治国必须要言行一致，讲求信誉，说：“刑责已诺信于天下矣，臣下晓然皆知其可要也。政令已陈，虽睹利败，不欺其民；约结已定，虽睹利败，不欺其与；如是，则兵劲城固，敌国畏之；国一禁明，与国信之；虽在僻陋之国，威动天下，五伯是也。是所谓信立而霸也。”[②] 这里说的“信立而霸”应该是一条历史的规律。他还就卫国、齐国、郑国的治乱事实，总结了“故修礼者王，为政者强；取民者安，聚敛者亡”的治国之道，也即是历史规律。唐太宗更是十分地注意历史规律。他针对着隋亡之事实及前代的治乱兴衰，认识到即便在封建社会里，民心的归向仍然是统治稳固的必要因素，反复说：“君者，舟也；庶人者，水也；水则载舟，水则覆舟”。他更注意于帝王创业与守成的历史规律，寻求江山永固之理。贞观十二年（638年），他一次询问群臣们创业与守业何者更难时，魏征回答说：“自古帝王，莫不得之于艰难，失之于安逸，守成难矣。”太宗很以为然。他自己也得出结论说：“（房）玄龄与吾共取天下，出百死，得一生，故知创业之难。（魏）征与吾共安天下，常恐骄奢生于富贵，祸乱生于所忽，故知守成之难，然创业之难，既已往矣；守成之难，方当与诸公慎之。”[③] 创业难，守业更难，因此要“居安思危”，这不能不说是一条重要的治政规律。

但是，真正全面深刻地发现人类社会历史根本规律的是马克思主义，“正像达尔文发现有机界的发展规律一样，马克思发现了人类历史的发展规律，”[④] 这些历史规律不仅适用于历史，也适用于现实。例如，人类社会生产力与生产关系、经济基础与上层建筑之间辩证统一的规律，就适用于奴隶社会、封建社会、资本主义社会，同时也适用于社会主义社会。我国在党的十一届三中全会以来，所坚持的改革开放政策，就正是遵循这一规律，

① 《殷墟书契前编》（罗氏印本），7.38.1。

② 《资治通鉴》卷4，周报王三十一年。

③ 《资治通鉴》卷195，唐太宗贞观十二年。

④ 《马克思恩格斯选集》，2版，第3卷，776页，北京，人民出版社，1995。

改革生产关系以促进生产力、改革上层建筑某些环节以适应经济基础，使我国的社会主义制度不断地自我完善。

事实证明，懂得人类社会的历史发展规律，就能够更加自觉地治国安邦，参加现实的变革，改造社会，推动人类的进步事业；史学在这里是能够发挥自己的重大作用的。

苏联历史学家茹科夫曾经指出，“社会发展客观规律的存在，开辟着对历史过程进行有根据的预测的前景。……做为一门科学的历史学，便有可能越出把它和现实隔开的禁区线，在这样一些学科中间取得自己的地位；这些学科的使命是帮助加强社会积极性，促使人们不仅对今天的，而且对明天的任务有所了解。”① 这和我国古代史学家们历来所强调的研究历史可以“述往事，思来者”，“彰往考来”，“总括前踪，贻诲来世”等等的意思大体上是一样的，都讲的是由于人类历史发展的规律客观存在，因此史学与未来有着密不可分的关系。

在马克思主义产生以后，由于人们对于历史发展规律的认识完全建立在科学的基础上，于是通过研究历史，预测未来，也就更加的真实可靠。正像列宁所说的，对人类社会未来的预测，“马克思丝毫没有陷入空想主义，他没有虚构和幻想新社会。相反，他把从旧社会诞生新社会的过程，从前者进到后者的过渡形式，做为一个自然历史过程来研究。”这样的预见显然不是孔子所谓的“虽百世可知也”的空言，而是完全科学的预见。例如，关于人类社会大体上经历五种社会形态的论断，就是完全从社会经济形态的演变，从对生产力、生产关系，经济基础、上层建筑的对立统一规律的认识上得出的。

能够预测未来，展示人类最美好的前途，那么就会不管人类历史出现了什么样的曲折，我们都会坚定信心。

（二）对现实的借鉴作用

鉴，本是古代一种盆样的青铜器，盛水后可以像镜子以照人影。后来，又引申作儆戒、教训的意思。这里所说的借鉴，即是拿来历史的人物或事件，以之为镜，照出自己的得失，然后汲取其经验、教训，以规范自己的行为，避免重蹈前人的失误。

我们知道，人类历史由于其一度性的特点，是一经消逝以后即不可以

① E. M. 茹科夫［苏］著，王瓘译：《历史方法论大纲》，83页，上海，上海译文出版社，1988。

再重演的。但是，历史上非常酷似的现象却又是经常存在的。人们常说："前车之覆，后车之鉴"，就是这个意思。前车与后车虽然不同，它们的"覆"也不会是完全一样，但是它们"之覆"的现象却是可以非常相似的。这就为人们寻求历史的借鉴找到了必要的根据。

其实，现实能够借鉴于历史的道理，人们是一直懂得并且是非常重视的。关于治政方面的借鉴，如西周初年，统治者们面对夏朝、殷商的败亡，反复地告诫周人："殷鉴不远，生夏后之世"，[①]"我不可不监（鉴）于有夏，亦不可不监（鉴）于有殷，"[②] 要周人以夏朝、殷商作为借鉴，不要重蹈其覆亡之辙。秦始皇死后，秦二世胡亥与赵高、李斯矫诏即位，欲杀掉拥有重兵的蒙恬兄弟以自固，他的侄子子婴就以战国一些国君的教训为鉴，对他加以劝诫，说："赵王迁杀李牧而用颜聚，齐王建杀其故世忠臣而用后胜，卒皆亡国。蒙氏，秦之大臣，谋士也，而陛下欲一旦弃去之。诛杀忠臣而立无节行之人，是内使群臣不相信而外使斗士之意离也！"[③] 西汉初年，战乱已弥，刘邦仍不思文治，津津乐道于"乃公居马上而得之，安事《诗》《书》！"陆贾以古为鉴，力劝刘邦："居马上得之，宁可以马上治之乎？且（成）汤武（周武王）逆取而顺守之，文武并用，长久之术也。昔者吴王夫差、智伯，极武而亡；秦任刑法不变，卒灭赵氏。向使秦已并天下，行仁义，法先圣，陛下安得而有之？"他的话对刘邦很有启示，"高帝（刘邦）不怿而有惭色，乃谓陆生曰：'试为我著秦所以失天下，吾所以得之者何，及古成败之国'，陆生乃粗述存亡之征，凡著十二篇。每奏一篇，高帝未尝不称善，左右呼万岁，号其书曰：《新语》。"[④] 这件事成了汉初统治者政策的转折点。东汉末年，曹操正是鉴于历史上"定国之术，在于强兵足食，秦人以急农兼天下，孝武以屯田定西域，此先代之良式也"，而在建安元年（196 年）于许下募民屯田，解决军粮问题，最后统一了北方。唐朝接隋之弊，其开国之君臣，更是一直地注意治政宜鉴之于史。还在唐高祖李渊在位时，君臣们即经常地从隋亡这段历史中汲取营养。武德元年（618 年），万年县法曹孙伏伽即上表李渊，陈述治国之道。表从隋朝说起："隋以恶闻其过亡天下。陛下龙飞晋阳，远近响应，未期年而登帝位；徒知

①《诗经·大雅·荡》。

②《尚书·召诰》。

③《资治通鉴》卷7，秦始皇三十七年。

④《史记·郦生陆贾列传》。

得之之易，不知隋失之之不难也。臣谓宜易其覆辙，务尽下情。凡人君言动，不可不慎。……善恶之习，朝夕渐染，易以移人。皇太子、诸王参僚左右，宜谨择其人；其有门风不能雍睦。为人素无行义，专好奢靡，以声色游猎为事者，皆不可使之亲近也。自古及今，骨肉乖离，以至败国亡家，未有不因左右离间而然也。愿陛下慎之。"① 武德九年（626 年），太宗李世民刚刚即皇帝位，即邀请景州录事参军张玄素为其讲述为君之道。张玄素也是先从隋朝的历史讲起，他说："隋主好自专庶务，不任群臣；群臣恐惧，唯知禀受奉行而已，莫之敢违。以一人之智决天下之务，借使得失相半，乖谬已多，下谀上蔽，不亡何待！陛下诚能谨择群臣而分任以事，高拱穆清而考其成败以施刑赏，何忧不治！又，臣观隋末乱离，其欲争天下者不过十余人而已，其余皆保乡党、全妻子，以待有道而归之耳。乃知百姓好乱者亦鲜，但人主不能安之耳。"②

唐太宗是一位比较能够纳谏的君主，"兼听则明"在一定程度上成为他的座右铭。这不能不说与他注意借鉴历史是有关系的。唐太宗对治政需鉴史作了带总结性的概括。他明确地说："览前王之得失，为在身之龟镜。"③"今欲自观国史者，盖有善事，固不需说；若有不善，亦欲以为鉴诫，使得自修改耳。"④"以铜为镜，可以正衣冠；以古为镜，可以知兴替；以人为镜，可以明得失。"⑤

史鉴也是历史学家撰史的重要目的。司马迁撰写《史记》的目的之一，就是"网罗天下放失旧闻，王迹所兴，原始察终，见盛观衰"，然后以为今人、后人的鉴戒。《资治通鉴》的编写更是如此。司马光在《进资治通鉴表》中明确地说他编写是书的目的就在于获取史鉴，即将冗长的中国历史"举撮机要，专取关国家盛衰，系生民休戚，善可为法，恶可为戒者，为编年一书"，以使帝王于日理万机之暇，取而披览，以"监（鉴）前世之兴衰，考当今之得失，嘉善矜恶，取是舍非。"原书名为《通志》，宋神宗取阅部分后，认为其书能够"鉴于往事，有资于治道"，遂赐名《资治通鉴》。明末清初，王夫之读《资治通鉴》后深有感触地说，一部历史"得

---

①《资治通鉴》卷 185，唐高祖武德元年。

②《资治通鉴》卷 192，唐高祖武德九年。

③《册府元龟》卷 550，《国史部·恩奖》。

④《贞观政要·文史》。

⑤《贞观政要·任贤》。

可资，失亦可资也；同可资，异亦可资也。故治之所资，唯在一心，而史特其鉴也。”① 在西方，编写史书以为今人借鉴的事例同样是很多的。如，罗马帝国时期的史学家李维（Livy，公元前59—公元17年），在他写的《罗马史》（全名为《罗马自建城以来的历史》）中说：“研究研究过去的事可以得到非常有用的教益。在历史真相的光芒下，你可以清清楚楚地看到各种各样的事例。你应当把这些事例作为借鉴：如果那是好的，那么你就模仿着去做；如果那是罪恶昭彰而最后身败名裂的，那么你就要引为大戒，竭力避免。”② 另一位罗马著名史学家塔西佗（Tacitus，约生于公元55年，卒于120年）也说过：“我认为，历史之最高的职能就在赏善罚恶，不要让任何一项嘉言懿行湮没不彰，而把千秋万世的唾骂，悬为对奸言逆行的一种惩戒。”③ 被恩格斯誉为是文艺复兴时代的“政治家、历史家、诗人”和“近代军事著作家”的马基雅弗利（Niccolo Machiavelli，1469—1527年），曾专心潜读李维的《罗马史》，然后将罗马共和国时期的史事，一一地与当时佛罗伦萨的现实情况，加以对比，并写成《论李维》一书。他的用意即是希望人们能够从古罗马的历史中寻求对于当前政治改革的启示和借鉴。和这一思想一致的是他写的另一部十分著名的史书——《佛罗伦萨史》。这部书里，他把古罗马与14、15世纪的佛罗伦萨作了对比，努力探求使佛罗伦萨借鉴古罗马而统一意大利的道路。

在借鉴历史，发挥史学的借鉴功能方面，毛泽东同志也是一个典范。毛泽东同志对以“鉴”为其宗旨的《资治通鉴》十分喜爱，在他故居的藏书中，既有这部书的线装本，也有五十年代古籍出版社标点整理后的平装本。这些书里都有他圈点批划的手迹。④ 他读《资治通鉴》的目的就是要从中汲取历史的借鉴。1954年冬，毛泽东同志对史学家吴晗说：“《资治通鉴》这部书写得好，尽管立场观点是封建统治阶级的，但叙事有法，历代兴衰治乱本末毕具，我们可以批判地读这部书借以熟悉历史事件，从中汲取经验教训。”⑤ 他曾对身边工作人员说：“司马光的《资治通鉴》之所以

---

①《读通鉴论·叙论二》。

② 李维：《罗马史》，罗伯茨（Canon Roberts）的英译本，《人人丛书》1926年伦敦版，第1卷，2页。

③《塔西佗全集》，丘奇（A. J. Church）与勃罗德里布（W. J. Brodribb）的英译本，1942年纽约版，137页。

④ 据《新创造》第1期讲，毛泽东对《资治通鉴》总共读了17遍。

⑤ 张贻玖：《毛泽东读史》，1版，29页，北京，中国友谊出版公司，1991。

从周威烈王23年算起，是由于这年，周天子命韩、赵、魏三家为诸侯，这一承认不要紧，使原先不合法的三家分晋变成合法的啰，司马光认为这是周室衰落的关键。‘非三晋之坏礼，乃天子自坏也。’选择这一年、这件事为《通鉴》的首篇，真是开宗明义，与《资治通鉴》的书名完全切题。下面做得不合法，上面还承认，看来，这个周天子没有原则，没有是非。当然非乱不可。这叫上梁不正下梁歪嘛。任何国家都是一样，你上面的敢胡来，下面凭什么老老实实，这叫事有必至，理有固然。”① 对于《资治通鉴》的体例、断限，毛泽东同志不仅有独到见解，而且从中取得历史的借鉴。对于许多历史人物，毛泽东同志也都能从他们身上获得借鉴，并借以指导当前的伟大革命斗争。例如，他对秦始皇，一方面指出其在历史发展过程中的进步作用要肯定，一方面则指出秦始皇在统一六国之后，由于丧失了进取的方面，志得意满，耽于逸乐，求神仙，修宫室，残酷地压迫人民，到处游走，消磨岁月，以至于激起陈胜、吴广揭竿而起，最后秦亡的经验教训。关于陈胜、吴广起义失败的教训，毛泽东同志以“二误”作了总结：一误是功成忘本，脱离了本阶级的群众；二误是任用坏人，偏听偏信，脱离了共过患难的干部。其结果是众叛亲离，本来在军事上占有很大优势，望风披靡，锐不可当，天下归心，但其政权却仅仅维持了六个月便短命地夭折了。他还进一步指出，这“二误”的经验教训，于古于今，都有极为深刻的意义。② 我们都知道，在解放战争取得三大战役胜利、蒋介石反动政府即将覆灭之际，蒋介石要出了假“和平谈判”的阴谋，毛泽东同志一面戳穿反动派的阴谋，一面命令百万雄师渡江作战，占领反动政权的老巢南京，终使解放战争取得彻底胜利，建立了新中国。在这个关键时刻，毛泽东同志及时地以楚汉战争时由于西楚霸王项羽在鸿门宴上，不听谋士范增的劝告，放走刘邦，最后使刘邦养成势力，在垓下决战项羽，逼使其自刎乌江的故事为鉴，告诫全党全军和全国人民。为此，毛泽东同志生动地写了《解放南京》诗：“宜将剩勇追穷寇，不可沽名学霸王。”对于历史上因为功成业就、骄傲自满，以至于失败的教训，毛泽东同志一直十分注意。1944年3月，郭沫若发表了《甲申三百年祭》，写了明末李自成农民起义军进入北京，推翻明王朝后，由于一些首领生活腐化，发生宗派斗争，导致起义军失败的过程及其教训。当时，延安正在党的高级干部中

① 《新创造》第1期。

② 张贻玖：《毛泽东读史》，1版，43页，北京，中国友谊出版公司，1991。

进行关于党的历史问题讨论，4月12日，毛泽东同志作《学习和时局》的报告时说：“我党历史上曾经有过几次表现了大的骄傲，都是吃了亏的。……全党同志对于这几次骄傲、几次错误，都要引为鉴戒。近日我们印了郭沫若论李自成的文章，也是叫同志们引为鉴戒，不要重犯胜利时骄傲的错误。”同年11月21日，毛泽东同志给郭沫若写信说：“《甲申三百年祭》，我们把它当作整风文件看待。小胜即骄傲，大胜更骄傲，一次又一次吃亏，如何避免此种毛病，实在值得注意。”信中还希望郭沫若能写太平军的经验，说：“倘能经过大手笔写一篇太平军经验，会是很有益的。”① 关于子女教育问题，毛泽东同志也曾引历史的借鉴。1967年，他专门推荐大家读《战国策》一书中的《触訾说赵太后》，并说：“这篇文章反映了封建制代替奴隶制的初期，地主阶级内部，财产和权力的再分配。这种分配是不断地进行的，所谓‘君子之泽，五世而斩’，就是这个意思。我们不是代表剥削阶级，而是代表无产阶级和劳动人民，但如果我们不注意严格要求我们的子女，他们也会变质，可能搞资本主义复辟，无产阶级的财产和权利就会被资产阶级夺回去。”这个历史的借鉴对于教育子女和培养无产阶级接班人，都是有重要教益的。至于在军事上，毛泽东同志借鉴古代历史上的战争、指挥革命战争的例子就更多了。如，毛泽东同志曾批注孙膑“围魏救赵”战例，说它“攻魏救赵，因败魏兵，千古高手”。他在《抗日游击战争的战略问题》一文中，讲到游击战争的战略防御时，专门借鉴这一战例，指出：“如果敌在根据地内久踞不去，我可以倒置地使用上述方法，即以一部留在根据地内围困该敌，而用主力进攻敌所从来之一带地方，在那里大肆活动，引致久踞之敌撤退出去打我主力；这就是‘围魏救赵’的办法。”② 解放战争时期，毛泽东同志指挥的对国民党军队的“围点打援”战役，实际上也是对“围魏救赵”这一历史战例的一种借鉴和灵活运用。

（三）史学的教育功能

史学的教育功能，可以分成广义的和狭义的理解。从广义来说，掌握、传播历史知识从而达到更好地认识现实、认识国情、面向世界，懂得历史规律，正确地展望未来，汲取历史经验教训、获得历史借鉴，等等，都可以算是历史的教育。如果狭义地理解历史的教育功能，一般的则是指历史对于人们的思想、道德伦理、品性情操等方面的影响和熏陶。本题目要讨

① 张贻玖：《毛泽东读史》，1版，147页，北京，中国友谊出版公司，1991。

② 张贻玖：《毛泽东读史》，1版，121页，北京，中国友谊出版公司，1991。

论的是后者，也即是从狭义上看的历史教育。

《易经》上说："君子多识前言往行以蓄其德"。"前言往行"指的是历史，"蓄德"即主要是指的培养道德品质。《国语·楚语》中记载，楚国大夫申叔向楚庄王建议如何教育太子时，说："教之《春秋》，而为之耸善抑恶焉，以诫劝其心"；《汉书·艺文志》中说的"古之王者，世有史官，君举必书，所以慎言行，昭法式也。"这里的"耸善抑恶"、"诫劝其心""慎言行"、"昭法式"，都是指的历史的教育功能。在西方，古希腊史学家希罗多德从因果报应的角度，用历史事实向人们进行教育。在他的笔下，一些专横的帝王如克洛苏斯、大流士、薛西斯等最后结局都兵败身死，而一些曾经多少在历史上做过好事的人物，却让人们永远怀念。他的史书就是以这些史实，贬恶褒善，以让后世知所取舍，受到教育。古罗马的史学家塔西佗也十分注重历史的教育作用。他在《罗马编年史》一书中就说："历史之最高的职能就在赏善罚恶，不要让任何一项嘉言懿行湮没不彰，而把千秋万世的唾骂，悬为对奸言逆行的一种惩戒。"俄国大诗人普希金曾说，塔西佗的史著是"惩罚暴君们的鞭子"。"希腊化时代"末期的杰出史学家波里比阿（Polybius，约公元前204—前122年）也明确地认为，历史是一种"以事实为训的哲学"。他在其所著《通史》（亦称《罗马史》）中说："从研究历史中所得到的真知灼见，对实际生活说来是一种最好的教育"；历史能够教育人"如何英勇豪迈地面对困难、战胜命运"。

人们研究历史、学习历史，就是要从历史中汲取精神营养，继承前人的优秀文化遗产。

毛泽东同志在《中国革命和中国共产党》一文说："在中华民族的开化史上，有素称发达的农业和手工业，有许多伟大的思想家、科学家、发明家、政治家、军事家、文学家和艺术家，有丰富的文化典籍。在很早的时候，中国就有了指南针的发明。还在一千八百年前，已经发明了造纸法。在一千三百年前，已经发明了刻版印刷。在八百年前，更发明了活字印刷。火药的应用，也在欧洲人之前。所以，中国是世界文明发达最早的国家之一，中国已有了将近四千年的有文字可考的历史。中华民族不但以刻苦耐劳著称于世，同时又是酷爱自由、富于革命传统的民族。以汉族的历史为例，可以证明中国人民是不能忍受黑暗势力的统治的，他们每次都用革命的手段达到推翻和改造这种统治的目的。在汉族的数千年的历史上，有过大小几百次的农民起义，反抗地主和贵族的黑暗统治。而多数朝代的更换，都是由于农民起义的力量才能得到成功的。中华民族的各族人民都反对外来民族的压迫，都要用反抗的手段解除这种压迫，他们赞成平等的联合，而不赞成互相压迫。在中华民族的几千年的历史中，产生了很多的民族英雄和革命领袖。所以，中华民族又是一个有光荣的革命传统和优秀的历史遗产的民族。”①

毛泽东同志在这里说的我们中华民族“以刻苦耐劳著称于世”和“酷爱自由”、“不能忍受黑暗势力的统治”、“反对外来民族的压迫”等光荣传统和优秀品德，都是对子孙万代进行教育的宝贵遗产，对于增强民族自豪感、民族自信心、自尊心、加强民族凝聚力有着巨大的作用。正是因为具有这种民族优良传统，“中国人民，百年以来，不屈不挠，再接再厉的英勇斗争，使得帝国主义至今不能灭亡中国，也永远不能灭亡中国”。②

中华民族还有许多民族的美德，足以教育后代，垂训子孙。例如：后汉、三国时期的诸葛亮为了报刘备“三顾”知遇之恩和匡扶汉室的大业，为丞相后，勤政尽职，“鞠躬尽瘁，死而后已”，一直成为后世人们对待国家、对待事业竭心尽责的高尚道德尺标。同样，西汉抗击匈奴的著名军事家霍去病的“匈奴未灭，何以家为”；北宋政治家范仲淹的“先天下之忧而忧，后天下之乐而乐”；明末清初思想家顾炎武的“天下兴亡，匹夫有责”等等先国家、民族、社会，而后自己的奉公尽职的精神也一直为后人所景仰。

再如，西汉文帝时，张释之执法不阿和文帝虚己纳谏的故事，始终受到后人的赞诩。“上（汉文帝）行出中渭桥，有一人从桥下走出，乘舆马惊。于是使骑捕，属之廷尉。（张）释之治问。曰：‘县人来，闻跸，匿桥下。久之，以为行已过，即出，见乘舆车骑，即走耳。’廷尉奏当，一人犯跸，当罚金。文帝怒曰：‘此人亲惊吾马，吾马赖柔和，令他马，固不败伤我乎？而廷尉乃当之罚金！’释之曰：‘法者，天子所与天下公共也。今法如此而更重之，是法不信于民也。且方其曲，上使立诛之则已。今既下廷尉，廷尉，天下之平也，一倾而天下用法皆为轻重，民安所措手足？唯陛下察之。’良久，上曰：‘廷尉当是也。’”③

唐初贞观年间，太宗虚心纳谏，魏征等大臣敢于犯颜直谏的事例，更是十分的突出。唐太宗即位伊始，即以隋炀帝荒淫无度，不守君道，而又

① 《毛泽东选集》，2版，第2卷，623页，北京，人民出版社，1991。
② 《毛泽东选集》，2版，第2卷，632页，北京，人民出版社，1991。
③ 《史记》，卷102，《张释之传》。

令"臣下钳口"，以至于"不闻其过"，终致败亡的事实引为莫大的教训；认为国君必须"虚己以受人"，让臣下进谏，使"智者献其谋，勇者竭其力"，才能使国家得治。他在位期间，臣下上自宰相、御史，下至县令小吏敢于向他直谏的事例层出不穷。尤其是谏议大夫魏征，更是先后犯颜向太宗陈谏二百余事，包括要太宗以隋亡为鉴、应该"居安思危，戒奢以俭"，"薄赋敛，轻租税"，"任贤受谏"等等。魏征认为，大臣们应当是皇帝的"股肱"，"陛下所为若是，当助陛下成之；所为若非，当奏罢之。此乃事君之道"。他所说的"兼听则明，偏信则暗"的话，曾一直受到太宗的赞赏并且被奉做为自己治政的座右铭。

此外，淡泊明志，克己爱人，舍利取义，"富贵不能淫，贫贱不能移，威武不能屈"的事例，在我国历史上举不胜举。锐意改革，以促使社会进步，乃至殉身于改革事业而不悔的故事，层出不穷。从这些事例中不难看出，在人类的历史中所蕴含的有关思想品德、道德伦理方面的教育内容，丰富而且感人至深的。批判地继承这一份珍贵历史遗产，用以陶冶青少年乃至全民族的情操，无疑是提高中华民族素质的一项十分重要的任务。

思考与实践：

1. 结合所积累的历史知识和认识，谈一谈你对历史是什么的见解。
2. 结合现有知识和学习，分组讨论如何解决历史学划分分支学科遇到的问题。
3. 撰写一篇关于历史学学科建设建议的习作。

第二章
历史学理论的基本特征

学习提示

史学理论是史学研究工作的重要指导，也是史学研究的重要组成部分。对其认识主要包括：史学理论是怎样产生的；史学理论呈现过程中的状态；史学理论的具体内容和结构；史学理论对历史研究的重要意义和作用。这些问题也是中外史学界长期探讨的课题，对其中不少内容的认识，歧义还很大。在学习和研究过程中，认识和了解各种观点，不仅可以活跃思维，扩展知识，更可以深入了解、掌握进而科学、合理运用史学理论于学习、研究之中。

广义的史学理论包含史学理论和历史理论两个部分。史学理论是对历史学的发展过程及其规律的理论概括，它研究的是历史学自身的理论问题。如，个体与群体的历史观；历史研究中的主体和客体；历史学的功能（包括社会功能、科学功能、教育功能）；史学遗产的批判继承；历史研究成果的表现形式；史学家的素养与时代使命；等等。历史理论则是对人类社会的发展过程及其规律的哲学认识，它探讨客观历史本身的问题，诸如历史是不是运动的、变化的；历史发展的动力是什么；历史发展的趋向是什么；历史发展的决定性因素是什么；地理环境在人类历史发展中起何种作用；历史发展是否有规律性存在；等等。史学工作者对这些问题都有种种不同的见解和理论。

史学理论同历史理论既有区别，又有联系。一方面，史学本身有自己发生、发展的历史，也属于历史活动，应当被包含在历史理论所概括的历史现象之内；另一方面，人们对历史的认识、研究、评论，都是史学活动，也都在史学理论所应当总结和概括的范围之内。史学理论和历史理论所研究的许多问题，在很多情况下互相交叉、渗透，因此有很多史学工作者在研究的时候，并不对两者作严格的区分，只是在论述的时候有所侧重。

第一节　史学理论产生的基础

系统的史学理论是在史学发展的基础上逐渐产生的。在漫长的历史发展过程中，随着社会的进步和人们认识能力的提高，历史学工作者在记述历史的过程逐步有了史学意识，例如，对于史学目的的看法，对于历史发展阶段的划分，对于历史记载的态度，对于史学成果表述上的要求，对于史书内容与形式的设计和选择，等等。这些史学意识在史家著述的时候会有意无意地表现出来。随着史学的进一步发展，史学意识不断发展、日益成为独立体系，逐步从历史叙述中分离出来，成为专门的史学理论。

一、史学发展与史学意识的产生

（一）中国古代史学发展与史学意识的产生

中国史学，源远流长。夏商时期就出现了专门的史官，分左、右史，左史记言，右史记事。西周时，史官分工更细，有大史、小史、内史、外史、侍史、御史、女史之称。这些史官有的掌管国家的典章，有的负责起草政治命令，有的负责保存各诸侯国的政治文件。他们在长期实践中，摸索出一套记叙历史和保存文献的固定的方法，不过那时尚没有出现专门的史学著作。真正以独立姿态出现的史学专著，大约是从孔子修订《春秋》开始的。到两汉时期，司马迁著《史记》、班固著《汉书》，标志着中国传统史学专著的成熟。专门的史学著作当中蕴含着丰富的史学思想，既有史学理论方面的，也有历史理论方面的。

在《春秋》这部书中，就已经明确体现出作者的史学意识。《春秋》在史学意识上的突出反映之一是“属辞比事”。“比事”，就是在编写史书的时候要编年纪事，按年、时、月、日的顺序排比史事。《春秋》记载史事，“以事系日，以日系月，以月系时，以时系年”，① 逐年编次。“比事”还要求对众多史事进行比较、选择，根据其价值的大小而有所取舍。“属辞”，则是指在表述史事时讲求遣词造句，注重文辞的锤炼。同是记战争，有伐、侵、入、战、围、救、取、执、溃、灭、败等不同的写法。同是记杀人，有杀、弑、尽杀、诱杀、歼等不同的写法。同是记人的死亡，有崩、薨、卒等不同的写法。孔子对于史书的言辞、文采非常重视。他认为：“言之无文，行而不远。”② 另外，孔子还说：“夏礼，吾能言之，杞不足征也；殷礼，吾能言之，宋不足征也。文献不足故也。足，则吾能征之矣。”③ 大意是说，讲授前朝的制度，必须以历史文献为根据。从这里可以看出孔子对于历史文献也很重视。

孔子特别注重对历史人物和事件作道德和价值判断。孟子在叙述孔子作《春秋》的目的时说：世衰道微，邪说暴行有作，臣弑其君者有之，子弑其父者有之，孔子惧，作《春秋》。他删述鲁史而作《春秋》，目的就在于正名、定名分。孔子甚至认为，为了保持伦理道德的严肃性，可以用避讳的办法对历史进行含蓄的记叙。孔子对于历史客体的演变规则和历史发展的本质作过比较深入的思考。他认为历史的客观进程是继承和发展的统一，社会演变有一个根本不变之道，那就是道德和理性的进步。

《左传》在继承《春秋》传统的基础上，表现出对史官记事态度的关注，尤其对史官记事坚持秉笔直书的原则加以称赞。

战国中期，邹衍通过对自然历史的具体研究，提出了五德终始说，用

---

① 杜预：《春秋经传集解·序》。

②《左传》襄公二十五年。

③《论语·八佾》。按：“文献”，历来有一种解释，即文指文字记录，献指贤者言论。

五德相胜说解释朝代兴替："凡帝王者之将兴也，天必先见祥乎下民。黄帝之时，天先见大螾大蝼，黄帝曰：土气胜。土气胜，故其色尚黄，其事则土。及禹之时，天先见草木秋冬不杀，禹曰：木气胜。木气胜，故其色尚青，其事则木。及汤之时，天先见金刃生于水，汤曰：金气胜。金气胜，故其色尚白，其事则金。及文王之时，天先见火，赤乌衔丹书集于周社，文王曰：火气胜。火气胜，故其色尚赤，其事则火。代火者必将水，天且先见水气胜。水气胜，故其色尚黑，其事则水。水气至而不知，数备，将徙于土。"①邹衍认为历史是变化的，王朝更替是历史的必然趋势。但历史变化又是有规则的，它取决于自然运行的规则。自然界的五种基本要素金木水火土存在相克的原理，人类社会的朝代更替也与自然界的这种现象相对应。

两汉时期，司马迁继承了孔子以来的史学传统，提出了"究天人之际，通古今之变"的著史目的。在《史记》中，司马迁通过对黄帝以来的历史进行全面的记叙来思索古今变迁的大势和规则，试图通过帝王、贵族、官僚、士大夫、商人、游侠以至社会下层种种人物的生活境遇来揭示历史的本质。通过秦皇、汉武的比较，揭示了人君之道；通过循吏与酷吏的比较，揭示了人臣之道。《平准书》与《货殖列传》，以专门篇幅记载了社会经济活动的内容。礼、乐、律、历、天官、封禅、河渠八书，记载了汉武帝以前的历代典章制度。司马迁对这些人类社会生活主要内容进行系统思考，深入考察历史演化的轨迹，寻求其中的规则，达到其"通古今之变"的目的。

总之，从春秋到秦汉，人们的史学意识已经具有鲜明的特点和丰富的内涵，这些对于中国古代史学理论的发展，都具有重要意义。

（二）西方史学意识的产生与发展

在西方，伴随着古希腊—罗马史学的发展，也产生了史学意识。

公元前7—前6世纪，"希腊世界"中最先进的地区爱奥尼亚，出现了用散文写作的"纪事家"，他们把口头相传的故事记载下来，将自己在异邦的所见所闻写成游记，根据石碑和文献资料编写历史。这些有根据的记载和以往的神话和传说明显不同，它用"纪事"这个专门术语来称呼。纪事家们有一种共同的意识：努力使自己所书与客观事实相符。到了公元前5世纪，希罗多德撰写《历史》，他明确宣称写该书的目的是"为了使希腊

① 《吕氏春秋·有始览·应同篇》。

人和异邦人那些可歌可泣的丰功伟绩不致失去应有的光彩，特别是为了要把他们之间发生战争的原因记载下来以永垂后世。”① 希罗多德的这一著史要求成为古典时代史学家所共同遵守的宗旨。此后，修昔底德继承并进一步发扬了希罗多德的史观和史学模式，写出《伯罗奔尼撒战争史》这一史学名著。他把写出信史实录作为对史学、史家的基本要求。罗马奥古斯都时代的李维，著《罗马史》，他认为历史不仅给旁观者以道德教训，更重要的是给当事人以道德批判。另外，李维还首创“通史”体例。

总之，古希腊罗马时期的历史学家们在著史的同时对史学理论进行了许多的探索，其中，历史著作必须反映历史真实，这一传统史学思想深深地影响到后世史学的发展。

公元1世纪—3世纪，罗马帝国境内兴起了基督教。基督教的传播使罗马文化性质逐渐改变，它由以人为中心的世俗文化，改变为以神为中心的基督教文化。与此同时，历史观也发生了巨大的变化。当时基督教徒用基督教义的观点来解释历史，编写历史，产生了基督教史学。基督教史学家认为一部历史就是“上帝”意志的体现，同时也是“上帝”的见证。写历史就是要证明上帝的存在，赞美上帝的全智全能；基督教史学家认为《圣经》中所记载的一切都是真实的、不容怀疑的，而那些非基督教著作都是不可靠的；人类历史并不存在中断或倒退，而在不断趋近于上帝的天国。这反映出一个时代占主导地位的思想意识形态对历史观念会产生重要影响。

史学意识的产生一方面与历史学本身的产生与发展密不可分；另一方面也与特定历史时期的宗教、哲学有密切关联。可以说史学理论产生，主要有两个重要的基础，一个是历史学本身的发展；另一个是哲学的发展。不仅西方，中国也是如此。先秦和秦汉时期的史学意识，尤其是对历史的看法，与哲学是分不开的。邹衍用金木水火土相生相克的原理解释朝代的更替就是一例。

二、史学理论的形成过程

（一）中国史学理论的形成

魏晋南北朝时期，国家开始组织学者力量编修史书。其后，唐至宋、元、明，每一个朝代都要大规模召集学者，撰写前一朝代的历史，史学著作门类逐渐增多，有通史、断代史、专门史。专史中有典章制度史，如：

① 转引郭圣铭：《西方史学史概要》，1版，17页，上海，上海人民出版社，1983。

唐代杜佑的《通典》；有地理史，如：北朝郦道元的《水经注》、唐李吉甫的《元和郡县图志》；有学术文化史，如：唐道宣的《开元释教录》等。在中国史学前期发展的基础上，唐刘知几著《史通》。他不但总结了我国唐以前史学发展的情况，而且还开创了我国古代史学理论和史学评论的新形式。《史通》是我国古代第一部以史学作为研究对象的、系统的理论著作。该书着重阐述了史书的体裁、体例、史料采辑、表述要求和撰史原则，以及史学功用等；还论述了史官制度、史著得失；并阐述了作者对于历史的见解。《史通》标志着中国古代史学理论的形成。

在刘知几以后，皇甫湜著《编年纪传论》一文，提出："编年、纪传，系于时之所宜、才之所长者耳，何常之有？故是非与众人同辨，善恶得圣人之中，不虚美，不隐恶，则为纪、为传、为编年，是皆良史矣。"① 对东晋以来编年、纪传孰优孰劣数百年之争做了总结。柳宗元著《非国语》一书，批评了《国语》一书在天人关系、历史进程中的因果关系、历史评价标准，以及史家书法等问题上的错误。② 在《与韩愈论史官书》中，指出史家应具有坚定的信念和崇高的责任感，这就是"道苟直，虽死不可回也"和"孜孜不敢怠"的精神。③ 这些都体现了中国传统史学理论的新进展。

中国传统史学理论与哲学有不可分割的联系。中国古代史学把对人类社会历史发展的运行规则的探索作为自身的重要目标，并主张结合对自然历史（主要是天文地理现象的变化规则）的研究来阐释人类历史的运行规则。这实际上也是中国古代哲学的目标和思路。在中国古代史学产生和形成的过程中，史学理论与哲学是相互融会贯通的。例如，邹衍的金木水火土五德相胜说，既可以看作是一种对历史发展变化的哲学思考，又可以看成是用哲学观点解释历史的发展变化。

（二）西方史学理论的形成

从14世纪起，欧洲兴起了"文艺复兴"运动，史学和史观发生了一次巨大的转折。

史学方面，历史学开始走向专业化，史学研究中的疑古精神和考据方法得到了提倡和发展。地理大发现给历史学家打开了广阔的天地，使他们的研究领域扩展到史前史、文化史、人类学、民俗学以及比较历史学，在

①《文苑英华》卷742。
②《柳河东集》卷44，卷45。
③《柳河东集》卷31。

国别史的基础上编写出综合性的世界史。

史观方面，人文主义史学家鄙弃了宗教史观，重新回归古典时代的史学传统。意大利人文主义史学家布鲁尼、马基雅弗里等不再用上帝的意志来解释历史，而是力图通过研究人的世俗活动来寻找社会历史的因果。法国第一位人文主义历史学家康敏斯的《回忆录》反复强调历史学的实用价值，认为历史是理解现实生活的钥匙。弗兰西斯·培根的历史著作《亨利七世在位时期的英国史》也反复强调治史的目的是多识前言往行而启人心窦。总之，文艺复兴以来西方史学有了很大的发展，伴随着史学的发展，一些史学家、哲学家开始提出系统的史学理论，产生了历史哲学。

一般认为，意大利哲学家维科（Giovanni Battista Vico，1668—1744 年）1725 年发表的《新科学》（书的全名为《关于各民族共同性的新科学原则》）一书，是西方史学发展史上第一部历史哲学著作。该书系统探讨了人类社会发展的规律。在书中，维科强调人类的历史是由人类自己创造的，历史的动力是人的共同意志；他将人类历史划分为“神权时代”、“英雄时代”和“人权时代”三个阶段，各民族历史都是有规律的按照这三个阶段向前发展；他认为历史的进步，不是直线上升的，而是迂回前进的，上述三个阶段的发展互相衔接，周而复始。这部书对后来西方史学理论的发展有相当大的影响。此后，西方历史学的理论思维经过 200 多年的积累和发展，到如今形成了众多的理论体系，这些理论体系也往往被称为历史哲学。

第二节　史学理论呈现的基本状态

史学理论是一个动态的发展过程和体系，在不同的国家、不同的历史发展阶段，其表现形式、内容都有所不同，但是也有一些共同的基本的特点。主要表现在以下几个方面。

一、存在形式多样化

史学萌芽的同时史学理论也萌芽了。但是完整独立的史学理论与史学并不是同步发展的，而是历史学发展到一定程度才产生了相关历史学的理论。在中国，早在唐代就出现了专门的史学理论著作。在西方，到了近代才形成独立的史学理论体系，出现专门的史学理论专著。

但是，在实践中，史学理论的表现形式并不一定只是史学理论专著，它可以多种形式存在。例如，可以“史论”的形式存在，也可以是独立的历史评论文章，等等。这在中国传统史学中尤其突出。当然，史学理论发展到今天，已经比较成熟，主要是以史学理论专著或论文的形式呈现出来。但是，我们也不能忽视其他存在形式，否则就不能完整把握史学理论的全貌。下面主要以中国史学为例略作说明。

（一）史论。“史论”是史书的一个组成部分，是在历史叙述中插入的对历史事件的议论，这在中国传统史学中尤其突出。这种形式，最早见于《左传》中的“君子曰”。《左传》在叙事过程中，常加入对事件的议论，以“君子曰”、“孔子曰”、“仲尼曰”表示。其中，“君子曰”就具有“史论”的特点，对后世影响很大。“君子曰”这种历史评论形式，在秦汉以后的中国史学上获得长足的发展。《史记》中的“太史公曰”就是这种形式的继承和发展，其内容集中反映了司马迁的历史观。以《汉纪》《后汉纪》《资治通鉴》等为代表的编年体史书，也继承、发展了《左传》的“君子曰”的形式，着意于兴亡治乱的评论，其中包含了史观、对历史的各种结论等史学理论的内容。这种形式的历史评论，在中国古代其他各种体裁的史书中，也有所反映。

（二）独立的历史评论文章。在中国古代的各种文集、总集、文选、奏议、书信之中，都有专门评论历史的文章。例如《诸葛亮集》《魏郑公集》《柳河东集》《苏轼集》《欧阳文忠公集》《苏天爵集》《弇山堂别集》等历代文集中，都有历史评论。如诸葛亮的《隆中对》、柳宗元的《封建论》、欧阳修的《正统论》等都是千古名篇。又如总集《文苑英华》，专立“史论”一目，所收历史评论专篇以论历代兴亡为主。有的历史评论专篇，距后世久远，只是由于史书的引用才得以保存下来，如《国语》以记言著称，所载时人问对，多含有评论历史的内容。再如《史记·太史公自序》载司马谈《论六家要指》；《秦始皇本纪》载贾谊《过秦论》等，都是有名的史论。这些史论文章，或陈述历史形势，或纵论兴亡成败，或阐说历史环境与政治体制的关系，或论述某个皇朝存在的根据，都具有很强的理论性。

（三）史学理论专书。在中国古代，历史评论方面，王夫之的《读通鉴论》《宋论》、宋人范祖禹的《唐鉴》、孙甫的《唐史论断》都不失为名作。这几部书，包含了丰富的历史理论。近代以来，西方史学理论流派层出不穷，各有自己的代表人物及其代表作问世。如汤因比的《历史研究》、斯宾格勒的《西方的没落》、柯林伍德的《历史的观念》、雅斯贝斯的《历史的起源与目标》等等。

二、多种流派并存

由于史学研究者的世界观不同、所依据的哲学流派不同，在不同历史时期形成了史学理论的不同流派，这些流派各自建有不同的史学理论体系，从不同的侧面阐述了自己对史学的理论看法。这一点在西方史学的发展中表现得最为明显。

18世纪初形成的西方历史哲学，侧重对历史作抽象的理性分析，关注对人类历史普遍规律的描述，但是这种抽象的描述与具体的历史事实有一定的距离，从中看不到各个民族、各个国家历史的特点。18世纪末至19世纪40年代，风靡欧洲的浪漫主义史学改变了这种状况。浪漫主义史学侧重于描绘具体历史情境和抒发作者的激情，强调通过直觉与感觉和历史发生共鸣，不赞成对历史作理性分析。该派史学强调各民族历史的特征，把民族史、国别史研究提到首位，反对理性主义者们所喜爱的世界史一般模式。由于世界观的不同，浪漫主义史学本身又分成几种不同的流派。

19世纪40年代后期，实证主义史学兴起，成为西方史学的主流。这一学派是由兰克及其弟子奠定的。兰克认为历史家应当超然物外，不偏不倚，不可因政治或宗教的原因而党同伐异，反对用历史研究的成果来指导当前的实践。兰克史学宣扬史料高于一切，强调掌握第一手材料，主张“有一分史料说一分话”，通过制定完整的史料批判方法，创建了近代西方“科学史学”的理论模式。兰克确立的史学模式取得了空前的史学成就。但是与此同时，由于该学派偏废理论、思辨，又使史学面临着沦为科学婢女的危险。这样，到了19世纪后期一度沉寂的历史哲学复兴，形成思辨的历史哲学和分析、批判的历史哲学，同时文化形态史学等一批史学理论流派先后形成。

三、探索的问题具有连续性

史学理论探讨史学中的具有普遍性的问题，人们对这些普遍性的问题的关注和探索累代相传，从而形成了一些理论的“重心”。就中国古代历史理论而言，对以下这些重大历史问题的理论探究带有连贯性：

第一，对君主评价理论的形成与发展。中国古代的思想家和史学家很早就有了关于君主的评价，并逐渐形成了相关理论。到了东汉末年，荀悦提出“六主”即六种类型的君主的见解。唐初，虞世南著《帝王略论》，对唐朝以前的历代君主进行了全面的评价，是一部深入浅出的评论君主的理论著作。北宋司马光撰《稽古录》，提出人君应该具有的“道”、“德”、“才”三项准则，从正面阐述了关于君主的理论。明末清初，黄宗羲著《明夷待访录》，其中的《原君》篇对君主的产生及其作用进行分析、批判，把古代史学家对君主的评价推进到一个新的阶段。

第二，对治乱兴衰原因的理论探索。朝代兴亡更替，社会治乱发展，是历史上人们关注的问题之一。从西周到春秋战国，王室的盛衰，诸侯的兴亡，历史的巨大变动，促使当世史学家和思想家不断深入地思考，《左传》《国语》及诸子百家的一批著述，多有这方面的讨论和阐释。汉初，面对秦亡汉兴的巨大变动，众多政治家、思想家、史学家都在探究其中的原因。陆贾、贾谊、晁错等人都有这方面的立论撰著问世。史学家司马迁更是明确提出了“稽其成败兴坏之理”的历史撰述任务。此后，关于兴亡成败的讨论，连绵不断。唐初史家用比较方法探讨秦、隋兴亡的原因，朱敬则的《十代兴亡论》纵论南北朝的得失成败；宋代司马光强调，一部《资治通鉴》的主旨即在于“关国家兴衰，系生民休戚”之事，而范祖禹《唐鉴》一书则是把揭示唐朝何以兴、何以亡，促使后人引以为鉴作为撰述的主要目的；南宋史家为时势所激，具有深刻的忧患意识，他们的撰述主旨都以兴亡盛衰为核心；明清之际，朝代更迭，社会动荡，史学家的兴亡之论继续深化，王夫之的《读通鉴论》《宋论》是在这方面影响力最大的著作。可以说，治乱兴衰是中国古代历史理论最关心的问题。

第三，地理环境与社会发展的关系。中国古代史学家很早就开始关注地理条件与政治上的兴亡得失的关系。郑樵在《通志·都邑略·序》中，从全国的地理形势和以往的历史经验出发，对地理条件与“建邦设都”的关系和政治上兴亡得失的关系作了总体考察，他得出的结论是：在新的地理环境变迁和政治条件下，长安、洛阳、建业所谓“三都”已不是理想的都城所在；北宋建都于汴京是一个历史性的错误，这与“靖康之难”有直接的关系；南宋建都临安是不妥当的，应移都南阳。

中国史学家关注地理环境与历史发展之间的关系，有一个重要原因，就是重视史学研究对现实社会的作用。顾祖禹所著《读史方舆纪要》，就是要以地理为基础、以阐明军事上的成败为主要内容、以总结政治兴亡为目的。人们称赞这部著作“辨星土则列山川之源流，详建设则志邑里之新旧，至于明形势以示控制之机宜，纪盛衰以表政事之得失，其词简，其事核，其文著，其旨长，藏之约而用之博，鉴远洞微，忧深虑广，诚古今之龟鉴，治平之药石也。有志于用世者，皆不可以无此篇”。

第四，对“时”与“势”的论述。司马迁论历史形势、历史环境，常用“时”、“势”的概念。例如，司马迁说叔孙通“制礼进退，与时变化”，说公孙弘“行义虽脩，然其遇时”，指的是一个人的经历与“时”的关系。评论项羽，说他“乘势起陇亩之中”；又说虞卿“上采‘春秋’，下观时势”，这里说的“势”，都是指历史形势。司马迁还说到“事势”与“势理”，前者是指事物发展趋势，后者指事物发展的法则，等等。柳宗元撰《封建论》，用“势”说明“封建”（分封）出现的客观原因，认为秦废封建而设郡县，是适应了客观形势的变化。《封建论》论证“势”在历史发展中的作用，而“势”是不以人的意志为转移的。这比司马迁所说“势”更加深刻。其后宋人曾巩、范祖禹、苏轼等都受到柳宗元《封建论》的影响并有所阐发。曾巩著《论势》一文，其见解折中于“用秦法”与“用周制”之间。范祖禹称：“三代封国，后世郡县，时也。”苏轼认为：“圣人不能为时，亦不失时。时非圣人所能为也，能不失时而已。”至明清之际，王夫之对此又有新的发展。他不仅论述“势”、“时势”，而且进一步提出“势”与“理”的关系，认为“理本非一成可执之物，不可得而见也”，“只在势之必然处见理”，这也就是说，“势”是“理”的表现形式，“理”是“势”的内在本质。总之，从司马迁到王夫之，史学家关于“势”的观念经历了漫长而有意义的发展过程。

自史学理论发展为独立的体系之后，也有一些问题是长期以来引起人们普遍关注的，例如，历史发展的动力是什么；历史发展的趋向是什么；历史发展的决定性因素是什么；地理环境在人类历史发展中起何种作用；历史发展是否有规律性存在等等。对这些史学根本问题的不同回答，形成不同的史学流派。

四、“寓论于史”

论不离史是史学理论的鲜明特点。如果离开历史空谈理论，那就称不上史学理论。中国史学在这方面有着优良传统。通常，中国古代史学家讲历史理论都不脱离历史事实。

曾经有人问司马迁，孔子为何要作《春秋》？司马迁引孔子的话回答说“我欲载之空言，不如见之于行事之深切著明也”，意思是说，发表议论不如写出事实更有说服力。司马迁作《史记》是要“究天人之际，通古今之变”，而这个目标是通过“网罗天下放失旧闻，考之行事，稽其成败兴坏之理”来实现的。司马迁作十表，在诸表序文中阐述对历史进程的认识；作

《秦本纪》《秦始皇本纪》，借用贾谊《过秦论》分析秦朝兴亡的历史原因；作《平准书》《货殖列传》，在相关序文中揭示出经济生活的重要和贫富悬殊的社会现象，并由此窥见社会历史变动的法则，等等。司马迁关于历史的理论都是在叙述历史事实的基础上提出来的，而不是"空言"。在司马迁之后，班固、荀悦、陈寿、范晔、魏征、杜佑、司马光、范祖禹、王夫之、赵翼等人，在历史理论上，都继承了司马迁的风格。

中国古代历史理论在思辨色彩方面不十分突出，但也有其优点：第一，言简意明。司马迁《史记·平准书》序，仅四百余字，可是它包含了司马迁的经济思想、社会思想、历史思想的丰富内涵。一部数百万言的巨著《通典》，其引言不足三百字，但它却反映了杜佑的治学宗旨以及撰写《通典》的方法。第二，平实易懂。因为论不离事，所以理论不是抽象的，而是同有关的史事相联系的，因而易于为更多的人们所理解、所接受。第三，实践性强。由于理论不脱离事实，这使人们比较容易把理论同实际结合起来，供现实社会活动借鉴。

五、以一定的哲学思想为基础

史学理论中涉及历史观，通常都与一定的哲学思想相关联。中国古代的史学理论，哲学基础是经学。《六经》所确立的关于人类社会发展的认识以及关于人类理想生存方式的论述直接影响了历史观和史学标准，经学所确立的关于人类社会的思维方式也影响了史学的思维方式及其表述方式；古代经学在西汉初期已经奠定了从自然和社会统一的角度去思考人类社会的基本思路，而史学也把"究天人之际、通古今之变"当作两个并立的重要目标①。西方的史学理论，是康德、赫尔德、孔德、黑格尔等哲学家用他们的哲学思想系统化而从史学中独立出来，成为专门的理论体系。马克思主义史学理论更是以马克思主义哲学为基础。

① 张岂之主编：《中国近代史学学术史》，1版，25~26页，北京，中国社会科学出版社，1996。

第三节　史学理论的体系

一、史学理论研究概述

一切历史记载和描述都是在一定的历史观指导下完成的，其中包含着写作者自己对历史事件的评价，隐含着作者自己的理论观点。但是，历史学自产生以来，在很长一个时期内并没有人能对整个历史过程以及历史学本身作系统的理论归纳，没有专门阐释历史学理论的专著问世，从而形成相对独立的、系统的史学理论体系。在中国，史学发展到了唐代，才有著名史学家刘知几撰写《史通》一书，对先秦以来的历史研究和写作实践作了系统的总结，有学者认为这是历史学发展史上出现的第一部专门论述历史学的理论和方法的著作。到了清代，史学家章学诚撰写了《文史通义》一书，对中国传统史学的理论和方法做了又一次的总结。在西方，只是到了近代以后，历史学界才开始比较系统地思考自己的研究对象具有什么样的性质、特点，历史学能不能像其他科学那样从历史发展过程中归纳出一些定律或原理，以及怎样才能更好地认识、研究和写作历史等问题。在这些思考和探索的过程中，逐渐形成了各种流派的史学理论。通常认为，意大利哲学家维科（Giovanni Battista Vico，1668—1744 年）所写的《关于各民族共同性的新科学原理》一书，是西方史学发展史上出现的第一部历史哲学著作。此后，经过 200 多年的积累和发展，才形成了有关历史和历史学本身的各种的理论体系。

历史学的理论体系究竟应该怎样建构？都包括哪些组成部分？中外的学者有许多不同的见解。在中国学界，对此问题的探讨，涉及了这样两个重要方面：什么是史学理论；史学理论的内涵和外延如何界定。特别是在近 20 余年的研讨过程中，人们的许多认识在不断深入的前提下，越来越接近，这样就对进一步开展史学理论体系的建立和内容的研究，提供了相对可靠的基础和条件。

在研究中人们对史学理论体系的建立有许多构想。如一种意见认为，史学理论应该由 3 个方面的内容组成，即历史哲学、史学专业基础理论、历史学的技术学科或辅助学科所涉及的各种理论；另一种意见认为，史学理论应该由历史学的对象、范畴、内容、概念、结构、方法等，历史学家的各方面，历史认识论、主客体关系等，历史方法论，历史学与其他学科的关系及新分支的建立等5个方面组成；还有一种意见将史学理论分为三个部分，即历史本体论、历史认识论、历史方法论。① 近年来，人们在研究中越来越重视并赞同将历史学理论分为史学本体论、史学认识论、史学方法论的观点②。

二、史学理论体系的主要内容

（一）史学本体论

史学本体论也称为历史本体论，是关于人类社会历史过程本身的性质和特点的理论，其核心为社会历史观。在史学发展过程中，由于人们所处的时代不同、所属的阶级不同、所积累的经验不同，形成了各不相同的历史观。

在我国古代就有"天不变，道亦不变"③ 与"三王（夏、商、周）之道若循环，终而复始"④ 的静止的或循环论的形而上学的历史观；也有像韩非那样认为从"上古之世"到"中古之世"，再到"近古之世"，人类历史始终是在向前发展、不断进步的社会进化历史观；有绝对信奉天意，认为人世历史都由上天决定，动辄都要占卜吉凶的殷商统治者的唯心主义历史观；也有"国将兴，听于民。将亡，听于神"，"神，……依人而行"⑤ 和"天道远，人道迩"⑥ 的近乎人、神并重，二元论实则更重于人的多少带有反天命唯物成分的历史观。同时，也出现了"足食，足兵，民信之矣"⑦ 和"天下熙熙，皆为利来；天下攘攘，皆为利往"，"仓廪实而知礼节，衣食足而知荣辱。礼生于有而废于无"；"渊深而鱼生之，山深而兽往之，人富而仁义附焉"⑧ 等等在一定程度上从经济着眼分析历史问题的唯物史观因素。

到了近代，由于社会的巨大变化和外来思想的影响，人们在历史观上经历了极大的变革。严复翻译了赫胥黎的《天演论》，一部分进步的中国人

---

①《全国史学理论研讨会综述》，《天津师范大学学报》，1986（6）。

② 庞卓恒：《历史学的本体论、认识论和方法论》，《历史研究》，1988（1）。

③《汉书·董仲舒传》。

④《史记·高祖本纪》。

⑤《左传》庄公三十二年。

⑥《左传》昭公十八年。

⑦《论语·颜渊》。

⑧《史记·货殖列传》。

开始用“物竞天择，适者生存”的社会进化史观看待中国和世界的历史与现实。孙中山还进一步突破了封建传统的帝王将相创造历史的英雄史观，而强调在历史上是时势造英雄。他讨论了美国独立战争和法国大革命的历史，指出：“华盛顿与拿破仑二人之于美法革命，皆非原动者，美之十三州抗英之后，乃延华盛顿出为之指挥。法则革命起后，乃拔拿破仑于偏裨之间。苟使二人之易地而处，想亦皆然，是故华拿之异趣，不关乎个人贤否，而在其全国之习尚也。”① 在世界历史上，各种各样唯物的与唯心的历史观也是始终存在的。例如，在古希腊，以写作《历史》而闻名的希罗多德，治学态度严谨，但是其历史观却充满宿命论。他认为人类历史有一个超自然的力量在支配着，甚至对“神谶”也深信不疑。可是，另一位杰出的史学家，以写作《伯罗奔尼撒战争史》而著名的修昔底德却否认“神谶”等宗教思想，认为日食、月食、地震、风暴等都是自然现象，并不是什么人间吉凶的征兆。他还在一定程度上重视经济因素对于历史发展的作用，说，“如果没有充裕的财库，要想支持一个长期的战争是不可能的”。这些都明显地带有唯物史观的合理成分。到了世界中古时代，基督教统治着人们的思想领域，正如恩格斯所说：“中世纪是从粗野的原始状态发展而来的。它把古代文明、古代哲学、政治和法律一扫而光，以便一切都从头做起。它从没落了的古代世界承受下来的唯一事物就是基督教和一些残破不全而且失掉文明的城市。其结果正如一切原始发展阶段中的情形一样。僧侣们获得了知识教育的垄断地位，因而教育本身也渗透了神学的性质。在僧侣手中，政治和法学同其他一切科学一样，不过是神学的分支，一切按照神学中通行的原则来处理。”② 那个时代欧洲的史学同样被神秘主义的色彩所严重地笼罩着。一些宗教的史学家公开地把人间的历史视作为只不过是上帝意旨的一种体现，是上帝精神的一个舞台。当时德意志最著名的史学家鄂图所写的《编年史》（亦称《双城史》）就以《圣经》中所说的“创世纪”作为人类历史的开端，并且认为，一部世界历史就是上帝的信徒和恶魔撒旦的信徒彼此之间的斗争史。

到了“文艺复兴”时代，随着资产阶级的产生及其发展、壮大，资产阶级的文化兴起，史学观点也发生了根本性的变化，从以神为中心，变为以人为中心。这时期的史学家认为历史应当是“人事”的历史，而不是上

①《孙文学说》，《孙中山选集》上卷，1版，153页，北京，人民出版社，1956。
②《马克思恩格斯全集》，2版，第10卷，482页，北京，人民出版社，1998。

帝和“天国”的历史，要探求人类社会历史发展的因果关系，为资产阶级服务。他们的历史观点无疑的是带有反神学的唯物主义色彩。但是，出于资产阶级的阶级偏见和局限，这时期的史学家大多抱有英雄史观。

综上所述，古今中外的任何史学研究者、工作者，都有自己的历史观。要么是这样的历史观，要么是那样的历史观。社会历史观是史学本体论的核心问题。

史学本体论探讨历史发展的各种问题，涉及的面很丰富。诸如：历史是什么？历史过程是不是一种客观存在？人类社会的历史现象与自然界的现象有何异同？推动人类社会发展的根本动力是什么？国家是怎样产生的？在历史上起什么作用？会不会最终消亡？怎样评价历史人物？怎样认识个人和群体在历史上的不同作用？怎样看待历史上的民族关系？自然环境与人类社会的发展有何关系？历史发展过程有没有客观规律可循？等等。这些问题都是史学本体论要回答的。

当代西方和世界史学理论中的史学本体论种类繁多，概括起来可以大致分为三类：具有人本主义倾向的史学本体论、具有科学主义倾向的史学本体论和马克思主义史学本体论。

1. 具有人本主义倾向的史学本体论

这一类理论的基本观点有二：

第一，强调人的精神、目的、意志是社会历史过程中的决定性因素。这类是血本体论认为一切历史活动和整个历史过程都只不过是人的精神、目的、意志的展现过程，历史学的研究对象是有目的、有意志的人的活动过程，与研究无目的、无意志的自然现象的自然科学根本不同。在具体历史过程的研究中，人本主义倾向的史学本体论因理论流派不同，其所强调的重点也有所不同。一些流派认为领袖英才的目的、意志在历史过程中起决定性作用，历史就是以领袖英才为中心的历史。另一些流派则强调群体的或大众的意识、大众的心态和大众的文化在历史过程中的关键性甚至决定性的作用，认为正是这种大众的意识、心态和文化观念支配着他们的经济行为、社会行为、政治行为、宗教行为，从而决定着历史的面貌和过程。例如，德国社会学家、历史学家马克斯·韦伯（Max Weber，1864—1920年）就认为，正是西方那种要求人们为此生此世建功立业而艰苦奋争的“新教伦理”，激发了西方人的“资本主义精神”，“新教伦理”是促进西方世界从封建社会演变为资本主义社会的关键性因素，而东方社会没有从自身萌发出资本主义的一个重要原因，就是因为“儒家伦理”、道教、佛教、伊斯兰教都缺乏西方那种“新教伦理”。

第二，认为人类社会的历史是无规律可循的。具有人本主义倾向的史学本体论认为人的目的、意志和观念活动具有一次性、非重复性的特点，由此决定了在人的目的、意志和观念支配下发生的社会历史过程也具有一次性、非重复性的特点，是无规律可循的，是根本不同于具有高度重复性、因而可以探求其重复出现的“规则”的自然现象的。

2. 具有科学主义倾向的史学本体论

这类史学本体论把历史的演进过程归结为社会中的各种结构及其功能的演进过程，认为人的历史命运是被结构决定的。当代西方史学中“科学的历史学”或“社会科学史学”的新史学，在不同程度上具有这类史学本体论的倾向。这类史学本体论的共同特点是：认为在人类社会中总是存在某些结构，它们在长时期里甚至在整个人类历史过程中起着决定人类历史进程的作用，支配着人们的思想、行为和命运。法国年鉴学派①代表人物、社会史家布罗代尔（F·Braudel）认为，所谓结构就是在一段长时期里总是重复出现的种种“通例”或“常规”。例如：在14—18世纪这段漫长的时期里，欧洲各国呈现出极为相似的人口升降曲线，食物、住房、衣着、时尚、心态、能源、交通等等，都无不呈现出相同或至少相似的基本形式。他认为，正是这种长时期的“日常生活结构”，决定着社会历史的根本面貌，它决定了“一个把全部人类生活限定在一个外缘不断变化的边界范围内的一个难以达到更难以超越的最高限度”，这个限度“是每一个时代，包括我们自己的时代的边界线，它把可能与不可能划分开来，把稍许努力即可达到的界域与根本不可能达到的界域划分开来”。② 另一些学者则认为，决定社会历史进程的是经济贸易领域的国际性分工结构或其他经济、社会结构等等。他们认为“结构”是通过在长时期里起作用的反复出现的“常规”或“通例”表现出来的，历史学应该主要研究那些在长时期里重复出现的、群体性的社会历史现象，从而发现那些现象背后的“结构”，而不应该像人本主义史学本体论主张的那样只去研究那些一次性的、个别性的现

---

① 年鉴学派是法国历史学家吕西安·费弗尔（L·Febvre，1878—1956年）和马克·布洛克（M·Bloch，1886—1944年）开创的一个学派。提倡用社会科学方法从总体上研究大众社会生活和社会经济结构的历史，反对西方传统史学把领袖英才人物置于历史中心地位。

② 布罗代尔：《文明与资本主义》，第一卷《日常生活的结构》（*Civilization and Capitalism*，15—18 century，Vol. 1，*The Structures of Everyday Life*），27～34页。

象和事件。他们认为一次性的、个别性的现象、事件是由长时段结构决定的，只有通过“结构”才能得到解释。正因为如此，他们主张历史是有规律可循的，历史学首先应该通过对那些重复性的现象的研究去发现相应的“常规性”或“规律性”，这与自然科学和经济学、社会学、人类学等社会科学具有相似性。

3. 唯物史观指导下的史学本体论

马克思和恩格斯对前两种史学本体论做了全面、深入的批判，并在此基础上，系统地阐述了唯物史观的基本原理。在《德意志意识形态》一书中，他们明确地表示，唯物史观立论的前提既不是历史唯心论者所说的孤立的个人和他们的精神、意志，也不是什么结构，“而是一些只有在想象中才能加以抛开的现实的前提。这是一些现实的个人，是他们的活动和他们的物质生活条件，包括他们得到的现成的和由他们自己的活动所创造出来的物质生活条件”。这里所说的唯物史观的“现实的前提”（原译为“真实的前提”，是相对于唯心史观的“想象的前提”而言的）包含三个层面：第一是“现实的个人”，是在一定的社会中“从事实际活动的人”。既包括以劳动大众为主体的“进行物质生产”的人，同时也包括从事“精神生产”的人。他们都“是在一定的物质的、不受他们信念支配的界限、前提和条件下”从事实践活动，但又总是“能动地表现自己”的人；第二是“他们的活动”，这首先是指物质生产活动，因为“这种活动、这种连续不断的感性劳动和创造、这种生产，是整个现存感性世界的非常深刻的基础”。而且以物质生产活动为基础，人们相应地进行着经济交往、社会交往、政治交往和精神交往等各种实践活动；第三是“他们的物质生活条件，”“包括他们得到的现成的和由他们自己的活动所创造出来的物质生活条件”。这三个层面中，第二个层面，即现实的人们从事的物质生产实践活动以及与之相适应的经济、社会、政治和精神领域的交往实践活动，居于中心地位。因为，第一个层面所指的“真实的个人”是从事那些实践活动的人，第三个层面所指的物质生活条件，则是他们自己的实践活动创造出来的或者是由他们的先辈的实践活动创造出来的。第一和第三层面都离不开第二层面，即物质实践活动。

马克思、恩格斯以人们的物质实践活动为起点来阐发唯物史观的原理：人们的物质生产实践活动创造出一定的生产力，再加上随着物质生产活动的发展而相应地发展起来的经济交往、社会交往、政治交往和精神交往的实践活动，就创造出相应的经济交往形式（即生产关系）和社会交往形式

（社会关系和社会组织形式）、政治交往形式（政治制度和体制）以及精神交往形式（意识形态）；这些交往形式逐渐稳定下来，成为世代相传的既定交往条件，“这些不同的条件，起初本是自主活动的条件，后来却变成了它的桎梏，它们在整个历史发展过程中构成一个有联系的交往形式的序列，交往形式的联系就在于：已成为桎梏的旧交往形式被适应于比较发达的生产力，因而也适应于进步的个人自主活动方式的新的交往形式所代替；新的交往形式又会变成为桎梏，然后又为别的交往形式所代替。由于这些条件在历史发展的每一阶段都是与同一时期的生产力的发展相适应的，所以它们的历史同时也是发展着的、由每一个新的一代承受下来的生产力的历史，从而也是个人本身力量发展的历史。”①

人类社会的这样一种发展过程充满着矛盾和斗争，正是这些矛盾和斗争推动社会的发展，而矛盾斗争的起因则是人们的物质生产过程以及由此而推动的生产力的发展：人们的物质生产活动不断地推动生产力发展，当生产力发展到一定程度就会与各个层次的交往形式（生产力与生产关系、经济基础与上层建筑）发生矛盾，这种矛盾在阶级社会主要表现为阶级斗争。唯物史观认为这种基本矛盾运动推动着社会历史的发展，也就是说，人们通过物质生产活动推动生产力的发展，从而推动经济基础与上层建筑的变革，推动社会形态从低级向高级发展。“在再生产的行为本身中，不但客观条件改变着，例如乡村变为城市，荒野变为清除了林木的耕地等等，而且生产者也改变着，炼出新的品质，通过生产而发展和改造着自身，造成新的力量和新的观念，造成新的交往方式，新的需要和新的语言。”② 正是人们的物质生产实践活动和与之相应地进行的经济、社会、政治和精神等领域的交往实践活动的发展，推动人们的“个人本身力量”的发展，而随着人们的“个人本身力量”的发展，他们就相应地推动着各种交往形式不断地从低级向高级发展。人们的物质和精神生产力发展到什么程度，就把他们的社会形态推进到相应的发展阶段。当人们的物质力量和精神力量都达到高度的全面的发展程度时，人们就必然要建立起最适应于他们的“个人本身力量”进一步全面发展的共产主义社会。所以人类社会的发展史，实际上又是人们的“个人本身力量发展的历史”。

①《马克思恩格斯选集》，2版，第1卷，123~124页，北京，人民出版社，1995。

②《马克思恩格斯全集》，1版，第46卷（上），494页，北京，人民出版社，1979。

唯物史观不但揭示了整个人类历史发展过程的总的客观规律，而且也揭示了社会历史过程中经济、社会、政治、精神等局部领域的发生发展的客观规律。对于其他流派的史学理论难以解释清楚的历史问题，唯物史观都能做出合理的解释。

例如，主张人本主义的史学本体论的人认为，不是各种社会制度创造了思想和文化观念，而是思想和文化观念创造了各种制度。可是那些思想或文化观念等等又是怎样产生和演变的呢？他们或是认为思想或文化观念类似"遗传基因"世世代代继承和繁衍下来的，或者认为是各种因素的随机组合促成的。可是，怎么解释古希腊罗马的思想文化遗产在公元5—14世纪的将近1000年里不但没有"遗传"给西欧各封建国家，反而几乎被遗忘殆尽了呢？为什么只是到了14世纪西欧文艺复兴运动时期人文主义者们才想起了要"复兴"古希腊罗马的文化遗产呢？再如，韦伯强调的"基督教遗产"，为什么只是到了16世纪才"孕育"出一个跟中世纪的基督教势不两立的新教运动呢？所有这些历史事实，他们都不能作出科学的解释。而唯物史观却能揭示出发生这些事实的因果必然性。它指出："思想、观念、意识的生产最初是直接与人们的物质活动，与人们的物质交往，与现实生活的语言交织在一起的。观念、人们的想象、思维、精神交往在这里还是人们物质行动的直接产物。"① 换言之，人们从事什么样的生活实践，就会形成什么样的意识和文化观念，也就会排斥跟他的现实生活实践不相干甚至相反的意识和文化观念。生活于中世纪西欧社会的人们，包括封建主和农奴，为什么把古希腊罗马的城邦民主制时代的意识和文化观念遗产"遗忘"了呢？这是因为他们的现实生活实践不需要那些遗产了，他们需要的是与现实的封建制度下的生活实践相适应的中世纪基督教神学观念。因为封建时代西欧大多数农民和手工业劳动者不像古希腊罗马城邦时代的农民和工匠那样拥有自由公民身份，而是依附于封建主或行会作坊主。当他们还没有发展到能够挣脱封建束缚的时候，虽然也会有自发的反抗意识，但却不可能产生否定封建制度的思想和观念，而只能接受封建统治阶级向他们灌输的封建神学观念，承认他们的依附地位是"上帝"给他们安排的命运。当时的西欧封建统治阶级，更不需要古希腊罗马城邦时代那种"公民实体"的文化观念。到了14世纪以后，人文主义者们要"复兴"古希腊罗马的文化遗产，而且得到了很多市民的响应，那是因为作为反映正在成

① 《马克思恩格斯选集》，2版，第1卷，72页，北京，人民出版社，1995。

长中的资产阶级愿望的知识分子，从他们的现实生活实践中感到需要那种思想和文化遗产。同样道理，16 世纪出现了反对中世纪基督教神学的新教伦理和宗教改革运动，也是因为资产阶级逐渐成长起来，很多市民和农民卷入到商品生产和市场竞争中去，他们再也不能忍受封建神学要求他们服从“上帝”安排，而要为世俗的功利去竞争、去奋斗。上述这些“文化”现象，唯物史观都能够从人们的物质生产活动出发，运用生产力与生产关系、经济基础与上层建筑的矛盾运动来阐明其因果必然性，做出科学的解释。

应当指出的是，马克思、恩格斯强调人类历史具有普遍规律，只是说人类历史发展过程有一个客观地从低级向高级发展的普遍的共同法则，却并没有说在这个从低级向高级发展的历史过程中有一个统一的发展模式或唯一的样板。后来的一些人们根据马克思、恩格斯在不同场合有关历史发展阶段的论述，把人类历史发展过程简单归纳为原始社会—奴隶制社会—封建社会—资本主义社会—社会主义、共产主义社会这样五个发展阶段。事实上，马克思和恩格斯都没有主张过这种单一模式论。马克思在《〈政治经济学批判〉序言》中谈到“社会经济形态演进的几个时代”时，明确说明那只是“大体”上的历史概述，而不是全人类“普遍必经”的阶段。马克思认为许多东方国家都没有经历过希腊、罗马那样的奴隶制，① 尤其没有经历过西欧那样的农奴制或“拉丁—日耳曼式的封建主义”，其是当俄国社会学家米海洛夫斯基等人说《资本论》肯定了资本主义阶段是全人类普遍必经的阶段，只有经过资本主义阶段才能达到社会主义阶段时，马克思特别指出，他在《资本论》中谈到的资本主义的“历史必然性”是“明确地限于西欧各国”的，批驳了米海洛夫斯基对他的理论的歪曲，并且表示：“他一定要把我关于西欧资本主义起源的历史概述彻底变成一般发展道路的历史哲学理论，一切民族，不管他们所处的历史环境如何，都注定要走这条道路，以便最后都达到在保证社会劳动生产力极高度发展的同时又保证人类最全面的发展这样一种经济形态。但是我要请他原谅，他这样做，会给我过多的荣誉，同时也会给我过多的侮辱。”他还把俄国那些认为只有经过资本主义才能进入社会主义的人斥之为“资本主义制度的崇拜者”。马克思认为，只要具备了一定的条件，就肯定能够不经过资本主义而建立社会

① 参见庞卓恒、高仲军：《有关亚细亚生产方式几个问题的商榷》，载《中国史研究》，1981 (3)。

主义社会。

从上可知，马克思并没有把奴隶制、封建制和资本主义制度看做是全人类“普遍必经”的历史发展阶段。唯物史观揭示的人类历史发展的普遍的必然的客观规律，指的是人类的物质生产活动必然要推动生产力不断向前发展，从手工劳动的小生产发展到社会化的大生产，从自给自足的自然经济发展到劳动和产品的普遍交换，而这个过程也就是社会基本矛盾运动推动经济基础和上层建筑不断地变革，从而推动人类社会形态从原始社会经过各种形式的阶级社会发展到社会主义、共产主义社会的过程。

（二）史学认识论

史学认识论是关于历史认识的理论，是关于历史认识主体认识其客体的过程、特征、方法等等的理论。主要涉及历史认识主体（人、特别是史学家）和历史认识客体（即客观历史）各自的特点，二者之间的关系；历史认识过程的特点、历史认识正误的原因及其检验方法；历史认识如何对实践乃至对现实发展进程产生影响等。它所研究的问题包括：人们的历史认识是怎样形成的？人们的历史认识与客观存在的历史之间是什么关系？历史科学的认识与自然科学和其他社会科学的认识有何异同？历史认识的主观性与客观性、阶级性与科学性、相对性与绝对性是什么关系？人们认识历史的活动是否受现实社会生活的影响和制约？历史认识有什么社会功能？检验历史认识的标准是什么？等等。

在19世纪中叶以前，人们的主要兴趣集中在历史本体上，即通过各种手段对客观历史进行复原，寻找某些事件的因果。但从那以后，随着心理科学、思维科学等等的发展，哲学领域开始重视认识论，历史哲学也开始把研究重点从客体移到主体，他们不再问：历史是什么？而在问：历史学家是怎样认识历史的？他们能认识吗？或者问：历史学是什么？以往人们过于忽视历史认识主体对认识过程的干预，过于强调认识客体的绝对客观，而忽视了历史认识在主体与客体方面不同于一般认识过程的特殊性。而现在，史学认识论成为史学理论的重要组成部分，是历史研究不能忽视的问题。唯物主义的哲学认识论则为科学的史学认识论提供了坚实的基础。唯物主义学者认为，人们对历史的认识总是相对的。尽管人们绝对如实地认识历史是不可能的，但在一定范围内或一定程度上还是可以客观地获得历史认识的。

当代西方历史哲学在史学认识论方面涉及较多的问题有：历史认识是怎样形成的？历史认识能不能反映客观真理？检验历史认识的是非标准是

什么？对这些问题，具有人本主义倾向、科学主义倾向和唯物史观指导下的史学家们，作了丰富多彩的回答。

1. 具有人本主义倾向的史学认识论

具有人本主义倾向的历史研究者认为，历史只不过是过去的人们的意识、意志和行为动机的展现过程，要认识历史首先就要设法认识历史上的人们的意识、意志和行为动机。途径是对历史上的人们的活动留下来的日记、书信、档案等第一手资料和其他有关的记载、遗物、遗迹，进行设身处地的“移情式领悟”（Empathetic understanding）。也就是说，历史认识是通过对历史资料进行“移情式的领悟”得来的。至于怎样进行“移情式的领悟”，不同学者各有其主张。

英国史学家兰克认为，从自己的主观意识里“排除自我”，就能进行领悟。柯林伍德与兰克相反，他认为，历史学家认识过去的基本途径是“在他自己的心灵中重演过去”。在他看来，历史认识不但不应该“排除自我”的认识，相反，恰恰是凭着自我的认识才能获得。为什么凭着自我的认识就能领悟到几百、几千年前的人们的思想感情或动机呢？那“只是由于思想有跨过这一间隙的能力”。他还进一步说，“并不只是由于现在的思想有能力思想过去，而且也由于过去的思想有能力在现在之中重新唤醒它自己”。① 但是，他无法回答历史上的人们的思想怎么能够“在现在之中重新唤醒它自己”。也无法回答现在的历史研究者的思想“跨过这一时间间隙”去思考过去的“能力”来自何处。另一位史学家克罗齐则对此作了比较明确的回答。他认为，历史认识实际上首先是来源于历史研究者自己在现实社会生活实践中的感受。“当我所处的历史时期的文化发展向我提出……有关希腊文明或柏拉图哲学或某种阿提卡风俗习惯的问题时，那个问题跟我的生活的关系和我所从事的一点工作，或我所沉溺的爱情，或威胁我的某种危险的历史跟我的关系是一样的。我用同样的焦虑去考察它，我同样感到不快，直到把它解决为止。在这种情形下，希腊生活对我就是当前的；它诱惑我、吸引我、折磨我，就像一个人看见了敌人、看见了心爱的人、或看见了他所为之担惊受怕的心爱的儿子时的情形一样。”② 在克罗齐看

① 柯林伍德［英］：《历史的观念》，1版，319、331～332页，北京，中国社会科学出版社，1986。

② 克罗齐［意］：《历史学的理论和实际》，1版，3页，北京，商务印书馆，1982。

来，一个历史学家，只有当他感到古希腊人的生活习俗、爱憎情感或柏拉图的思想与他自己的现实生活息息相关时，才会去认真地考察古代希腊人的生活习俗、爱憎情感或柏拉图的思想。而要产生那种息息相关之感，必须具备两个条件：第一，他事先已经通过课堂或其他途径获得了一些历史常识，其中包括有关古希腊人的生活或柏拉图的思想的常识。但此时他还没有感到这些常识跟他自己的现实生活有多大关系，所以还没有列为他的研究课题。第二，后来某个时候，他感到自己的现实生活向他提出了有关的问题，使他感到有必要从历史上去寻找某种答案。于是，他就回忆他的历史常识，想一想其中有哪些与他想要解决的现实问题有关系。这样，他就想到了古希腊人的生活或柏拉图的思想，正好与他在现实生活中遇到的问题息息相关。于是，他确定了研究的课题，带着强烈的寻求答案的意识去研究古希腊人的生活或柏拉图的思想。研究的结果多半就是："希腊生活对我就是当前的。"克罗齐对历史认识形成过程的看法可以归纳为：历史研究者首先是感到现实生活向他提出了问题，再带着这种问题到历史中寻求答案，而一旦当他从历史中寻求到了解决的答案，就形成了他的历史认识。不过，克罗齐认为历史认识不可能揭示客观真理，一切历史著述都是历史写作者自己感受到的当代史，因此历史认识也就不可能有什么客观的是非检验标准。

克罗齐对历史认识发生和形成过程的描述，基本上是符合实际的。可以说，任何一个对历史发展过程作过系统性思考的人，无论是马克思、恩格斯，还是韦伯、帕森斯，或者其他历史学家、哲学家，他们的历史认识的萌生和形成过程，都是这样一个过程。不过，克罗齐没有回答一个根本性问题：为什么生活在同一个现实社会中的不同的研究者，例如马克思、韦伯和帕森斯，会形成截然不同的历史认识？马克思主义则十分明确地回答了这个问题，认为那是由于研究者们总是在不同的现实生活经历中形成了特定的阶级立场或政治立场，形成了不同的社会历史观，带着不同的社会历史观研究历史，因而形成了不同的历史认识。

2. 具有科学主义倾向的史学认识论

具有科学主义倾向的结构主义的史学家认为，人们的历史认识是从他们自己掌握到的"感觉材料"或"经验事实"归纳出来的。由于研究者的生活经历各不相同，在同一个历史过程中总是会特别看重某些特定的"感觉材料"或"经验事实"而有意无意地忽略另一些"感觉材料"或"经验事实"，从而各自归纳出不同的"结构"或"功能"，对那些"结构"或

“功能”的相互关系及其发生发展或演变的原因作出不同的解释。这些各不相同的结构主义的历史认识正确与否，也只有用“感觉材料”或“经验事实”去检验。如果原有的结构认识在检验中被新发现的“感觉材料”或“经验事实”推翻，那就应修正原有的结构认识，或归纳出一种新的结构去代替原有的认识。这些结构主义的史学家通常认为，不可能有一个唯一正确的客观真理，因为每一个研究者都是凭着自己掌握和理解到的“感觉材料”或“经验事实”去作结论的，而每一个研究者由于各自的生活和学术经历互不相同，也就不可能得出相同的结论。由于每个人都只能凭着自己的感觉和经验去检验那些经验的是非得失，因此，除了一些个别性的史料史实有一些公认的检验标准以外，其他包含着对各种史料或各个史实的相互关系的理论性的历史认识，就不可能有一个统一的客观检验标准。

3. 唯物史观指导下的史学认识论

唯物史观指导下的史学认识论肯定了具有人本主义倾向的史学认识论在揭示历史认识的产生和形成的实际过程方面具有一定的合理性，也肯定结构主义的史学认识论主张对历史认识进行反复验证和修正的合理性。但它决不否认揭示客观真理和各种历史现象的客观规律的可能性。唯物史观指导下的史学认识论认为，历史认识分为三个层次：第一是对史料和单项事实的认识；第二是在一系列相关史料、史实基础上形成的对某个历史事件或某种历史过程的认识；第三是对整个人类历史发展演变过程的总体性的认识。对历史认识的检验，也应该大致分为这样三个层次来进行。

（三）史学方法论

1. 史学方法论概述

史学方法论是指阐释和揭示历史研究的方式、方法的性质和特点的理论。对它的重要性没有人公开否认。但是，到目前为止，无论在认识上还是实践中，人们始终没有将史学方法论与具体史学研究方法的区别与关系厘定清楚，一是史学理论与史学方法论界定不清；二是史学研究方法与史学方法论相互混淆。造成这一现状的因素有许多，有历史的成因，也有现实中各种因素的影响和制约。从史学方法论的发展来看。在漫长的史学发展过程中，史学理论和史学方法在相当长的时期内，是没有明确分界的，甚至融合在一起，很难区分，其中的史学方法论也就如此了。从史学的现状来看，在实践中史学研究方法本身的发展，以及对其的研究还远远不够，科学、完整的史学研究方法体系还没有建立起来，这直接影响了史学方法论与史学研究方法的区分和界定。

如前所述，史学方法论是关于史学方法形成和运用的理论，并不能等同于任何单一的研究方法或诸多单一研究方法的相加。历史研究中使用的方法、手段是多样的，在不同时代、不同国家、不同学派和不同个人那里，史学方法论也存在明显的差别，但是存在差别并不见得必定是要尖锐对立，各种方法论往往是可以相互补充、兼容并蓄的，从这个意义上说，史学方法论可以是个开放的系统。目前，史学界存在的史学方法论体系有许多。主要有辩证唯物的史学方法论、实证主义史学方法论、结构主义史学方法论、解释学史学方法论、发生学史学方法论、符号学史学方法论、精神分析学史学方法论、证伪主义史学方法论，等等。这些史学方法论体系的共同特点是从比较抽象的角度、从理论思维的高度，阐明史学方法一般的内涵、外延、特征，它的层次结构、内部联系；论述它与历史观，与历史认识论的关系；论述它与一般科学方法论的共性和差异性；具体描述和分析历史学所能应用的种种方法和手段，并从中抽象出一般，发现历史研究方法的内在一致性。史学方法论所探讨的问题诸如：史学研究方法形成的客观条件和主观条件；史学研究方法形成的理论基础；史学研究方法形成的方式及途径；史学研究方法得以成立的内在条件；史学研究方法发展的规律；史学研究方法选用的机制；史学研究方法的传播、推广、评介；史学研究方法的研究方法；史学研究方法与其他科学研究方法的异同等。

2. 唯物史观指导下的史学方法论

（1）唯物史观指导下的史学方法论的宏观描述

唯物史观指导下的史学方法论，积极吸取各派方法论的合理成分，力图克服它们的片面性。唯物史观把历史现象或历史过程，分为个别、特殊、一般这样三个层次。在“个别”这个层次上研究历史时，采用“个别描述式”的研究方法，“悟释式”的方法、心理史学、口述史学等等方法，对历史行为者的意识、意志和动机进行分析研究，并且采用“个别描述式”的、叙事体的表述方法来展现研究成果。但是，这种个别研究并不是孤立地看待每一个人物、每一个一次性的事件和过程，而是要把它们作为特定类型和普遍规律中的一个个体来对待。因此，对个体（如某个人物、事件）的研究和描述，必然要结合着对那个个体所属的特定类型（如某个人物所属的阶级）的共同特征进行结构分析，还要对那种一次性事件所体现的普遍规律做出分析，这时的研究已经上升到“特殊”这一层次；当我们把某个个别历史现象提升到某一特殊类型（如某个阶级）的层次上进行研究时，就采用“归纳法”，利用跨学科的社会科学方法、比较史学方法、计量史学方法等等，对某一特殊类型进行结构分析。例如当我们对某个阶级进行结构分析时，就要对那个阶级体现出来的有关阶级现象和普遍规律进行分析，这种分析应该与那个阶级中的某个特定人物的个体分析相结合，绝不能把“个别”、“特殊”与“一般”完全割裂开来。

从宏观角度对唯物史观指导下的史学方法论进行阐释，有助于我们从整体上把握史学方法论的基本方向和基本特征，从而具体解释其基本观点的内容。

(2) 唯物史观指导下的史学方法论的基本观点

史学方法论的基本观点具体包括哪些内容，可以说是众说纷纭，至今没有形成统一的看法，这主要是由于人们的史观和认识历史的角度不同等因素所决定的。下面主要介绍在我国史学界影响极深，被人们广泛关注的两个史学方法论的基本观点。

“历史主义”

由于历史“一度”性特点所决定，看待和揭示人类社会发展进程中曾经发生过的事、认识和评价生活在过去某一时空中的人物，需要确定基本依据和标准。这个基本依据和标准就是“历史主义”。

作为一种史学方法论观点，历史主义大致包括三个相互联系的基本内容：

一是一切社会制度和现象都是历史的产物，进行研究时，应当从产生这些制度和现象的条件出发。在人类发展过程中，任何一个阶段出现的现象，都不是孤立的，都会与同时发生的许多现象相互关联，并互为条件，离开了这些条件，任何历史现象的研究，都可能变成一堆杂乱无章的糊涂账，甚至是一堆荒谬绝伦的错误。恩格斯在评价奴隶制时，就是从奴隶制产生的历史条件入手，具体分析了其存在的历史作用，并明确提出了“只有奴隶制才使农业和工业之间的更大规模的分工成为可能，从而使古代世界的繁荣，使希腊文化成为可能。没有奴隶制，就没有希腊国家，就没有希腊的艺术和科学；没有奴隶制，就没有罗马帝国。没有希腊文化和罗马帝国所奠定的基础，也就没有现代的欧洲。我们永远不应该忘记，我们的全部经济、政治和智力的发展，是以奴隶制既成为必要、同样又得到公认这种状况为前提的。在这个意义上，我们有理由说：没有古代的奴隶制，就没有现代的社会主义”① 的论断。

---

①《马克思恩格斯选集》，2版，第3卷，524页，北京，人民出版社，1995。

二是在分析任何社会问题时，都要把问题提到一定的历史范围之内。任何历史事件、历史现象都发生在一定的、具体的环境之中，如果脱离这些具体环境研究历史问题，作出某种对历史的论断，无疑是缺乏科学性、站不住脚的。马克思在阐述人类的精神生产和物质生产关系时，强调“必须把这种物质生产本身不是当作一般范畴来考察，而是从一定的历史的形式来考察。”他对此举例说：“例如，与资本主义生产方式相适应的精神生产，就和与中世纪生产方式相适应的精神生产不同。如果物质生产本身不从它的特殊的历史的形式来看，那就不可能理解与它相适应的精神生产的特征以及这两种生产的相互作用。从而也就不能超出庸俗的见解。”① 恩格斯也谈到马克思在研究问题时，坚持把所研究的问题提到一定的历史范围之内。他说：“马克思了解古代奴隶主，中世纪封建主等等的历史必然性，因而了解他们的历史正当性，承认他们在一定限度的历史时期内是人类发展的杠杆；因而马克思也承认剥削，即占有他人劳动产品的暂时的历史正当性；但他同时证明，这种历史的正当性现在不仅消失了，而且剥削不论以什么形式继续保存下去，已经日益愈来愈妨碍而不是促进社会的发展，并使之卷入愈来愈激烈的冲突中。”②

三是从发展中考察一切历史现象，从动态的而不是静态角度看待和评价一切历史事物。一切事物都是发展运动着的。人类社会的发展，呈现出两个基本特点：一是由低级向高级的发展；二是这一发展经历了不同的阶段。因此，在研究历史问题时，要树立全面的、动态的评价观，具体考察和揭示每个历史事物各个发展阶段的轨迹。19 世纪下半期，恩格斯在评价欧洲的一种唯物主义思潮时，就曾尖锐地指出了其问题所在：“这种唯物主义的第二个特有的局限性在于：它不能把世界理解为一种过程，理解为一种处在不断的历史发展中的物质。这是同当时的自然科学状况以及与此相联系的形而上学的即反辩证法的哲学思维方法相适应的。……这种非历史的观点也表现在历史领域中。在这里，反对中世纪残余的斗争限制了人们的视野。中世纪被看做是由千年造成普遍野蛮状态的历史的简单中断；中世纪的巨大进步——欧洲文化领域的扩大，在那里一个挨着一个形成的富有生命力的大民族，以及 14 和 15 世纪的巨大的技术进步，这一切都没有

① 《马克思恩格斯全集》，1 版，第 26 卷，296 页，北京，人民出版社，1974。

② 《马克思恩格斯全集》，1 版，第 21 卷，557～558 页，北京，人民出版社，1965。

被人看到。这样一来，对伟大历史联系的合理看法就不可能产生，而历史至多不过是一部供哲学家使用的例证和插图的汇集罢了。”①

作为一种历史方法论的观点，在历史研究中，历史主义的适用范围非常广泛，它是指导探究一切历史事物、解决一切历史问题的科学法则之一。离开了历史主义，历史研究会失去必要的理论依据和评判标准，历史学将会走入非科学化的歧途。

阶级分析

什么是阶级分析？要说明什么是阶级分析，必须要了解阶级分析赖以存在的基础，即人类对阶级和阶级斗争的认识的形成。

在历史上，阶级和阶级斗争学说的产生和发展经历了一个漫长的阶段。但是，直到19世纪30年代以后，欧洲的资产阶级学者和空想社会主义者才明确提出阶级和阶级斗争的存在以及它们的作用问题。关于这一点，马克思曾明确说过：“无论是发现现代社会中有阶级存在或发现各阶级间的斗争，都不是我的功劳。在我以前很久，资产阶级历史编纂学家就已叙述过阶级斗争的历史发展，资产阶级的经济学家也已经对各个阶级作过经济上的分析。”② 马克思的这一段话，至少包括两点：一是说明了在他以前，资产阶级学者关于阶级和阶级斗争的认识所达到的水平；二是对资产阶级学者的阶级和阶级斗争学说予以了肯定。马克思正是在前人的基础上，作出了新的发展。他说：“我所加上的新内容就是证明了下列几点：（1）阶级的存在仅仅同生产发展的一定历史阶段相联系；（2）阶级斗争必然要导致无产阶级专政；（3）这个专政不过是达到消灭一切阶级和进入无阶级社会的过渡。……”③ 由此可见，马克思主义的阶级、阶级斗争学说，不是任何人强加给历史的主观臆想，而是人类社会发展到一定阶段的历史产物，是人类对自身发展认识的结晶。

阶级分析是指在承认人类社会发展到一定阶段划分为阶级并由此产生阶级斗争的前提下，运用马克思主义的阶级观点，从阶级对立和阶级斗争的角度分析、解释社会历史事物的方法论观点和法则。

既然阶级和阶级斗争是一定历史阶段的客观存在，在研究这一时段的历史现象时，就不能离开阶级分析。因为只有这样才能如实地反映历史的

---

①《马克思恩格斯选集》，2版，第4卷，228～229页，北京，人民出版社，1995。

②《马克思恩格斯选集》，2版，第4卷，547页，北京，人民出版社，1995。

③《马克思恩格斯选集》，2版，第4卷，547页，北京，人民出版社，1995。

真实面貌。

阶级分析的基本内容主要包括以下两点：

一是阶级分析是解开人类文明史一切关系的一把钥匙。在人类诞生和发展过程中，经历了漫长的“前文明期”或者叫“蒙昧时代”，这是人类文明的酝酿和逐步形成的时期。在这之后，人类进入了文明发展的一个新阶段，而这一进程是与阶级的产生分不开的，无论是东方还是西方的历史发展都证明了这一点。在人类社会进入阶级社会的形态以后，“一切历史上的斗争，无论是在政治、宗教、哲学的领域进行的，还是在任何其他意识形态领域中进行的，实际上只是或多或少明显地表现了各社会阶级的斗争，而这些阶级的存在以及它们之间的冲突，又为它们的经济状况的发展程度、它们的生产的性质和方式以及由生产所决定的交换的性质和方式所制约。……”①这是不以人的意志为转移的客观存在。因此，在研究阶级社会的历史时，阶级分析就成为了梳理和了解阶级社会发展演变过程的一条重要的线索。

二是进行阶级分析必须研究各阶级赖以生存的各种条件。在人类进入阶级社会之后，每一个人“都是一定的阶级关系和利益的承担者，”由于“社会经济形态的发展是一种自然历史过程”，那么“不管个人在主观上怎样超脱各种关系，他在社会意义上总是这些关系的产物”。因此，在进行阶级分析时，必须要进入到社会内部中去，深入剖析制约和影响各个阶级生存和发展的物质经济条件和各种社会条件。

阶级分析是指导历史研究的重要方法论法则之一。它在历史研究中的作用，主要有以下两个方面：

一是如上所述，运用阶级分析，有助于我们在纷繁复杂的历史信息中，理清阶级社会历史发展的主要线索。

马克思和恩格斯在《共产党宣言》中说：“至今一切社会的历史（恩格斯在1888年英文版上加了一个注：这是指有文字记载的全部历史）都是阶级斗争的历史。自由民和奴隶、贵族和平民、领主和农奴、行会师傅和帮工，一句话，压迫者和被压迫者，始终处于相互对立的地位，进行不断的、有时隐蔽有时公开的斗争，而每一次斗争的结局都是整个社会受到革命改造或者斗争的各阶级同归于尽。”② 列宁在《卡尔·马克思》一文中也

①《马克思恩格斯选集》，2版，第1卷，583页，北京，人民出版社，1995。

②《马克思恩格斯选集》，2版，第1卷，272页，北京，人民出版社，1995。

说过："某一社会中一成员的意向同另一些成员的意向相抵触；社会生活充满着矛盾，我们在历史上看到各民族之间、各社会之间，以及各民族、各社会内部的斗争，还看到革命和反动、和平和战争、停滞和迅速发展或衰落等不同时期的更迭，——这些都是人所共知的事实。"① 面对如此复杂多变的人类阶级社会历史，我们应该怎样去认识它，我们的认识又应从哪里入手呢？马克思经典作家给我们"提供了一条指导性的线索，使人们能在这种看来扑朔迷离、一团混乱的状态中发现规律性。这条线索就是阶级斗争的理论"。② 沿着这条线索，我们在探讨历史进程中人物的活动时，就能够由表及里、去伪存真，逐步地探寻并触摸到个人或集团因素背后的社会根源以及决定个人或集团活动的社会历史规律；就能充分揭示纷繁复杂的历史现象的各个层面，抓住各种社会关系的本质要素。

在历史研究中，运用阶级分析方法来把握历史进程的线索这一点，其实也为各个流派的学者所使用。列宁在研究了法国革命的历史和法国复辟时代历史学家们的历史著作后，指出："从法国大革命以来，欧洲许多国家的历史非常明显地揭示出事变的这种真实背景，即阶级斗争。法国复辟时代出现了这样一些历史学家（梯叶里、基佐、米涅、梯也尔），他们在总结当时的事变时，不能不承认阶级斗争是了解整个法国历史的锁钥。"③ 因此，阶级分析作为一种史学方法论的法则，在研究阶级社会的历史时具有普遍意义。这不仅仅是坚持马克思主义的史学工作者所独有的。但是，也不可因此而否认将这一方法系统化、最后定型以及在实践中充分运用，要归功于马克思经典作家。

二是阶级分析在史料的鉴别中起着重要的作用。

历史是由人的活动构成的。在阶级社会里，人又是划分为阶级的。毛泽东在《实践论》里说："在各种阶级的社会中，各阶级的社会成员，则又以各种不同的方式，结成一定的生产关系，从事生产活动，以解决人类物质生活问题。这是人的认识发展的基本来源……在阶级社会中，每一个人都在一定的阶级地位中生活，各种思想无不打上阶级的烙印。"④ 这样的一个观点，对指导我们认识和处理史料非常重要。这是因为，我们在历史

①《列宁选集》，3版，第2卷，426页，北京，人民出版社，1995。
②《列宁选集》，3版，第2卷，587页，北京，人民出版社，1995。
③《列宁选集》，3版，第2卷，587页，北京，人民出版社，1995。
④《毛泽东选集》，2版，第1卷，260页，北京，人民出版社，1991。

研究中不能否认一个客观存在：在阶级社会中，所遗留下来的人类活动的痕迹，大都是自觉或不自觉地带有不同程度，或深或浅的阶级印迹的，如果不运用阶级分析，对史料的鉴别，只能是做到一般意义上的辨其真伪，而不能做到从史料的思想性上鉴别其对错。如有一种说法，认为“战报”是研究战争史的最可靠材料。因为战报大都是前线指挥官给朝廷的战况报告，所报大多为亲身经历之事。应该说“战报”中确有许多真实的记录，是研究某一问题的重要材料。但是，也应看到前线将官由于个人腐败或统治阶级内部斗争的需要，往往在战报中篡改基本事实，对这部分史料如不察，则会使研究工作陷入歧途。如对1864年清军攻入太平天国都城南京后的活动情况，当时在曾国荃身边参与军事的赵烈文在日记里记录说：“中军务勇留营者，皆大搜括，甚至各棚厮役皆去，担负相属于道。”又说：“诸委员无大无小，争购贼物，各藏一箱，终日交相夸示，不为厌。”30年后，谭嗣同在写给自己的教师欧阳中鹄的信中证实了这一点：“顷来金陵，见满地荒寒气象，……湘军一破城，见人即杀，见屋即烧，子女玉帛，扫数悉入湘军，而金陵遂永穷矣。至今父老言之，犹深愤恨。”① 出此可见，赵烈文所记为清军在攻破南京后活动的真实记录。但是，在当时曾国藩递送朝廷的《金陵克复全股悍贼尽数歼灭折》中，所述情节，却截然相反。清军的暴行变成了湘军将士如何竭力杀“贼”，屡建大功；而他本人对城中死于“疾疫者”和“战阵者”是何等“悲涕”，并正忙于“安置难民妇女，料理善后事宜”。再如，有关古代农民战争史的各种战报材料记载，大都出于各级军官、臣吏之手，他们出于同意于本阶级，恶意于敌对阶级的感情和需要，往往对其中的内容任意夸大或缩小，乃至篡改删削。对此种种状况的史料，不用阶级分析进行鉴别，很难从中得出正确结论。

三是进行阶级分析时应注意的问题。

阶级分析，只适用于研究阶级社会的历史。

阶级分析的法则，只是适用于研究阶级社会的历史问题。可是人类社会的发展确实经历了无阶级社会阶段，并且随其发展，阶级也最终会消亡。因此，我们说阶级分析的法则很重要，但是在运用时不能超出它的适用范围。如研究原始社会史就不能用阶级分析。把阶级分析理解为放之四海而皆准，历史研究唯一方法的认识及实践都是错误的。

阶级分析，不能对任何历史现象都给予圆满的解释，在研究中，不能

①《谭嗣同真迹》，1版，上海，上海出版公司，1955。

将其绝对化、简单化。

在人类阶级社会历史发展的各个阶段中，无一例外都始终贯穿着最基本的阶级矛盾。从历史整体上看，正是这些矛盾的发展，推动着社会历史的进程。在这一历史进程中产生的任何阶级，都留下了其发生、发展直至消亡的轨迹；在这一历史进程中出现的新的阶级总是代表新生产力发展水平的，因而必然能够取代阻碍历史进步的守旧落后的阶级。在同一制度下的社会，正是通过其内部存在的对立阶级的矛盾和斗争的发展，推动了社会的发展，使其逐步走向繁荣和消亡。离开了阶级分析，我们就不可能探索出阶级社会历史发展的基本线索。但是，决定阶级社会历史发展的因素有许多，有许多历史事件、历史现象又不是简单用阶级分析都能说清楚的，需要具体情况具体分析。如中国封建社会里，反复出现宦官当政、外戚专权的现象；在历代众多的皇帝中，有的精明强干、有的却昏庸无能；这些现象的出现、存在，在很大程度是和中国社会的封建运作机制、宗法制度及皇帝个人的能力、品行、乃至性格有关，在研究中，要给予具体分析，而不能笼而统之地归结为是地主阶级的本性。又如，中国封建社会里，民族问题一直是一个很大、很重要的问题，但在封建社会中，民族矛盾的成因是极其复杂的。除阶级矛盾外，不同民族的文化、风俗、信仰以及由此而产生的民族情绪、民族感情都是导致民族矛盾的因素。因此，在分析说明历代民族矛盾的问题时，不能简单地把它说成是阶级斗争的表现，而也应作出具体分析。再如中国历代都存在统治阶级内部的矛盾和斗争，有时这一矛盾和斗争呈现出极端尖锐和白热化。秦统一六国之初，在全国是实行郡县制还是分封制的那一场争论，竟导致了“焚书”；唐朝初年，李渊的几个儿子为争夺最高权力，竟演出了一场充满刀光血影的“玄武门之变”。这些统治阶级内部的矛盾、斗争，单纯用阶级分析是很难说清楚的。还有在封建社会历次农民起义中，起义军内部的矛盾斗争，简单用阶级分析也是讲不通的。像那种武断地为秦朝初年主张在全国实行分封制的人冠以“奴隶主阶级残余的代表”的论点；简单地说某某人是地主阶级在农民起义队伍中的“代言人”、是“蜕化变质分子”等等。都是僵化、教条地运用阶级分析所得出的完全歪曲了客观历史的结论。

在历史研究中，阶级分析不是简单判断历史人物阶级属性的工具。

在评价历史人物时，运用阶级分析的目的不是为了判明其阶级属性，而是为了揭示其活动环境中的阶级关系如何，这种关系对历史人物的活动产生了什么样的影响，从而判明历史人物的活动，代表了哪个阶级的利益、触犯了哪个阶级的利益，对当时的社会和历史进程产生了怎样的影响和作用。

如果把阶级分析简单化地运用于对历史人物的评价中，是无法得出正确结论的。如简单化地把封建社会的历代皇帝统称为地主阶级总头目、封建官吏地主阶级的总代表；对历代思想家、科学家、文学家冠以封建文人的称号，然后给予否定、批判。这样做的结果是，对他们的历史作用和贡献无法公正地、恰如其分地予以评价。对农民起义领袖的研究也曾存在简单化的倾向，或过分抬高，或笼统地用阶级局限性和时代局限性一带而过，缺乏对其时代性和局限性的具体分析。

其实，由于时代、环境的不同，决定了历史上的人物是千姿百态，而不是一成不变的。如民国初年，袁世凯称帝前后，曾主张君主立宪、并在袁世凯内阁中任职的文人杨度，为袁复辟帝制制造舆论，并出任筹安会会长，为袁世凯策划恢复帝制。袁世凯死后，曾被通缉。后来倾向革命。1922年投向孙中山，助其粉碎陈炯明叛乱；1927年，李大钊被军阀张作霖逮捕后，曾为营救李大钊出过力；移居上海后，参加进步团体，掩护共产党人；1929年，又加入中国共产党，在白色恐怖下，以秘密身份为党做了许多地下工作。陈独秀是五四新文化运动的主要领导人之一。1921年前后，成为中国共产党主要创始人之一，出任中国共产党的早期领导人。国民革命失败后，被撤销了领导职务，又被开除党籍。曾出任“中国共产党左派反对派”总书记。被国民党政府逮捕过。对杨、陈二人的评价，便不能是通过简单判明其阶级属性就作结论的，而是需要从多方面、多角度进行具体细密的分析，才能作出公允的评价。

阶层分析是阶级分析的重要组成部分。

毛泽东在这个问题上曾为我们做出过范例。他在1926年撰著的《中国社会各阶级的分析》一文中，对当时中国社会各阶级、尤其是各阶级中的不同阶层的状况作了精辟的分析。如文中对中国资产阶级中的买办资产阶级阶层、民族资产阶级阶层和小资产阶级阶层的社会地位、政治态度的分析是非常正确的。他预见到当时的民族资产阶级是一个带有极大动摇性的阶层，他们在革命高涨时将要分化，其右翼将跑到帝国主义买办资产阶级营垒里去，这一点为后来1927年大革命失败前后的历史所证明。再如在中国封建社会里，地主阶级内部士族地主和庶族地主、大地主和中小地主之间始终充满矛盾，并非常尖锐，有时还会激化，这对中国封建社会发展的影响很大。要探明这一问题，就要运用阶层分析，对不同时期地主阶级内部的矛盾斗争状况进行全面具体的考察：而不能笼统地因其同属地主阶级而作出简单化的全面否定。

唯物史观指导下的史学方法论在历史研究中有很多引人关注的案例。

19世纪，马克思写作了《路易·波拿巴的雾月十八日》一书，作为研究法国从第二共和国到第二帝国建立一段历史的成果，在这一成果中，作者在唯物史观史学方法论的指导下，自如运用史学方法，深刻揭示出了这段历史过程的真实全貌和其间发生的各个事件的内在因果关系。

路易·波拿巴是拿破仑一世的侄子，在1848年12月的大选中，他利用当时占法国人口大多数的保守的农民对曾经保障过他们的土地所有权的拿破仑的怀念心理，当选总统。1851年12月2日，作为法兰西第二共和国总统的路易·波拿巴，利用法国当时极其尖锐复杂的阶级斗争形势，发动军事政变。他解散立法议会和国务会议，宣布32个省处于战争状态，并于1852年12月2日正式称帝，号称拿破仑三世。政变发生后不久，马克思就用历史主义的态度从分析法国当时的社会阶级结构入手，对法兰西第二共和国的历程和波拿巴政变这一历史事件进行了全面、深刻的分析，进而对其中体现出来的阶级斗争规律做了具体阐述。

对波拿巴，马克思认为：他"是流氓无产阶级的首领"；他的同党，即他网罗起来的那个"十二月十日会"，"名义上是个慈善会，实际上是由巴黎流氓无产阶级组成的一些秘密宗派……除了一些生计可疑和来历不明的破落放荡者，除了资产阶级中的败类和冒险分子，就是一些流氓、退伍的士兵、释放的刑事犯、脱逃的劳役犯、骗子、卖艺人、游民、扒手……一句话，就是被法国人称作浪荡游民的那个完全不固定的不得不只身四处漂泊的人群。"① 这些人组成了"波拿巴特有的一种党派战斗力量。"② 他们常常以慈善团体的面目进行为波拿巴收买人心的活动；而波拿巴到外地巡游时，他们就聚集到沿途各火车站上，装成欢迎的群众，高呼"皇帝万岁"；一旦出现反波拿巴的游行示威时，他们就挥动拳头、棍棒，大打出手，去驱散那些示威；他们还策划暗杀、绑架阴谋，为波拿巴清除政敌。对波拿巴本人的性格特征，马克思也做了许多生动描述：他是一个"老奸巨猾的痞子"，"是一个浪荡人，是一个骄横的流氓无产者，他比资产阶级

---

①《马克思恩格斯选集》，2版，第1卷，635页，北京，人民出版社，1995。

②《马克思恩格斯选集》，2版，第1卷，636页，北京，人民出版社，1995。

的骗子有一个长处，这就是他能用下流手段进行斗争。”① 对于像路易·波拿巴这样一个流氓痞子怎么能够当上议会制共和国的总统，后来又终于能够发动政变，恢复帝制，马克思通过对1848年以来法国的阶级斗争进程的深刻历史分析，得出结论：正是由于代表各个阶级、集团利益的政治派别之间的相互斗争，“造成了一种局势和条件，使得一个平庸而可笑的人物有可能扮演了英雄的角色。”② 在这样的形势下，波拿巴这个流氓痞子，就像伸手摘下一个早已熟透了的果子一样，轻而易举地实现了他蓄谋已久的政变。

马克思以唯物史观去洞察1848年以来法国阶级斗争的过程，揭示了隐含在纷繁复杂的斗争过程中的内在规律，“根据这个规律，一切历史上的斗争，无论是在政治、宗教、哲学的领域中进行的，还是在其他意识形态领域中进行的，实际上只是或多或少明显地表现了各社会阶级的斗争，而这些阶级的存在以及它们之间的冲突，又为它们的经济状况的发展程度、它们的生产的性质和方式以及由生产所决定的交换的性质和方式所制约。这个规律对于历史，同能量转化定律对于自然科学具有同样的意义”。③ 马克思运用这个规律，去分析法兰西第二共和国的历史和波拿巴的政变，使得他对这一历史过程真相的揭示以及得出的基本结论，显示出无与伦比的说服力，和令人惊叹的科学预见力。

3. 几种西方史学方法论简介

(1) 人本主义倾向的史学方法论

具有人本主义倾向的史学研究者强调历史研究的主要方法应该是“悟释式”（hermeneutic）的方法④。也就是说，要对隐含在有关史料中的历史行为者的意识、意志和行为动机进行设身处地的“移情式领悟”，而绝对不能像自然科学那样采用“法则归纳（Nomological）方法，对可以观察到的现象的重复性的特征进行数理归纳。柯林伍德就认为，把自然科学的方法和概念引入历史学“不仅是一种瘟疫性的错误，而且对历史思想本身也是一种经常的危险”。领悟而非归纳是他们的方法论的总原则。在具体研究实践中，他们首先运用考证和辨伪的方法对史料进行考察，然后运用“悟释

①《马克思恩格斯选集》，2版，第1卷，643、644页，北京，人民出版社，1995。

②《马克思恩格斯选集》，2版，第1卷，580页，北京，人民出版社，1995。

③《马克思恩格斯选集》，2版，第1卷，583页，北京，人民出版社，1995。

④ hermeneutic 一词，我国学术界多译作“解释学”或“阐释学”。

学”方法领悟隐含在史料中的历史行为者的潜在意识和行为动机；有些研究者还运用心理史学方法和口述史学方法，去领悟历史事件当事者的潜意识或心态、心理特征和目的动机，从而对他们的历史行为做出解释。在写作方法上，他们认为历史不能采用自然科学或社会学、经济学那种“归纳式”的表述方法，而只能采用对一次性的历史人物、事件或过程进行“个别描述”的方法，而且强调应该运用修辞学的艺术和叙事性体裁，写出具有艺术感染力的历史著作，有的甚至认为历史学应该是一门艺术而不是科学。总之，他们大都反对把自然科学或经济学、社会学之类的社会科学方法运用于历史学。当然，也有部分研究者并不完全否认“归纳法”在历史学中的应用价值，认为那种方法能对历史学起到辅助性作用。

（2）科学主义倾向的史学方法论

具有科学主义倾向的历史学家大都认为历史学的主要研究方法应该是“归纳法”。在具体的研究实践中，他们大都倾向于采用跨学科的社会科学方法、比较史学方法和计量史学方法，因为这些研究方法有利于他们进行结构或模式的归纳与分析。在写作方法上，他们也主张采用“归纳式”的表述方法，而反对“个别描述式”的、叙事体的表述方法。

（四）史学本体论、认识论和方法论之间的关系

历史学的本体论、认识论和方法论这三个部分构成了历史科学的理论体系。其中，本体论在史学理论体系中居于前提、核心和主导的地位，这是因为任何史学认识论和方法论总是或隐或显地以某种史学本体论为其立论的依据或前提的。例如柯林伍德认为，历史学家认识过去的基本途径是“在他自己的心灵中重演过去”，也就是一种所谓设身处地的领悟方法（the method of empathetic understanding）。他不但认为“历史学家不需要也不可能（除非他不再是一位历史学家）在寻找时间的原因和规律方面与科学家竞赛”，而且认为把适用于自然科学的方法和概念应用于历史学“在近代有关历史的哲学思想中不仅是一种瘟疫性的错误，而且对历史思想本身也是一种经常的危险。”他的这些论点的立论依据和前提，就是在史学本体论方面，他认为历史过程不同于自然过程。“一个自然过程是各种事件的过程，一个历史过程则是各种（历史行为者的——引者）思想的过程。”① 也就是说，他的史学认识论和方法论，是以他的这种史学本体论为前提和先导的。再如，西方的传统史学家们，多倾向于运用“设身处地领悟”式的研究方

① ［英］柯林伍德：《历史的观念》，319、243、259、245页。

法和“艺术”式、“个别描述”式或“叙事”式的编史方法；而新史学家则强调运用“法则归纳”式的研究方法和“科学”式的或归纳推理式的编史方法。这两种史学家之间的根本分歧，首先是来自对历史学的研究对象的看法上的分歧。对新史学家而言，要探讨南北战争前的美国奴隶制的经济效益的高低，不能只依据个别农场的资料去作个别描述，而必须对所有农场的一切能利用的资料进行大规模的数学处理和科学归纳；要估量当时奴隶的家庭关系是和睦还是冷酷，也不能靠斯托夫人的小说《汤姆叔叔的小屋》提供个别性事例为据，而必须对当时女奴的初经年龄、婚龄、生头胎子女时的年龄等等资料进行广泛的收集和大规模的数学处理，从而作出归纳判断。传统史学家则相反，在他们看来，人们在历史上只能见到一个一个的农奴，却见不到农奴制。他们不否认数理统计方法或其他归纳方法在某些历史问题研究上的作用，但是由于他们认为社会历史现象本质上是个别性的、一次性的、非重复性的，不可能概括出规律和法则，而只能进行描述，所以个别性的探讨和描述的方法才是历史学的主要方法。由此可见，研究方法上的分歧，根源还是在于对研究对象——历史过程本身的性质、特点的看法上的分歧，史学认识论和史学方法论总是以史学本体论作为其前提的。当然，史学本体论的发展也离不开史学认识论和史学方法论的支撑。它们的任何进展都有利于促进历史研究的深入，从而促进史学本体论的发展。

三、现代西方史学理论主要流派简介

现代西方历史哲学分为两大领域：思辨的历史哲学和分析、批判的历史哲学①。前者是20世纪以前传统历史哲学的延续和复兴，而后者则基本上是20世纪的产物。

(一) 思辨的历史哲学

1. 斯宾格勒的文化形态理论

1918年，德国的一位中学教师奥斯瓦尔德·斯宾格勒（1880—1936年）发表了《西方的没落》一书，开创了思辨历史哲学的复兴。斯宾格勒用一整套文化形态理论来解释世界历史。他认为，人类的历史是文化兴衰史，历史研究对象应该是各种文化。研究世界历史，就是研究各民族历史、各地区各种文化的历史。人类文化可划分为两个阶段，一是原始文化，一

① 参见W.H. 沃尔什：《西方哲学导论》，中译本。

是高级文化。高级文化一旦产生，真正的历史就开始了。各种文化的历史可分为四个阶段，前期文化、文化早期、文化晚期、文明时期，这四个时期分为精神上的春夏秋冬四季。斯宾格勒认为历史上曾有八个高级文化，它们是古埃及、古印度、古巴比伦、中国、古典（希腊、罗马）、伊斯兰、墨西哥、西方文化等。除西方文化外，其余七个已死亡，只剩下西方文化无历史、无生气地僵死地存在。而文化间不可能交流，交流只是现象。所以，西方文化正走向瓦解，他预言过渡期大约在2000年到2200年之内，2200年以后，西方文化就会瓦解。

2. 汤因比的文化形态史观

英国史学巨匠阿诺德·汤因比（1889—1975年），早年就读于牛津大学，一生著作宏丰。其中最主要的著作是12卷本的《历史研究》。在此书中，汤因比用他的"文化形态史观"即"历史形态学"理论解释人类历史发展的进程。汤因比认为历史研究的单位和范围就是文明社会。文明社会是一个整体，它包括几个同样类型的国家。人类历史从古到今出现过26种"文明"（有时说21种、22种或23种），其中21种文明已经绝灭。目前世界上还存在着5种文明：即西方基督教文明；东欧的俄罗斯的东正教文明；北非、中近东和中亚一带的伊斯兰教文明；印度次大陆的印度文明；中国、朝鲜和日本的远东文明。这些文明彼此"在哲学意义上相同"，"在价值上相等"。

汤因比用文明循环的概念来解释历史。他借鉴斯宾格勒关于文明盛衰的"春、夏、秋、冬"四季说构建出自己关于文明盛衰的"四段论"。他认为文明社会有三个主要的剖面：政治、经济和文化，其中精神活动的文化是文明社会的精髓，而政治、经济则是次要成分。他把"文明"的发展分为四个连续的阶段，使用"挑战"和"应战"的理论，来解释文明发生、成长和崩解的原因，并讨论人类未来的命运。在其著作中，"挑战"又叫做"刺激"。他一共归纳了5种不同的"刺激"：（1）"困难环境刺激"；（2）"新的生活环境刺激"；（3）"打击刺激"；（4）"压力刺激"；（5）"遭遇不幸刺激"等。他认为除"刺激"外，内部精神自决能力、自我表现能力等均是文明生长因素之一。他把历史发展归结为"天才人物"的创造，"超人"能左右历史的进程。

（二）批判、分析的历史哲学

19世纪后期，西方史学家从各个方面对兰克实证主义史学模式展开了批判，由此产生了历史哲学的另一学派——批判、分析的历史哲学。

1. 新康德主义

最早提出批判、分析的历史哲学的是德国新康德主义哲学家狄尔泰。他对历史哲学的贡献表现在其《精神科学引论》中。他认为人类史就是精神史，自然科学和精神（人文科学）的研究对象和目的是不一致的，前者研究自然事件的进程，后者研究人类的精神活动；因而前者研究方法是观察、理解和说明；后者主要是"领悟"——内心的体验，"生命的自我意识"，一种非理性活动。因此，不能把自然科学的方法运用于历史研究。狄尔泰试图从历史认识上动摇实证主义史学模式的客观主义。

继狄尔泰之后，新康德主义哲学家文德尔班和李凯尔特进一步从逻辑和方法论上把自然科学和历史科学严格对立起来，将历史科学同自然科学严格区分。他们认为自然科学是可以重复出现的事物，抛开其个性特征，而作为"一般的东西"来探讨其普遍性的规律。历史则是出现一次的、不可重复的、不可逆转的特殊事件，所以二者的研究的方法是不同的。李凯尔特还把历史的对象纳入价值体系之中，认为历史概念只有与价值联系起来才能构成。在他看来，自然科学是发现规律的，而历史科学是作出价值判断的。分析的、批判的历史哲学的理论否定了兰克学派的根本信念——历史知识的客观性。李凯尔特说过一句与兰克的名言几乎是针锋相对的话："历史学家不仅应当为了现在和将来而把过去连接起来，而且应该真正对过去作出评价，也就是说，要从自己的理想观点出发来估量过去的价值。"①

总之，狄尔泰等人从历史的对象、性质、研究方法和目的等方面对历史科学与自然科学能否混为一谈这个问题做了哲学上的探讨。

2. 新黑格尔主义

20世纪初对分析、批判的历史哲学的理论系统化并做出贡献的是意大利的新黑格尔主义史学家克罗齐（1866—1952年）。克罗齐在《历史是自由的发展和体现》一文中，提出了历史是精神发展的过程，而这一发展过程的各个阶段只有差别并无矛盾，并总是这样周而复始的。他还提出了两个著名的观点。其一是"历史即哲学"。他要求历史学家同时也是一个哲学家，而不单纯是一个文献搜集者。他认为，一个历史学家如果没有哲学的头脑、理论思辨和分析能力，他对文献再熟悉，搜集资料再多，搞出来的也只是资料的汇编，而不是真正的历史。其二是"一切历史都是当代史"。他认为历史与哲学的同一并不是无条件的，只有"当历史被提升为关于永

① 转引自刘放桐等：《现代西方哲学》，1版，190页，北京，人民出版社，1998。

恒的现在知识时”，历史才“表现为与哲学是一体的，哲学原不过是关于永恒的现在思想而已。”所以“一切历史都是当代史”本身就是“历史即哲学”这一观点的逻辑的推演。“一切历史都是当代史”这句话包含三层意思：(1) 研究历史总是现时现刻的思想的活动；(2) 历史研究是由现时的兴趣引起的；(3) 历史是按现时的兴趣来思考和理解的。这三层意思都强调历史与现时生活的统一，“正是这种统一使过去的历史获得了当代性。”① 克罗齐认为实证主义史学脱离现实，既找不到历史的真实，也无助于人们认识现实。

克罗齐在上述两个著名的基本观点上，构筑了他的历史理论体系，并对当代历史理论产生了重大影响。他强烈反对传统的历史哲学，甚至认为应当取消这一概念。尽管如此，人们还是把他的理论称为历史哲学，分析的批判的历史哲学。

与克罗齐平分秋色的是英国历史学家罗宾·乔治·柯林伍德（1889—1943 年），他在自己的名著《历史的观念》一书中阐述了自己的理论体系。他说，历史是一门特殊的科学，这种特殊性把历史同自然科学区分开来。他从历史思维的客观方面提出了“一切历史都是思想史”的著名观点，强调历史哲学就是对历史思维所做的哲学上的探讨。柯林伍德批判了实证主义史学的“剪贴式”和“鸽子笼式”的表现形式。柯林伍德认为，自然过程仅仅是事件的集合，而历史过程则是由人的行动构成，这种行动后面必然有行动者的思想动机。只有了解了这种思想动机，我们才能理解行动及由一系列行动构成的历史过程。因此，研究历史归根到底是弄清楚隐藏在历史行动背后的人的思想动机。从这个意义上说，一切历史都是思想史，历史家或历史思维的确切对象就是思想。自然科学与历史学的区别就在于此。他还提出“历史是过去思想的重演”的著名观点，柯林伍德认为要理解思想这一概念必须注意：一是思想的相对独立性和超越性；二是思想的普遍性即它能超越自己的直接性，而在其他各种情境中复活和存在。② 他认为，思想的普遍性保证它能够在历史学家的头脑中复活，另一方面，也保证了历史学家在自己的头脑中为这种复活动提供一个场所。

柯林伍德对实证主义史学的治史方法进行了强烈批判。在他看来，传统史学讨论的大都是资料问题，而非思想问题，离开了思想谈历史，历史

① 刘昶：《人心中的历史》，1 版，144、145 页，成都，四川人民出版社，1987。
② 刘昶：《人心中的历史》，159 页。

就成了无灵魂的躯壳。柯林伍德认为，一个历史学家研究历史不仅要考证史料的真伪，更重要的是探讨史料的意义。他要求史学家同现实保持密切的关系，以自己特有的观察问题的观点，积极关心、注意现实提出的各种问题。柯林伍德的史学理论对年鉴派新史学的产生，有重大影响。

3. 年鉴学派

1929 年 1 月，法国的两位历史学家吕西安·费弗尔和马克·布洛赫在斯特拉斯堡共同创办了《社会经济史年鉴》杂志（1946 年改为《社会·经济·文化年鉴》）。这个杂志对法国和欧洲史学界产生了广泛的影响，“年鉴学派”也因此而得名。在其后的近一个世纪的发展过程中，它不仅主宰了法国史坛，而且在世界各国获得了巨大的声誉。年鉴学派的发展历程大致可以分为三代（阶段）：第二次世界大战以前是第一代；二战后到 60 年代中期是第二代；60 年代以后到今是第三代。

第一代年鉴学派以费弗尔和布洛赫为代表，他们通过多学科的综合研究，特别是社会史的方法，力图再现封建社会的结构。

第二代年鉴学派的主要代表有布罗代尔、拉布鲁斯、古贝尔等人。这一时期的研究开始从对社会结构的定性分析转向定量分析。数量化的人口学成为研究的突出课题。特别强调数量经济学与历史人口学的方法，致力于经济史的研究。

第三代年鉴学派的主要代表有雅·勒高夫、乎雷、拉杜里等人。这一时期偏重于利用人类学及精神分析学的方法研究中世纪的欧洲封建社会，特别注意历史人口、社会历史心理、人类生活的条件和文明史的研究。

从 20 世纪 70 年代开始，从年鉴学派中又发展出一个新的史学流派，即“新史学派”。它是 1978 年由勒高夫主编的《新史学》一书出版而正式得名。这个学派的观点与年鉴学派既有联系又有区别。它继承了年鉴学派的“时段”学说，但是新史学更重视历史人类学和精神形态学的研究，这一学派的代表人除勒高夫外，还有米歇尔等人。

年鉴学派认为史学应该从考察社会经济因素出发，来研究社会生活的内在结构和发展规律。据此，他们提出了“总体历史观”，主张考察历史的各个组成部分，从社会、经济、文化、思想等方面，综合地、广泛地认识过去。“总体历史观”将人类社会的过去看成一个整体，由许多组成部分按一定的相互作用体系构成。它是一个连续不断的过程，而不是一个片断的孤立过程。布罗代尔指出，历史学是一种社会整体研究，既是对过去又是对现在的研究，过去和现在是分不开的。史学是借助过去来研究现在，并且面向现在来解释过去。从整体史观出发，年鉴学派主张整个历史在研究方法上必须是综合的、全面的、跨学科的。要突破传统史学只注重文献资料的习惯，改用综合方法，把其他学科如心理学、社会学、人类学、语言学、地理学吸收到自己的学科中来，辅助历史学科的研究。

年鉴学派注重社会结构层次的研究，提出结构史和系列史的理论。结构史理论是布罗代尔在其代表作《地中海与腓力普二世时期的地中海》一书中提出的。在此书中，他提出了“时段说”，把历史分为长、中、短三个时段，有三个不同层次的历史与这三个时段对应。表层次是“事件的历史”，它是发生在“短时间段落”中的事件，主要指政治、外交等事件，“它是微观的历史”。中层次为“事态的历史”，它是发生在“中等时间段落”的历史。主要指社会经济情势，如人口增长、生产的起落、经济危机等。最后层次是“结构的历史”，即人与环境（含地理、气候等）的关系。是“长时段落”的，几乎是静止的但又永远重复的历史。系列史的理论则是在布罗代尔的另一本书：《资本主义与物质生活1400—1800年》中提出的。在该书中布罗代尔说：整体社会可分为若干系统，其中最重要的是经济、社会、政治和文化四大系统。由此提出了“系列历史”的概念。

年鉴学派重视历史的解释和理论，主张历史多元主义，认为历史编纂学的最大任务不是叙述过去真正发生过的事情，而是解决难题。在年鉴学派看来，历史学像其他科学一样，是合理的解释，而历史解释是多元论的。在影响历史的诸多因素中，没有一个占有排他性主导地位。

年鉴学派扩大了历史的领域，使史学研究对象成为多角度、多层次的。当前西方史学的一些新潮流，如跨学科史学、计量史学、深层史学、公共史学以及结构主义史学等，都直接或间接地与年鉴派史学有一定联系。

4. 马克斯·韦伯的历史理论

马克斯·韦伯（1884—1920年），德国著名史学家、经济学家、社会学家。他著作宏丰，史学方面的代表作品有《新教理论与资本主义精神》《古代世界与农业史》《经济与社会》《社会经济史论文集》。其史学理论主要有以下几个方面的特点：

（1）韦伯把近代资本主义的发展理解为世界历史的理性化进程的产物。他认为，社会生活中的各个领域：经济生活、技术、科学研究、军事训练、法律和行政管理等等，都可以理性化。韦伯所说的理性化中，实际理性或实践理性是个十分重复而又复杂的概念。实际理性概念包括三个方面：一是工具理性，指行动的主体通过有计划地干预客观世界的发展进程来达到既定的目的；二是规范理性，指按照某种价值标准或信仰力量来把握自己的行动；三是选择理性，指行动的主体在准确地理解价值、提出方法的条件下正确地规定行动的目的。

（2）韦伯在历史研究中“承认经济因素的基本意义”，但不接受唯物史观，仅用经济意愿解释某个历史事件。他偏重考察各种宗教力量和伦理力量对社会经济发展的影响。在《世界宗教的经济伦理·导论》中，韦伯说：“利益（物质与精神的）而非观念，直接控制着人的行动。但是‘观念’创造的‘世界观’常常以扳道工的身份规定着轨道，在这些轨道上的利益的动力驱动着行动。”① 韦伯的世界史研究目标，就是要发现“扳道工”的历史作用，也就是各种宗教的生活方式（或经济伦理）对经济形势的产生与发展的作用，弄清楚各个不同的文化地区中观念与利益之间的关系，诸如：禁欲新教的天职伦理同西方近代资本主义的产生之间的关系；儒家等级伦理同中国历史的“长时段”之间的关系；印度教的种性伦理和佛教的无为伦理同印度没有发展出资本主义之间的关系，等等。

（3）韦伯在史学方法论上主张价值中立，他认为在历史研究中不能带任何先验的价值观、党性、派性、阶级性，不能把学术与政治混为一谈。韦伯说：“我愿意引我们历史学家的著作来证明，一旦做学问的人带上了个人的价值判断，就没有对事实的全局面了解了。”②

（4）韦伯使用“理念型”来研究历史。在他看来，历史事实是一团未整理的乱麻，“理念型”就是整理这团乱麻的方法。所谓理念型，是通过客观的观察和严密的逻辑构想，将具体的个别历史现象进行片面的拔高，而得出的一种源于历史现实高于历史现实的明晰的概念。韦伯的理念型既不是假设，也不是对历史现实的描述，而是研究历史的一种启迪工具。韦伯一再否认能从他的理念型中看到历史的本质，而且一再提醒，切勿把理念型实体化为历史的实际进程。

第四节　史学理论的意义和作用

历史学家在研究历史时，总要受某一种史学理论的指导。即使那些不承认理论指导作用的史学家，在实际研究过程中，也会受某种历史观所支

① 参见马克斯·韦伯：《宗教社会学论文集》。

② 参见马克斯·韦伯：《科学理论论文集》。

配，或者说是按照自己的历史观来解释和描述历史。

人们研究历史，实际上是一个认识历史的过程，因此在史学的研究中就必然存在着一个客体和主体的问题。客体是我们要认识的对象即客观存在的人类社会历史；主体则是对这个客体的认识者即史学研究者和史学工作者。人类社会历史是客观存在的已经消逝了的过程。正如苏轼《念奴娇·赤壁怀古》中说的："大江东去，浪淘尽，千古风流人物"，无论是东去的大江，也无论是随之被"浪淘尽"的风流历史人物，都是曾经客观存在过的人们不能予以改变的过程与事实。但是，作为认识这个客体的主体——史学研究者、工作者，对其的认识却可以也必然会千差万别。这其中制约的因素很多，如史学研究者、工作者的政治立场、哲学观点（即史学观点或称历史观）、知识基础、生活环境与经历、乃至于个人的品德、性格、情操等等。应该说，在这诸多因素中，史学研究者与工作者的哲学观点是事实上经常起重要作用的因素。这是因为历史观不仅决定着史家对于历史进程的总的认识、看法，而且决定着他的选材取舍、编纂史书的体裁、体例，乃至用词的褒贬。

孟子在谈到孔子作《春秋》以及当时流行的各诸侯国史书时就说过："晋之《乘》、楚之《祷杌》、鲁之《春秋》，一也。其事则齐桓、晋文，其文则史。孔子曰：'其义则丘窃取之矣。'"① "事"即是齐桓、晋文争霸、盟会之事，这是客观存在于春秋时代的事实，但是"义"即观点却是史学工作者所"窃取之矣"，存在于研究者主体自身的。孔子作《春秋》的"义"是众所周知的，即在那个"周道衰废"、"礼崩乐坏"的时代，"贬天子，退诸侯，讨大夫，以达王事"，②"寓褒贬，存善恶，使乱臣贼子惧"。并且，他的用词还包含了自己观点，如所用的"侵"、"伐"、"围"、"弑"、"诛"、"杀"等等不同的词，都体现了孔子的"笔则笔，削则削，子夏之徒不能赞一辞"③的"春秋笔法"。

对于历史上同样一件史事、一个历史人物，当时和后世的人由于史观不同，结果就得出不同的甚至可能完全相反的评价与结论。例如，秦王朝灭亡后，从公元前206年到公元前202年，刘邦集团和项羽集团进行了长达四年的"楚汉战争"。开始，项羽实力强大，兵40万，刘邦实力相对地

①《孟子·离娄下》。

②《史记·太史公自序》。

③《史记·太史公自序》。

弱小，兵10万。但是，最后垓下一战，刘邦却终于胜利，项羽被迫自刎于乌江。对于这场战争的“刘胜项败”结局及连带的对项羽、刘邦的评价，当世和后世是众说纷纭，很不一致的。项羽兵败自刎前曾歌曰：“力拔山兮气盖世，时不利兮骓不逝。骓不逝兮可奈何，虞兮虞兮奈若何!”及到乌江，当乌江亭长欲渡项羽，并说：“江东虽小，地方千里，众数十万人，亦足王也。愿大王急渡”时，项羽不肯渡，且说：“天之亡我，我何渡为!”司马迁在《史记·项羽本纪》中的“太史公曰”中也说，项羽至死仍然十分地笃信此战之败乃是“天亡我，非用兵之罪也”。① 然而，他的对手刘邦就不这样看。他在战败项羽后曾“置酒雒阳南宫”，与群臣讨论“吾所以有天下者何？项氏之所以失天下者何?”当高起、王陵认为是由于“陛下慢而侮人。项羽仁而敬人。然陛下使人攻城略地，所降下者，因以与之，与天下同利也。项羽妒贤嫉能，有功者害之，贤者疑之，战胜而不与人功，得地而不与人利，此其所以失天下也”时，刘邦并不以为然．说：“公知其一，未知其二。夫运筹帷幄之中，决胜千里之外，吾不如子房（张良）；镇国家、抚百姓，给饷馈，不绝粮遭，吾不如萧何：连百万之众，战必胜，攻必取，吾不如韩信。三者皆人杰，吾能用之，此吾所以取天下者也。项羽有一范增而不能用，此所以为我禽也。”② 显然，项羽是从天命观看问题，而刘邦则是从人事（用人）上来加以解释成败之因。

唐代诗人杜牧曾以诗词寓项羽的失败，在《乌江亭》中说：“胜败兵家事不期，含羞忍辱是男儿，八百子弟今犹在，卷土重来未可知?!”北宋王安石也有一首《乌江亭》诗，却说：“百战疲劳壮士哀，中原一败势难回，八百子弟今虽在，谁为君王卷土来。”这里，杜牧更多地是从项羽个人的性格上去寻求其失败原因，而王安石却是从客观的形势上分析项羽已不可复胜。前者过于看重个人（英雄）的作用，而后者则更多地从时势上论成败。

如果说上述例子还偏重于对某些具体的零碎的历史问题的看法和观点的话，那么在史学研究者、工作者那里，则往往具有更加系统、全面、抽象和更具有哲学意义的对于历史总体的认识与观点。这种历史观带有一般的普遍的性质，它常常是当人们对许多具体的历史问题有了认识和观点以后而形成起来的，而一经形成以后就又反转来指导、支配着人们去观察、

①《史记·项羽本纪》。

②《汉书·高帝纪》。

分析一个个的具体历史问题。

一般来说，这种更高层次的历史观所包含的问题有：历史究竟是什么？它是怎样运动、发展的？是什么决定着历史的运动、发展？即历史运动、发展的动力或决定因素问题；历史的创造者是谁？等等。

应该说，围绕着这些问题，在历史上始终是存在着差异、不同，乃至于根本对立的看法，正像李大钊说的，历史上确实存在着许多各种各样的历史观，"有神权的历史观，有宗教的历史观，有道德的历史观，有教化的历史观，有圣人的历史观，有王者的历史观，有英雄的历史观，有知识的历史观，有政治的历史观，有经济的历史观，有生物的历史观，有地理的历史观。"① 但是归纳起来却不外乎是唯物主义或唯心主义的历史观，辩证地看待历史或形而上学地看待历史的历史观。这其间也有二元论或多元论的历史观等。

事实上在历史上许多历史学家或历史学派，不论其自觉与否，都是有着自己关于历史的一定理论认识，甚至建立起了自己一定的历史理论体系。其中，也不乏具有唯物的或辩证的合理成分，闪烁过某些智慧的火花。但是，正如毛泽东同志所指出的："在很长的历史时期内，大家对于社会的历史只能限于片面的了解，这一方面是由于剥削阶级的偏见经常歪曲社会的历史；另一方面，则由于生产规模的狭小，限制了人们的眼界。""人们能够对于社会历史的发展作全面的历史的了解，把对于社会的认识变成了科学，这只是到了伴随巨大生产力——大工业而出现近代无产阶级的时候，这就是马克思主义的科学。"②正是由马克思、恩格斯所创立了辩证唯物主义和历史唯物主义理论，使得"整个世界史观上实现了变革"，③ 使"过去在历史观和政治观方面占支配地位的那种混乱和随意性，被一种极其完整严密的科学理论所代替"。④ 列宁曾十分明确地指出：马克思"发现唯物主义历史观，或者更确切地说，把唯物主义贯彻和推广运用于社会现象领域，消除了以往的历史理论的两个缺点。第一，以往的历史理论至多是考察了人们历史活动的思想动机，而没有研究产生这些动机的原因，没有探索社会关系体系发展的客观规律性，没有把物质生产的发展程度看作这种关系

① 《李大钊史学论集》，1版，70页，石家庄，河北人民出版社，1984。
② 《毛泽东选集》，2版，260页，北京，人民出版社，1991。
③ 《马克思恩格斯选集》，2版，第3卷，334页，北京，人民出版社，1991。
④ 《列宁选集》，3版，第2卷，311页，北京，人民出版社，1995。

的根源；第二，以往的历史理论从来忽视居民群众的活动，只有历史唯物主义才第一次使我们能以自然科学的精确性去研究群众生活的社会条件以及这些条件的变更”。①。

马克思讲过这样一个重要的道理：在社会领域的研究中，我们既不能用显微镜，也不能用化学反应剂，只有用抽象力来代替二者才能完成。而要具有这种抽象的思维力，就只有依靠于理论。研究历史，要以科学、完整、丰富的历史学理论来做指导。具体地说，就是运用以马克思主义理论为核心的历史学理论指导历史的研究，这样做，可以对历史的认识产生升华，由感性达于理性，历史学理论在人们认识历史的过程中产生的巨大作用主要包括以下几个方面：

一、历史学理论有助于把零碎的、分散的历史现象联系起来，发现它们之间的因果关系，从而揭示和认识人类历史的发展规律

人类社会历史上发生的一些现象，往往都是互相联系的，这是客观存在的事实。正如恩格斯所说的：“当我们深思熟虑地考察自然界或人类历史或我们自己的精神活动的时候，首先呈现在我们眼前的，是一幅由种种联系和相互作用无穷无尽地交织起来的画面。”② 因此，我们在研究历史时，就必须把握、研究它的一切方面与一切联系，以及这些联系的“中介”，唯此才能从统一的整体上认识人类历史，而不至于陷入只见树木而不见森林，只能够局限于对一个个历史现象的了解，而不能够将其串联起来从中认识历史发展进程的客观规律。而要想联系地看待历史，并能把各种历史现象正确地联系在一起，就只有借助于理论的功力，尤其要有一个正确的理论作为指导。

大的历史问题，例如人类社会历史的发展过程中，从原始社会、奴隶社会、封建社会、资本主义社会，直到社会主义社会这个社会形态的依次更迭，中间不知有过多少的历史现象、历史事件和历史人物产生或活动；在前一个社会形态内由于生产力的发展进步，往往已经孕育了后一个社会形态的生产关系，然后便是一连串的政治事件和思想意识形态上的变革，最后则有一场惊天动地的革命或改革，整个上层建筑发生了根本性质的变

①《列宁选集》，3版，第2卷，425页，北京，人民出版社，1995。

②《马克思恩格斯选集》，2版，第3卷，359页，北京，人民出版社，1995。

化，随之新的更高级的社会便取代了原来的较低级的社会。这里，不能够想象，如果没有马克思主义的唯物史观作指导，我们如何能够把那么多的看似偶然的历史现象从时间上和空间上正确地联系起来，并且揭示出它们之间的内在因果关系，认识到人类社会历史这个依次更替的发展规律。

小到一个历史人物，亦是如此。例如，就一个历史人物一生的活动来看，可能是零碎的、分散的，今年有这样一件事，明年又有另一件事，但是如果在正确的理论指导下，我们就可以把这些活动联系起来，理出这个历史人物一生有机的生活脉络，看出这一件件事情往往看似都是偶然的，其实又都带有必然的性质；同时，还要和他前代人做的事情、当代别人做的事情，以及后代人做的事情联系起来，然后才能够揭示出这个历史人物一生活动的规律，直到对他做出恰当的评价。“一个人的发展取决于和他直接或间接进行交往的其他一切人的发展；彼此发生关系的个人的世世代代是相互联系的，后代的肉体的存在是由他们的前代决定的，后代继承着前代积累起来的生产力和交往形式，这就决定了他们这一代的相互关系。总之，我们可以看到，发展不断地进行着，单个人的历史决不能脱离他以前的或同时代的个人的历史，而是由这种历史决定的。”① 拿历史上一个思想家来看，我们就会看到，他的思想的形成就往往与前代人的思想密切关联，有个继承的关系，也即是人们所说的“流”。同时也和同代的其他思想家有关，或是互相吸收，彼此渗透的关系，或是相互对立，在争鸣或交互批判中各自发展。这一点在我国战国时期“诸子百家”的形成和“百家争鸣”局面的出现中，即可以得到很好的证明。

更重要的，一个历史人物更不能够脱离他生活的当时的历史环境。他生活时代的政治、经济、文化等等方面的许许多多的历史现象，都直接或者间接地与他的活动以及这些活动的结局有关。这即是我们常常所说的“时势造英雄”。前边引述的恩格斯关于拿破仑的一段话就说明了这一点。正是法国大革命尤其是已经“被战争弄得精疲力竭的法兰西共和国”时代，需要一个军事独裁者，从而使得这个科西嘉岛人拿破仑被由一个普通军官推上了法国的最高执政者、法兰西帝国的皇帝宝座。《史记·李将军列传》讲了李广一生。他先是在汉文帝的朝中做郎，无所事事，后来在汉武帝时则成了一位抗击匈奴的重要将领，与匈奴先后接仗70余次，威震北边，被匈奴称为“汉之飞将军”。传中记有一段令人回味的话：“李将军广者，……

① 《马克思恩格斯全集》，第3卷，515页，北京，人民出版社，1960。

为汉中郎……秩八百石。尝从（文帝）行，有所冲陷折关及格猛兽，而文帝曰：'惜乎，子不遇时！如令子当高帝时，万户侯岂足道哉！"这里，司马迁用了两个"时"字，前者是指文帝时，休养生息、黄老无为是其特点，因而李广的勇猛才干用不上，"子不遇时"；后者则是指汉高祖刘邦楚汉战争之时，正是谋臣武将能充分发挥其才干、建功立业的时候。若在那时，像李广这样的猛将"万户侯岂足道哉！"这里，时势与英雄的关系被揭示得淋漓尽致。

自然，历史人物个人的活动，还脱离不开人民群众的作用。当时，人民群众的意向、参与历史事变的程度等等，都会决定着个人在历史上所能发挥的作用，制约着他事业的成功与失败。

二、历史学理论可以帮助人们透过历史现象，揭示历史本质

这也即是毛泽东在《实践论》中所说的人们对于一个事物"由表及里"的认识过程。历史现象只是这个过程的感性认识阶段。理论认识阶段需要在广大的现象基础上，经过科学的形成概念，经过严谨的判断、推理，才能完成，而理性认识阶段就不再是"事物的各个片面，不是它们的外部联系，而是抓住了事物本质，事物的全体，事物的内部联系"；它"在人们对于一个事物的整个认识过程中是更重要的阶段"。因为我们"认识的真正任务在于经过感觉而到达于思维，到达于逐步了解客观事物的内部矛盾，了解它的规律性，了解这一过程和那一过程间的内部联系，即到达于理论的认识"。毛泽东说得好："感觉只解决现象问题，理论才解决本质问题。"①

历史上存在着各种类型的国家，如奴隶制国家、封建制国家、资产阶级国家；同时又有着各种各样不同的国家形式，如君主政体、专制政体、寡头统治、资产阶级议会民主、法西斯专政等等。如何透过各个方面的历史现象，深刻认识各种类型、各种形式国家的本质，我们只有借助于马克思主义的国家学说，即马克思主义经典作家反复阐述的"国家是社会在一定发展阶段上的产物；国家是承认：这个社会陷入了不可解决的自我矛盾，分裂为不可调和的对立面而又无力摆脱这些对立面。而为了使这些对立面，

① 以上引文均见《毛泽东选集》，2版，第1卷，286页，北京，人民出版社，1991。

这些经济利益相互冲突的阶级，不致在无谓的斗争中把自己和社会消灭，就需要有一种表面上凌驾于社会之上的力量，这种力量应当缓和冲突，把冲突保持在'秩序'的范围以内；这种从社会中产生但又自居于社会之上并且日益同社会相异化的力量，就是国家。"① 以及"国家无非是一个阶级镇压另一个阶级的机器"② 等精辟的理论。

三、史料的鉴别、整理需要正确科学的历史学理论作为指导

在历史上确曾有人以崇尚史实即是历史学的说教，来反对理论对史学的指导地位。我国清朝乾隆、嘉庆年间（1736—1820年）盛行的"乾嘉学派"对历史就专一主张训诂考据史料，不事义理分析；后来又有人提倡"史料即史学"③ 的史学研究宗旨。但是，他们都忽视了前边我们所说的一个事实，即史料尤其历史文献，既然是由主体的人所记述，就难免掺杂着许多记述者的主观色彩和成分，这里除了其他一些偶然因素外，归根到底是这些记述者的阶级局限与时代局限所致。

例如，关于隋末李渊起兵和建立唐王朝这段史实，《旧唐书》《新唐书》和《资治通鉴》都记载其主意出自李世民，后来统一群雄之功也主要归功于他。但是，唯《大唐创业起居注》所记迥异。该书作者温大雅在李渊起兵后"专掌文翰"，所撰当属亲见亲闻，材料比较真实。他记述说：李渊素有大志，太原起兵一事乃李渊的主意，后来在反隋及统一大业中，李建成的战功并不亚于李世民，军中并呼为"大郎"、"二郎"。如，书中记载，当李渊进军长安途中，"于时秋霖未止，道路泥深"，加之隋军拦阻，又有流言讲"突厥欲与刘武周南入乘虚掩袭太原"，李渊为此"集大郎、二郎等"研讨对策，二人都坚决主张进军长安，不要回师太原，并表示由他们率兵抵挡隋军，若不能取胜，"儿等敢以死谢"。这些建议及功勋在新旧唐书及《资治通鉴》中，都是完全归之于李世民一人的。所以有这些史料上的差异，究其原因是由于《大唐创业起居注》成书于李世民发动"玄武门之变"称帝太宗以前，而新旧唐书则是据贞观《实录》而成书的。

① 《马克思恩格斯全集》，2版，第44卷，170页，北京，人民出版社，1995。

② 《马克思恩格斯全集》，1版，第22卷，228页，北京，人民出版社，1965。

③ 参见傅斯年的《历史语言研究所工作之旨趣》，中央研究院历史语言研究所《集刊》，第1本第1分册。

《实录》是在“玄武门之变”以后写的，“为亲者讳，为尊者讳”的封建教义在这里显然起了作用，因此“实录”不实也就顺理成章了。我们鉴别这段史料，就需要具有理论思维，从当时社会矛盾尤其是统治阶级内部矛盾，以及中国封建社会专制主义国家对于文化的统治制度等等方面去加以认识，分辨真伪，寻根溯源。

再如，我们知道，清朝初年所修的一些有关明史如《明史纪事本末》《明史》等这些重要的史书，都竭力地回避明满关系，尤其是对于清军入关以前建州女真的情况及努尔哈赤先世对明的臣属、明满双方争执之症结等，更是讳莫如深而语焉不详，以至于我们要了解、研究这部分历史，需要更多地去借助于朝鲜人的《李朝实录》一书。朝鲜李朝太祖至仁祖十六朝（1392—1649 年），相当于我国的明朝时期，卷数很大，全书分前、上、下三编，其中上编所收明代建州史料，对弥补这方面的不足，具有很高的价值。吴晗专门辑录有《朝鲜李朝实录中的中国史料》一书，由中华书局出版。显然，这部分史料所以出现如是问题，是与清初统治者文化上的高压政策有着密切关系。我们搜集、鉴别这段历史的史料，同样需要具备理论指导，从当时的阶级斗争关系和民族矛盾、国家职能，以及那个时代的特征等等方面入手，予以分析。

至于封建史书中关于神化帝王的记载、天人感应的“事实”和对农民起义所作的什么“盗”、“贼”的种种污蔑，我们就更是要以阶级观点来加以分析和鉴别，以去伪存真。

关于马克思主义理论对史学研究的重要指导作用和意义，我们可以用王国维和郭沫若两人的治学方法和史学成就加以比较，来说明这个问题。

王国维．字从之，号观堂，是我国清末民国初年的杰出史学家，文学家。他于哲学、史学、文学等方面都有很大的成就。他的著作宏丰，有《人间词话》《戏曲考源》《隋唐兵符图录附说》《宋元戏曲史》等著述问世。辛亥革命后，他专一研究古器物、汉简、甲骨金文、敦煌文书，创立“二重证据法”，最后辑成重要著作《观堂集林》20 卷。其中在甲骨文的研究上尤为令人瞩目，撰有《殷卜辞中所见先公先王考》《续考》和《殷周制度论》等惊世力作。但是，他由于未能掌握正确的史学理论，极大地限制了他的研究水平，在史学上最终只是考辨了一些重要史实，在新旧历史文献互证的研究上，作出了贡献。郭沫若（1892—1978 年）则不同。他从 1928 年旅居日本后，亦从事甲骨文、金文和中国古史研究，著有《甲骨文字研究》《卜辞通纂》和《两周金文辞大系考释》等巨著。但是，他从 20

世纪20年代初即开始接受马克思主义，深刻研究了《资本论》《家庭、私有制和国家的起源》，并翻译了《政治经济学批判》和《德意志意识形态》等经典著作。此后，他便以马克思主义的理论作为指导，利用甲骨文和先秦其他文献资料，专治中国古代史，并于1929年写成《中国古代社会研究》一书，第一次揭示了我国历史上的原始社会，尤其是奴隶社会的历史形态，论证了原始社会转化而为奴隶社会，奴隶社会后来又转化为封建社会的历史规律。

王国维和郭沫若两人都精通于甲骨金文和我国古代文献，都专一地治我国古史，同时亦都治学刻苦、认真严谨。但是，一个却仅仅限于考据清楚了某些史实，另一个却向人们揭示出了我国殷周整整一个时代，穷通到了历史发展的规律。前者如同树木，后者则是森林。他们所以有着如此的不同，其成就大小又如此之悬殊，究其缘由，就是在于有没有运用马克思主义理论作为自己史学研究的指南。

其他的如吕振羽、范文澜、侯外庐、翦伯赞等等我国老一辈马克思主义史学家，在治史上所取得的光辉成就，亦都是绝好的证明。

思考与实践：

1. 结合学习中一个具体历史问题，谈一谈运用史学理论指导的重要意义。
2. 研讨确定史学理论的内容、科学建构史学理论体系过程中需要注意的问题。
3. 收集相关资料，分组讨论，阐述自己对西方史学理论流派的看法。

第三章 历史学研究的方法

学习提示

史学研究方法是历史学研究的重要媒介和工具。它也是历史学研究的重要内容之一。在长期的史学发展过程中，史学研究方法在实践中备受重视，但是在研究中却是一个经常被忽略的领域。随着历史学的不断进步与发展，不仅在实践中对史学研究方法的运用要求越来越高，在研究中也越来越被作为史学的一个分支学科而受到重视。对史学研究方法的研究主要包括：如何定义史学研究方法；如何建构史学研究方法的体系、结构；确定史学研究方法包括哪些主要内容。深入了解、掌握史学研究方法，有益于提高历史学专业的水平。

史学研究方法，是人类认识历史的重要媒介。毛泽东曾经说过："我们不但要提出任务，而且要解决完成任务的方法问题。我们的任务是过河，但是没有桥或没有船就不能过。不解决桥或船的问题，过河就是一句空话。不解决方法问题，任务也只能是瞎说一顿。"① 离开了史学研究方法，人类认识历史即历史研究的任务就不能够完成。

由于史学内容极其丰富，其研究具有多层次、多角度的特点，研究的方法也就不可能单一化，而应该是丰富多样的。目前，诸多的史学研究方法越来越构成一个日臻完善的系统，并且不断地上升到理论的高度。②

第一节 史学研究方法概述

关于史学研究方法，至今没有一个明确的定义，人们对它的认识差异很大。有的认识将其与史学理论混淆，有的认识又将其与手段、工具混为一谈。这种状况的存在，在很大程度上影响着史学研究的科学化方向和进程。

一、史学研究方法的定义

史学研究方法是在历史认识和研究活动中形成，并由人们自觉提炼，为实现一定认识和研究目的而采用的调整和建构主体认识与客体历史关系和活动的范式。这个定义至少包括以下含义：

（一）史学研究方法是在历史认识和研究这一特定活动中形成的

这就是说，史学研究方法是以史学认识和研究活动为基础的。其实，史学研究方法形成的方式是很多的，但是从总体上看，它离不开对历史的认识和研究活动，一旦离开了历史认识和研究活动，史学研究方法也就不存在了。如，目前越来越受到人们重视的历史计量分析方法、历史心理分析方法及各种研究历史的技术方法。

（二）史学研究方法是由人们自觉提炼的

在早期，史学研究大都是史家的个体行为，史家与历史之间的研究活动主要靠史家个体自身经验、习惯等来调节。因此，在相当长的时期中，史家自身认识历史的经验、习惯在很大程度上起着历史研究方法的作用，

①《毛泽东选集》，2版，第1卷，139页，北京，人民出版社，1991。

② 参见赵吉惠：《历史学方法论》；姜义华等《史学导论》。

但这并不等于历史研究方法。历史研究方法必须是由人自觉提炼和加工出来的具有稳定形态和适用特定研究活动环节的范式。自觉提炼突出了历史研究方法的自觉性和理论性。

（三）史学方法调整和建构主体认识与客体历史关系和活动的范式

历史研究方法作为范式，具有明显的规范化、模式化的特点，其发展经历了不同的阶段，初始，它与史学思想和史学理论之间没有清晰的分界。但是，随着史学的发展，史学研究方法与史学思想和史学理论逐步分离，两者相比较，史学思想和史学理论是客观历史反映在人们意识中经过思维活动而产生的结果、人们通过认识实践概括出来的关于历史的有系统的结论，而史学研究方法则是人们认识、解决历史问题的具体门径、程序。

史学研究方法作为一种范式，首先具有可解释性和可操作性。这就是说史学研究方法本身有较明确的规范，人们对它可以做出合理的符合实际的解释；同时它不是抽象的理论和空洞的说教，而必须能够在实践中为人们操作，并行之有效地运用。其次具有稳定的形态。史学研究方法与史学研究的经验和习惯不同，它不是潜在的、无形的东西，它具有一定的特殊形态，人们可以认识，都能理解，如，搜集、整理史料的方法有校勘法、考据法；分析历史的方法有历史比较法、历史计量法，等等。再次具有特定的功能。史学研究方法是解决具体历史问题的，其针对性很强，一般一种方法解决一类问题（亦有几种方法解决同一类问题的，如，确定历史年代的技术方法就有碳 C14 测定法、古地磁测定法、年轮测定法等），不同的研究方法解决不同类的问题。

（四）定义揭示、概括了史学研究方法的一般本质和特殊本质

史学研究方法具有一般本质，它是实现一定研究目的手段，这是任何方法都具有的本质。除了具有一般本质，史学研究方法还具有特殊本质，它是通过调整和构建主体认识与客体历史关系和活动方式，来实现史学研究目的的。

二、史学研究方法的分类

如何给史学研究方法一个既科学又实用的分类，是一件不容易的事情，这是由多种因素造成的。首先，是标准不同。这是由于对史学研究方法的研究，可以从不同角度进行，这说明史学研究方法具有多面特征。其次，是研究者在实践过程中形成的认识不同。这是由于史学工作者在研究过程中，要解决不同的问题，其本身又具有不同的思维展开的方式和习惯，这

都会具体影响到对史学研究方法的分类。

综合各方面因素，从史学初入门者的状况和需要出发，可以对史学研究方法作如下分类：

方法论：

历史主义、阶级分析

具体方法：

文献的方法（资料法）：

目录运用法、版本运用法、校勘法、辨伪法、考据法

分析的方法：

历史比较分析、历史心理分析、历史宏观与微观分析、历史系统分析

技术的方法：

历史地理测量法、碳 C14 测定法、历史统计法（经济史）、模拟法（科技史）、图表法

对史学研究方法能否给予科学的分类，具有十分重要的意义。首先，有助于认识和把握史学研究方法的共性本质。在诸多的史学研究方法中，有没有普遍的带有共性的本质？这是一个答案肯定的问题，史学研究方法可以根据蕴含在这些众多不同的研究方法本体之中的共性本质进行分类，从而可以使看起来有明显差别的史学研究方法在其所具有的共性本质的范畴内进行综合运用。其次，有助于认识和把握史学研究方法的特殊本质。史学研究方法不仅具有共性本质同时又具有多种特殊本质，对其进行科学分类，有助于揭示这些特殊的本质和属性，从而更好地认识它、运用它。再次，有助于更好地认识和把握史学研究方法的发展规律。史学研究方法的演变和进步过程证明，只有科学地分类，才能使人们更好地认识和把握史学研究方法的历史发展，从而找寻到认识它发展规律的线索。第四，有助于在史学研究的实践中自觉地运用好史学研究方法。对史学研究方法的分类，不是为了分类而分类，其目的是为了运用，只有科学分类的导引，才可能有科学的运用。

在上述分类中，关于史学方法论还是一个非常值得深入探讨的内容。在长期的史学研究中，人们对史学方法论的认识、运用都是不够的。在史学研究中，人们往往注重具体研究方法，而不看重其研究的方法论；还有，无论是在历史研究中，还是在史学研究方法的研究中，往往是史学的具体研究方法与史学方法论分界不清，相互混淆，前章所述的“阶级分析”即是一例。

关于技术的方法因涉及科学和跨学科的内容，为了免生枝节，本书不展开论述。下面重点介绍搜集、整理历史文献史料的方法和分析解释历史的方法。

第二节　搜集、整理文献资料的方法

从事历史研究工作，首先需要充分地占有资料。但是要真正做到这一点，却是一件艰难的任务。历史文献资料的数量巨大，来源十分繁杂，必须通过一番艰苦细致的搜集、整理工作，才能使其在史学研究工作中发挥作用。1851 年，马克思在给友人的信中谈及自己为研究的问题搜集资料的情景时说："从早晨九点到晚上七点，我通常是在英国博物馆（英国博物馆的图书馆——编者注）里。我正在研究的材料多得要命，虽然竭尽一切力量，还是不能在六至八个星期之内结束这一工作。"①

恩格斯生前十分重视路易斯·亨·摩尔根的《古代社会》一书。认为这部书："在主要特点上发现和恢复了我们成文史的这种史前的基础，并且在北美印第安人的血族团体中找到了一把解开希腊、罗马和德意志上古史上那些极为重要而至今尚未解决的哑谜的钥匙。"②

恩格斯之所以这样，其中有一个重要的因素就是他非常肯定摩尔根写作这部书时所作的材料工作。恩格斯说："他的著作决不是一朝一夕的劳动。他研究自己所得的材料，到完全掌握为止，前后大约有 40 年。"③ 可见史料的工作是历史研究至关重要的第一步。

一、目录的运用

（一）目录的含义

"目录"一词始出自《七略》，其中说："《尚书》有青丝编目录。" 此词一直为后人所沿用。目录是目和录的合称。目是书名或一书中的篇、卷的名称。录是对目的说明介绍，亦称叙录，即把一书的内容、作者事迹、书的评价和存佚、流传情况以及校勘经过等写成简明扼要的文字；把一批书名或篇卷名与说明介绍编次在一起就称为目录，也称书目。

---

①《马克思致约·魏德迈（1851 年 6 月 27 日）》。

②《马克思恩格斯选集》，2 版，第 4 卷，2～3 页，人民出版社，1995。

③《昭明文选》卷 38，任彦升《为范始兴作求立太宰碑表》注引《七略》用语。

目录对于读史书和治史能够起到十分重要的指导作用。清代学者王鸣盛认为："凡读书最切要者，目录之学。目录明，方可读书；不明，终是乱读。"① 近代著名史学家陈垣先生说过："目录学就是历史书籍介绍，它使我们大概知道有什么书，也就是使我们知道究竟都有什么文化遗产，看看祖遗的历史著作仓库里有什么存货要调查研究一下……目录学就好像一个账本，打开账本，前人留给我们的历史著作概况，可以了然。古人都有什么研究成果，要先摸摸底，到深入钻研时，才能有门径，我自己所需要的资料，也就可以容易地找到了。"② 因此，欲读古代典籍，掌握、利用历史文献资料，必须要了解、掌握一定的目录知识，并把它作为治学的入门工具。

目录在我国起源较早，公元前1世纪，刘向、刘歆父子编撰的《别录》和《七略》，是最早的比较完备的目录专书，但是该书已经佚失。庆幸的是，《汉书·艺文志》基本上保留了《七略》的内容，因此，它是我国现存最早的一部完整目录。

（二）目录和目录书分类

有了目录和目录书，就有了目录和目录书分类。有了分类的目录和目录书，人们在历史学习和历史研究中，才可以分门别类地去查寻相关的资料。因此，要想正确地使用目录并使之为学习和研究工作服务，就必须先要了解一些目录和目录书的分类情况。

《七略》采用了六分法，将所辑书目依照学术性质分类编目。它是我国最早的图书目录分类的方法。《汉书·艺文志》保存并沿用了《七略》的六分法，即把图书分作为六艺、诸子、诗赋、兵书、术数、方技六类。每类之下又分为若干小类，其中，六艺类9种，为易、书、诗、礼、乐、春秋、论语、孝经、小学；诸子类10种，为儒、道、阴阳、法、名、墨、纵横、杂、农、小说；诗赋类5种，为赋（屈原等），赋（贾谊等）、赋（孙卿等）、杂赋、诗歌；兵书类4种，为兵权谋、兵形势、兵阴阳、兵技巧；术数类6种，为天文、历数、五行、蓍龟、杂占、刑法；方技类4种，为医经、经方、房中、神仙。由于当时史学还不够发达，史籍数量尚少，六分法中没有独立的"史部"，史书类是附属于"六艺·春秋"类之后的。

魏晋时期，晋秘书监荀勖依据魏秘书郎郑默的《中经》编著目录书

① 王鸣盛：《十七史商榷》卷7。

② 陈垣：《与毕业同学谈谈我的一些读书经验》，《中国青年》，1961（16）。

《中经新簿》。书中改六分法为甲、乙、丙、丁的四分法。此后，几经因革，到唐初修撰《隋书·经籍志》时，以经、史、子、集替代了甲、乙、丙、丁四部名称。清代目录学家姚振宗曾说："四部之体，不始于本志（按，指《隋书·经籍志》），而四部之书之存于世者，则惟本志为最古矣。"① 可见，《隋书·经籍志》是现存最早的采用四分法编目的目录专章。

自《隋书·经籍志》采用四分法后，历代很多目录书都根据这一分类法进行编目。清代编修的《四库全书总目》就仍然采用了经、史、子、集的四分法，其编目为：

经部10类：易、书、诗、礼、春秋、孝经、五经总义、四书、乐、小学。

史部15类：正史、编年、纪事本末、别史、杂史、诏令奏议、传记、史钞、载记、时令、地理、职官、政书、目录、史评。

子部14类：儒家、兵家、法家、农家、医家、天文算法、术数、艺术、谱录、杂家、类书、小说、释家、道家。

集部5类：楚辞、别集、总结、诗文评、词曲。

可以说，目录的四部分类法自隋唐以来，一直被长期沿用，它成为我国古代图书编目分类的最主要方法。应该看到，其间也有不少学者对之加以损益改动，但是，始终未能超越规范，另辟门径。

除目录分类外，还有目录书的分类。

关于目录书的分类，清代学者汤纪尚明确指出："目录之书，权舆中垒（刘向曾任中垒校尉，汤意即始于刘向《别录》）。流派有三："曰朝廷官簿、曰私家解题、曰史家著录。"② 所谓朝廷官簿，即指国家图书目录或官修目录；所谓私家解题，是指私家编修的日录；所谓史家著录，是专指史志目录，即正史中的艺文志（经籍志）和国史目录（如北宋分编的《国史艺文志》等）、专史目录（如郑樵的《通志·艺文志》、马端临的《文献通考·经籍志》等）。这是从纂集工作体制的角度来区分的。

如果从目录的内容和用途范围的角度来看，又可以分为综合目录书和专门目录书。

综合目录，是将包含各科问题的书目汇集、编排成一部目录书，因此又称群书目录。综合目录是读书和历史研究中使用最多、用途最广的书目。

① 姚振宗：《隋书经籍志考证》叙录。

② 汤纪尚：(槃文乙集下·周郑堂别传》。

如刘向所编的《别录》和刘歆编撰的《七略》《汉书·艺文志》和《隋书·经籍志》《四库全书总目》。等。

专门目录，是将一书中各篇目录、某一专科领域的书目或与某一专书有关的书目汇集编排成一部目录书。前者如《史记》的目录（《太史公自序》）就是由130篇篇目组成的。其篇目与说明如：秦皇既立，并兼六国，销锋铸镰，维偃干革，尊号称帝，矜武任力；二世受运，子婴降虏。作始皇本纪第六。”“国有贤相良将，民之师表也。维见汉兴以来将相名臣年表，贤者记其治，不贤者彰其事。作汉兴以来将相名臣年表第十。”“与信定魏，破赵拔齐，遂弱楚人。续何相国，不变不革，黎庶攸宁。嘉参不伐功矜能，作曹相国世家第二十四。”中者如《七十六年史学书目》，这是专门的史籍目录；《晚清戏曲小说目》，这是专门的文艺目录等等。后者如《三国志注引书目》《世说新语注引书目》《续汉书八志补注所引书目》，这三部目录合称《古书目三种》，是把某一书所引的各种书籍编目，借以考察该书所用资料的范围、来源，从中还可以看出其引书的存佚情况。《史记书录》则是把与《史记》有关的参考书汇集编成目录。

（三）目录的使用

在学习和研究历史过程中为了获得史料，要阅读大量的古代书籍，这就需要利用目录书。下面介绍几种经常使用的目录书。

《四库全书总目》。又名《四库全书总目提要》，由四库全书馆总纂官纪昀（1724—1805年，字晓岚）实际主持撰修，成书于乾隆年间。该书著录收入《四库全书》的古籍346种，79309卷以及《四库全书》存目书67938种，93550卷。全书共200卷，按经、史、子、集四部分类法进行编排，部下又分为若干小类；每部前有总序，类前有小序，分别概述部、类所收著作源流及分类的原因；书目提要一般包括该书的卷数、源流、作者生平、内容要旨、书中得失及文字校勘等。《四库全书总目》完成以后，因卷轶浩繁，翻检不便，纪昀等人又对《总目》删繁就简，只录书名、卷数、作者等项，并去掉存目、共得20卷，名为《四库全书简明目录》。

《四库全书总目》是一部空前的目录巨著，它大量收入了清代乾隆以前中国古代著作的书目，是我们研读古代书籍的最为方便的重要检索工具之一。清人张之洞说：“书即师也。今为诸君指一良师，将《四库全书总目提要》读一过，即略知学术门径矣。”① 但是，《四库全书总目》也有许多谬

① 张之洞：《辅轩语·语学》。

误。近人余嘉锡撰《四库提要辨证》24卷，对《总目》作了较为全面、系统、缜密的考辨，检阅《总目》时，可作参考之用。

《书目答问》。该书是张之洞任四川学政时为回答“诸生好学者，来问应读何书”而编写的，1876年（光绪二年）由张之洞署名刊行问世。该书收入古籍书目2200多种，其中，“原书为修《四库》书时所未有者十之三四，《四库》虽有其书而校本、注本晚出者十之七八。”① 所列书目基本按照四类法编排，但于经、史、子、集之外增加了“丛书·目”。《书目答问》所收入的每一部书，先列书名，次注著者，再标各种版本、卷数异同，并且对一些撰者认为重要的书加有简明的按语。

《书目答问》传世后，近人范希曾为纠正原著书中的错误，并补其不足，于1931年出版了《书目答问补正》5卷。《补正》纠正了原著中书名、作者、卷数、版本、内容等方面出现的一些讹误；补收了《书目答问》问世后“五十年间所著新雕未及收入”的书著。

《书目答问》及《书目答问补正》将《四库全书总目》成书后150余年来新出的书目，择要注录，并注明各书版本，便于查阅，是两部很有参考价值的目录书。

《贩书偶记》。本书为近人孙殿起在数十年古书贩卖事业中所目睹经手古籍的记录。初刊于1936年；1959年由中华书局排版重印。这部书“基本上是一部清代以来的著作总目”，但凡见于《四库全书总目》的书目该书一概不收，如有所收，必是卷数、版本有所不同的，因此，“其作用相当于‘四库全书目录’的续编”②。《贩书偶记》初刊以后，孙殿起又继续于贩售书的过程中积配书目资料1万余条。后由他的助手雷梦水整理编次，题名《贩书偶记续编》，于1980年由上海古籍出版社出版。《贩书偶记》及其《续编》亦是实用参考价值较高的目录书。

《中国丛书综录》。本书由上海图书馆编，1959—1962年中华书局出版。全书共分3册，收录全国41所图书馆馆藏丛书2797种，其中包括古籍书目38800多种。第一册“总目”，是对所收入书目进行分类编次，并对每种丛书的书名、分类、编者均做了简要的介绍，书后附有《全国主要图书馆收藏情况表》，便于读者检阅。第二册“子目”，是将丛书所包括的古籍，按经、史、子、集编排起来的子目分类目录，便于读者按子目类别查

① 张之洞：《书目答问·略例》。
② 中华书局：《贩书偶记》1959年出版说明。

寻古籍及所属丛书。第三册“索引”，包括子目书名索引和子目著者索引，可供读者检阅第二册使用。

《中国丛书综录》收录古代丛书比较丰富，编排方法也较科学，是目前最便于读者查阅的丛书目录，对阅读古籍，研究问题，都有很高的实用价值。

《七十六年史学书目》。本书为一部专门性目录书，由中国社会科学院历史研究所资料室编，中国社会科学出版社出版。本书收录了1900—1975年间出版的史学著作9000多种。全书分作上、下编。上编包括史学理论和历史研究法、中国史、世界史、考古学和物质文化史、综合参考等内容，每个部分下又分若干子目；下编包括经济史、政治史、军事史、农民战争史、民族史、宗教史、社会生活与社会问题、学术思想史、文化史、艺术史、教育史、图书馆及其他、文学史、语言文字史、科学技术史、地方史和历史地理、中外关系史（附华侨史）、史学史和史料学等内容，每个内容都大体包括中、外两个方面的著作。书后附有著者索引。本书为读者了解20世纪以来有关史学的撰著提供了很大的方便。

《中国地方志综录》。本书亦是一部专门性目录书，朱士嘉编，1935年出版。1958年商务印书馆又出版了增订本。本书根据全国41所图书馆收藏的地方志编成，收录地方志7413种，109143卷。20世纪70年代中期，该书又修订、增补改名为《中国地方志联合目录》，收录地方志增至8500多种，反映馆藏单位180多个。本书是我国现有地方志目录书中比较完善的一种。书中所收志书按行政区域编次排列；介绍了所录志书的书名、卷数、纂修者、版本、书藏于何处；书后还附有“补遗”和书名索引，便于读者查找。

附：索引

索引，又名引得，旧称“通检”。是将书刊中的编目、语词、主题、人名、地名、事件及其他事物的名称，分类编次，并注明出处的一种检索工具书。索引的种类有很多，按其所揭示的对象划分，可分为书籍索引，如《尚书通检》《二十五史人名索引》等；报刊索引，如《光明日报索引》《历史研究索引》《全国报刊索引》等。按所取材的范围划分，可分为综合性索引，如《全国报刊索引》等；专题性索引，如《中国史学论文索引》等。

通过索引不仅可以得到所需要的专题研究文章篇目与出处，还可以从中看出有关学术发展的状况及趋势，这些都给学习和研究历史提供了方便。

二、版本的运用

（一）版本的含义

“版”和“本”是中国历史上不同时期，分别对书籍的称谓。版本二字联用，成为固定的名称，始于宋初。在此之前，人们把手抄的书籍称为“本”。刘向在谈到他校理图书的工作时，就说：“一人持本，一人读书。”南北朝时，北宋学者颜之推在所著的《颜氏家训》中，提到了河北本、江南本、江南旧本、江南古本、俗本等名称。可见书称为本由来已久。印刷术发明以后，人们把雕版印刷的书称为“版”，即“雕版谓之版，藏本（写本）谓之本。藏本者官私所藏未雕之善本也”①。

版本成为固定名称之初，是为了区别写本。后来，随着印版书的日益增多，各书印版各异，图书收藏家便对不同印版的书，分别予以著录。这样，版本的含义就扩大了。再后来，版本的含义进一步发展，包括了抄本、拓本（石经摹拓本）、刻本及石印本、影印本等一切形式的图书。

掌握一些版本的知识是历史工作者搜集历史文献资料所必备的条件之一。历代史家、学者对此非常重视，他们在读书时，注意搜寻一书的不同版本，相互校读，订正了不少谬误；刻印某书时，也利用版本知识以求得较好的底本。

版本和目录的关系十分密切，二者不能截然分开。刘向在校书过程中就曾经广搜异本，并在编撰《别录》时把书籍的各种版本情况写入了书录。从现存的《别录》几篇书录中，可以看到他所校的书有中书（宫中藏本）、外书（社会传本）、太史书（太史令藏本）、太常书（太常寺藏本）、臣某书（私家藏本）等异本。宋代学者尤袤编撰了《遂初堂书目》，书中采用了把一种书的异本作为目录专项的方法，创制了专门的版本目录，从而在实践中把版本和目录更密切地联系起来。其后，许多目录书的书录都列有版一本专项，这就为阅读古籍提供了很大方便。

（二）版本的区分和评价

古书的版本有两大类，即抄本和刻本。雕版印刷术发明之前，抄本的分类情况因年代久远只能从史籍记载和考古发掘中，搜集到片断的材料。如，从刘向《别录》所留存的几篇书录中见到的中书、太史书、太常书、臣某书等，就是按藏书者不同区分的；《三国志·魏书·文帝纪》注引胡冲

---

① 叶德辉：《书林清话》卷1。

《吴历》说："帝以素书所著《典论》及诗赋饷孙权，又以纸写一通与张昭。"素书即帛书。这段记载就是按书写材料不同区分的；1973 年，在长沙马王堆三号汉墓出土了帛书《老子》甲乙本，则是按传抄者不同或传抄地方不同区分的。按书写方法的不同区分，还可分为手写本和拓本等。

刻本，即雕版印刷的书。按雕刻、印版材料的不同区分，有木刻本、活字本（又分为泥活字、木活字、铜活字、铅活字、锡活字等）；按刻本时代的不同区分，有宋本（又分为北宋本、南宋本）、金本、元本、明本、清本及新刻本等。再细分，如北宋淳化本、咸平本；元大德本、至正本；明永乐本、成化本、嘉靖本；清康熙本、乾隆本、同治本等。按刻书机构和刻书人的不同区分，有官刻本，即由政府机构主持编校刊行的书籍，如监本、经厂本、内府本、殿本、官书局本等。坊刻本，即书商以书坊名义刊刻的书籍，如明富春堂本、文林阁本等。家刻本，又称私刻本，即私人在家中刻印的书籍，家刻本有用刊刻人姓名称呼的，如黄善夫本（宋）、毛晋本（明）、凌刻本（明，凌蒙初）、阮刻本（清，阮元）等；有用书斋、书堂命名的，如宋廖莹中的世彩堂本、明毛晋本又称汲古阁本、清黄丕烈的士礼居本等。按刻书地点的不同区分，国内宋元时期主要有浙本，即以杭州为中心的浙江各地刻印的书的统称；蜀本，即四川刻印的书；福建本，即以建宁府和建阳县麻沙镇为主的福建各地刻印的书的统称。明清时期，苏州、无锡、南京等地又继起刻印书籍。国外主要有朝鲜本、日本本、越南本等。按同一书刻版的先后区分，主要有初刻本，又称原刻本、重刻本、翻刻本、仿刻本等。按书的内容增删和评点等区分，主要有增订本、删节本、足本、残本、注解本（又分为单注本和集注本）、评点本、批校本、标点本等。

了解和掌握了有关版本的情况，就为读书和搜集资料时选用好的书本准备了条件。但是，要真正能从众多的版本中择出好的版本书，还需要掌握一些有关版本优劣评价的知识。在这方面，历代学者通过实践积累了丰富的经验，可供后人参考。

对于版本的优劣，可以从很多方面进行评价，从治史、搜集史料的角度讲，应主要注意以下四个方面：

1. 从书版的年代看，一般说年代久远的为好

清末以来的藏书家大都推崇宋元旧刻。清人叶德辉的见识颇具代表性。他说："宋本以下，元椠次之。然元本源出于宋，故有宋刻善本已亡，而幸

元本犹存，胜于宋刻者。”[①] 他还认为：“明人刻书，有一种恶习。往往刻一书而改头换面，节删易名。”[②] 因此，明本问题最多。宋本之所以极受人们的重视，其原因是：第一，除当时人著作外，宋版书大多根据古代写本而来，是为旧本。第二，宋代刻官，非常注重精校细勘。因此，宋版书错误较少。第三，宋版书的纸张优良，刻印精美。元刻多出于宋本，在宋本传世甚少的情况下，元本的文献价值亦很高。但是，宋元版本也有优劣之分，不能一概而论。明刻本中，虽然问题较多，但明初刻本较好，万历以后较差。清代乾嘉时期，校勘学名家辈出，其时所刻之书，精校精勘，不乏佳刻。

2. 从刻书机构看，官刻本较好

由于刻书的机构不同，官刻本、家刻本和坊刻本的质量有所不同。官府刻书，由于其财力雄厚，人力充足，校审缜密，刊刻工艺水平较高，一般胜过其他。但私人所刻之书，往往是刻书人珍爱收藏并深入研究过的书，在校对上，有时比官刻本还好。坊刻本为书商售书谋利而做，为了赚钱，他们往往不惜粗制滥造。因此，坊刻之书大多纸墨刻工粗糙，校对不详，与官刻本、家刻本相比，一般质量较差。

3. 从刻书地点看，宋版中浙本为好

宋代学者叶梦得说：“天下印书，以杭州为上，蜀本次之，福建最下。”[③] 这是宋人评价宋版书。对于造成这种情况的原因，叶梦得亦做了分析。他说：“蜀与福建，多以柔木刻之，取其易成而速售，故不能工。福建本几遍天下，正以其易成故也。”这个评语是符合事实的。宋代雕版印书业空前发达，杭州（浙江）、四川、福建是当时主要的刻书的地区，所刻印之书流传最广。其中，杭州是宋代印书的中心，所刻之书，又称浙本。浙本书版字体方正，刀法圆润，是宋版中最好的一种。宋代监本大多是在这里刻印的。四川刻印的蜀本，不如浙本，但其雕版特点是字体较大，又称蜀大字本。福建所刻书版，称闽本，又称建本或麻沙本。这是因为闽本多是在建宁府和建阳麻沙镇雕版成书的。麻沙镇附近盛产一种木质松软的榕树，书商为易成速售而谋取丰利，多以它为材料，雕印图书：一时“建阳、麻

---

① 叶德辉：《书林清话》卷7。

② 叶德辉：《书林清话》卷7。

③ 叶梦得：《石林燕语》。

沙版本书籍行四方者，无远不至。”① 但其中讹误百出，一般说，在宋版书中质量最差。

4. 善本为好，善本即好的版本

历代学者都主张读书要讲求善本。什么是善本？清人张之洞说：“善本非纸白版新之谓，谓其为前辈通人用古刻数本，精校细勘，不讹不缺之本也。善本之义有三：一曰足本，二曰精本，三曰旧本。”② 足本，即指无缺卷、未删削之本；精本，即指精校、精审、精注之本；旧本，即指旧刻本、旧抄本。从治史的角度来看，能得到古书的善本，是从众多古籍中搜集到历史文献资料的重要条件之一。如前面所述，古籍版本在其形成及发展的漫长过程中，情况是非常复杂的。如，从刻书年代看，宋版为最佳，但宋版中也有劣版，明版较差，但明版里面也有佳作；从刻书机构看，官刻为好，但官刻也有劣品，坊刻最差，可是坊刻亦有珍品；从刻书地点看，宋本中浙本最好，但浙本中也有滥本，闽本最差，但也不能一概而论，其中亦有佳版。同时，即便是古籍善本，里面也不免存在讹误之处。因此，在评价版本优劣、审别版本好坏时，要对具体问题进行深入详密的具体分析，只有这样，才能获得好的版本。

（三）几种较好的版本和关于版本研究的书著

自宋以来，古籍的版本繁杂。特别是学者经常碰到的众多的明、清版本中，有哪些版本较好呢？对这个问题，可以说是仁者见仁，智者见智，非一言两语说得清的。就一般人的意见，归纳起来，介绍几种版本如下：

1. 汲古阁本

汲古阁本，又称毛晋本，为明代常熟学者汲古阁主人毛晋所刻群书的总称。从明万历末年至清顺治初年的四十余年间，毛晋在对自己所藏之书精校细勘的基础上，先后刻印600多种。其中，有不少是影钞宋版书。流传较广的汲古阁本有《十三经》《十七史》等书，其刻印精良，被清以来的学者视为善本。

2. 殿本

是指康熙、乾隆年间在武英殿设修书处所刻印之书。至乾隆十二年（1747），共诏刻《十三经》《二十一史》《明史》《大清一统志》《三通》《旧唐书》等。这些书校勘详密，写刻工精，纸张优良，墨色颇佳，深为后

① 朱熹：《嘉禾县学藏书记》。

② 张之洞：《辅轩语·语学》。

来学者所倚重，均可称为善本。

3. 局本

同治年间，清政府在江宁（今江苏南京）设立金陵官书局。之后，江西、浙江、福建、两广、两湖等地也相继设立官书局。其所刻印的书，均称“局本”。其中，江宁、苏州、扬州、杭州、武昌5个书局，合刻一部《二十四史》，称“五局合刻本”。这部《二十四史》主要用汲古阁本和殿本作为底本刻印，也可列入善本。

4. 百衲本

是指采用断碎不全的各种版本，拼凑而成一部书，就像僧人的百衲衣一样。清初学者宋荦，集宋版2种、元版3种，合成一部80卷的百衲本《史记》。近人傅增湘用收集到的各种卷数不同的末版，合成一部百衲本《资治通鉴》。后来，书馆又把不同版本汇集起来，影印了一部百衲本《二十四史》，其中保存了不少宋元刻本的原貌。该书问世后，受到一些学者的推崇。张舜徽先生曾用这部百衲本《二十四史》和殿本《二十四史》核对了一遍，结果发现了殿本中的讹、衍、缺、脱现象较为严重。① 由此可见，百衲本是善本。

除上述外，1978年，由中华书局出版了一部由一批著名学者、专家校勘、标点的《二十四史》。② 该本中的各史所依版本不同，原则是择善本而用之。书中搜集了历代各家注并附有校勘记。因此，可以说这部《二十四史》是目前正史中最好的版本。

利用版本，除要了解都有哪些较好的版本外，还要掌握并充分使用版本目录书。下面介绍几种版本目录书。

1. 增订《四库简明目录标注》

增订《四库简明目录标注》，清邵懿辰撰，其孙邵章续录。1963年由中华书局出版。《标注》中每书的著录分标注、附录和续录3个部分。“标注”为邵懿辰所记古籍版本，原收在1911年刊印的《四库简明目录标注》内。“附录”是邵友诚根据王懿荣家传抄本《四库书目邵注》的邵章手录本，校补订正了诸家有关版本的批注。附录下均注明批注者姓名，便于读者了解批注的情况。“续录”是邵章仿标注的体例编成的，专录咸丰以后刊

① 参见张舜徽：《中国古代史籍校读法》，1版，第1编2章4节，北京，中华书局，1962。

② 新标点的《二十四史》于1978年由中华书局全部出齐。

出的各本并加以评注，可补标注及附录所未提及的版本。书后还附有《善本书跋及其他》《四库未传本书目》《东国书目》。

（增订）《四库简明目录标注》记载了《四库全书简明目录》所著录的各书版本，是一部实用价值很高的查考古籍版本的书目。

2.《郘亭知见传本书目》

《郘亭知见传本书目》，清莫友芝撰，莫绳孙编。1923 年由上海扫叶山房石印出版。全书共分 16 卷，按经、史、子、集四部编排，所收书不限于《四库全书简明目录》。书中详细记载了所收书目的版本，何本为善，亦间有注明。可与（增订）《四库简明目录标注》互相参考、印证。

3.《四库目略》

《四库目略》，杨立诚编。1929 年由浙江省立图书馆出版。本书是作者将《四库全书简明目录》《四库简明目录标注》和《郘亭知见传本书目》3 书改编而成的。全书按经、史、子、集四部编排，每书著录包括：书名、著者、卷数、版本、内容提要等。可与《四库简明目录标注》《郘亭知见传本书目》互参使用。

除上述版本目录书外，《书目答问》及《补正》对所著录书目的版本十分考究；《贩书偶记》在著录书目的同时，对一些书的版本也有记载。上述二书可为查寻古籍版本之用。

三、史书辨伪

（一）伪书的出现

辨伪，即辨别古书的真伪。大凡古书，都有个真伪问题。近代学者张心澂编撰了一部《伪书通考》，所列举的伪书，经部有 73 部、史部有 93 部、子部有 317 部、集部有 129 部之多。由此可见，在辨别了古书的真伪之前，就轻率盲目地读它、运用它，有极大的危险性。在我国，伪书伪事的出现较早，战国时期，荀子在《非十二子》中说子思、孟柯等“案往旧造说，谓之五行……案饰其辞而祗敬之曰：此真先君子之言也。”揭露了他们编造五行学说，并依托古人以欺世人。这是文献中所见较早作伪及辨伪的事例之一。

古代为什么会产生伪书？其原因有很多，并且十分复杂，归纳起来，主要有以下几方面：

1. 受“尊古卑今”观念的影响，借托古人之名，以使自己的作品受到世人的重视成书于汉代的《淮南子·修务篇》中说："世俗之人，多尊古而贱今，故为道者，必托于神农、黄帝而后能入说。乱世暗主高远其所从来，因而贵之；为学者蔽于论而尊其所闻，相与危坐而听之，正而诵之。"这段文字中所谈到的盲目崇古之风在汉代以前就很严重，汉代以后仍然存在与发展，并流衍至明、清。在这种思想和风气的影响下，不少人便托古写书，以取得世人的重视。如《神农本草》《黄帝内经》都是后人托名之作。

2. 为牟利炫名作伪

每当统治者下诏求书，并且说明献书有赏时，一些投机取巧者便借机大造伪书。汉初，先秦文献典籍《尚书》残缺不全，只流传28篇。汉成帝时，曾诏求天下遗书。山东东莱的张霸便趁机伪造《尚书》102篇，献于朝廷。但该书是张霸"分析合二十九篇以为数十，又采《左氏传》《书序》为作首尾，凡百二篇"。并且"篇或数简，文意浅陋"。[1] 因此，很快就被人识破了。隋文帝时，"购求天下遗逸之书"，当时的有名学者刘炫，也竟然伪造《连山》《归藏》两部易经，"录上送官，取赏而去"。

3. 出于学派之争的需要作伪

学术之争历来有之。但是在我国封建社会里，知识分子之间不同学术观点的争论，往往和"文人相轻"杂融在一起。学者之间互相轻视，彼此攻讦的事，屡见不鲜。王肃和郑玄都是魏晋之际的著名学者，王肃年辈稍晚于郑玄，二人的学术观点不同。那时郑玄经学已取得支配地位，盛行于世，王肃为了在经学方面别树一帜，便自己伪造了一部所谓《孔子家语》，并亲自为其作注。他还在自序中堂而皇之地说："郑氏学行五十载矣，寻文责实，考其上下，义理不安，违错者多，是以夺而易之。孔子二十二世孙，有孔猛者，家有其先人之书，昔相从学。顷还家，方取以来。与予所论，有若重规叠矩；而恐其将绝，故特为解，以贻后世之君子。"[2] 王肃这段话的意思是说《孔子家语》实出于孔子后人，而与己说暗合，以此来证明自己的观点比郑玄正确。后来，通过历代学者的辨证，《孔子家语》是伪作，已成定案。

4. 出于政治斗争的需要作伪

封建社会里，统治集团内部的矛盾和斗争经常发生，为了打击对手，派别之间不惜用制造伪书的卑劣手段，彼此诬陷。唐代有牛、李党争之事

---

① 《汉书·儒林传》。

② 王肃：《孔子家语》自序。

件。官僚李德裕和牛僧儒为了争夺朝权，各纠集门徒，互相攻毁，前后斗争近40年。李德裕的门人韦瓘为了达到诬陷牛僧儒的目的，自编了一部《周秦行纪》，但其内容是牛僧儒“自叙所遇异事”，并题名牛僧儒撰，“以此诬僧儒”。①

伪书产生的原因很多、很复杂，伪书的种类和造伪情况亦多而复杂，现择其主要叙述如下：

1. 造伪的程度不同

（1）全部伪造。如《孔子家语》系王肃伪作，根本不能用来研究孔子及其思想。

（2）部分伪造。这类伪书里，有的是真书中杂有伪的内容，如《庄子》的内篇7篇是真书，外篇5篇和杂篇11篇为其弟子及后人的作品，是伪作。班固在《汉书·司马迁传》中说《史记》十篇缺，有录无书，然而今本《史记》10篇都在，应为后人所作。再如，《管子》《论语》《左传》等书中，都有后人附会增益的内容。有的是伪书中杂有真的内容，如今本《竹书纪年》为唐宋之后的伪作，但其中有抄自古本《竹书纪年》的内容，当为真书。

2. 造伪内容的不同

（1）伪造年代的。迄今为止，我国发现的最早文字是商代的甲骨文，而神农、黄帝都是早于商代的传说中的人物，一般认为当时并无文字，没有文字哪来的书？因此，如《神农本草》《黄帝内经》一类的书，必为后世之作。

（2）伪造作者的。如《管子》《商君书》，虽均为先秦古籍，但绝非管仲、商鞅之作，系后人所托；今本《列子》为东晋人张湛所作，但他托名于列御寇，是伪造作者。

（3）伪造史实的。如唐人韦瓘以牛僧儒名义作《周秦行纪》，就是伪造史实的典型一例。

（二）辨伪的方法

有了伪书，就有了辨伪工作。历代史家和学者对书的辨伪工作非常重视。刘向、刘歆校书时，就曾考定过不少古书的真伪及其时代问题，《汉书·艺文志》的作者班固将其融入自己的看法中保留了下来。《艺文志》中从事实、文辞、时代等各方面对所录群书予以了大量详密的考察，并用

① 见晁公武：《郡斋读书志》。

“作托”、“似依托”、“后世所加”、“似皆非”等语，注明其中的伪作。宋代学者朱熹在总结前人辨别伪作的基础上，提出：“精思明辨以求真是”的思想和主张，是正确的，这对后代学者的辨伪工作，是有很大的启示作用的。明代学者胡应麟通过实践，写出一部辨伪专书《四部正讹》，在该书中，作者提出了辨别伪书的八种方法，即“辨伪八法”。这八种方法是：

1. “核之《七略》，以观其源”

即是说凡西汉以前的可疑之书，可用《汉书·艺文志》（因《七略》的大部分著录保留在其中）来辨证。

2. “核之群志，以观其绪”

即是通过核对历代正史的艺文志或经籍志，可知道某书何时见于著录，何时无存，以考察其流传的线索。

3. “核之并世之言，以观其称”

即是通过核对与某书作者同一时代人的著作，查看有无谈到或引用该书的地方。该书中人名、地名及一切名称与同时代著述是否相同。

4. “核之异世之言，以观其述”

即是核对后世的著作，查检其中有无引用或发挥该书的言论或观点。

5. “核之文，以观其体”

即是从文体上加以核对，查检某书是否和所处时代的笔调相吻合。

6. “核之事，以观其时”

即是从内容上加以核对，查检某书是否和所处时代的史事相符合。

7. “核之撰者，以观其托”

即是核对作者，看其是否出于托古。

8. “核之传者，以观其人”

即是核对传播者，查明首先传播书的是什么人。

近代学者梁启超在所著《中国历史研究法》一书中，在胡应麟“辨伪八法”的基础上，又提出“若干条鉴别伪书之公例，”即“辨伪十二法”。现录于下：

1. “其书前代从未著录或绝无人征引而忽然出现者，十有九皆伪”

如“明人所刻《古逸史》，忽有所谓《三坟记》《晋史乘》《楚史梼杌》等书。凡此类书，殆可以不必调查内容，但问名即可知其伪”。

2. “其书虽前代有著录，然久经散佚，乃忽有一异本突出，篇数及内容等与旧本完全不同者，十有九皆伪”

如缪荃孙所藏明钞本《慎子》，篇数与诸旧本“无一相符，其流传之绪又绝无可考……可定为明人伪作也”。

3. “其书不问有无旧本，但今本来历不明者，即不可轻信”

如“晋梅赜所献《孔传古文尚书》因来历不明，故后人得怀疑而考定其伪”。

4. “其书流传之绪从他方面可以考见，而因以证明今本题某人旧撰为不确者”

如“今所称《神农本草》，《汉书·艺文志》无其目，知刘向时绝未有此书。再检《隋书·经籍志》以后诸书目，及其他史传”，殆可断言，“其书不惟出神农”。

5. “真书原本，经前人称引，确有佐证，而今本与之歧异者，则今本必伪”

如“古本《竹书纪年》有夏启杀伯益，商太甲杀伊尹等事；又其书不及夏禹以前事……而今本记伯益，伊尹等文，全与彼相反，其年代又托始于黄帝，故知绝非汲冢之旧也。”

6. “其书题某人撰，而书中所载事迹在本人后者，则其书或全伪或一部分伪”

如“《管子》《商君书》《汉志》皆著录，题管仲，商鞅撰。然两书各皆记管、商死后之人名与事迹，故知两书绝非管、商自撰”。

7. “其书虽真，然一部分经后人窜乱之迹，既确凿有据：则对于其书之全体须慎加鉴别”

如司马迁撰《史记》，明言“讫于麟止”，“今本不惟有太初天汉以后事，且有宣、元、成以后事，其必非尽为迁原文甚明”。

8. “书中所言确与事实相反者，则其书必伪”

如今本《道藏》中有刘向撰《列仙传》，其书《隋志》已著录。“其自序云，‘七十四人已见佛经’，佛经至后汉桓、灵时始有译本，上距刘向之没，将二百年……即据此一语，而全书之伪，已无遁形。”

9. “两书同载一事绝对矛盾者，则必有一伪或两俱伪”

如“《涅槃经》佛说云：从今日始，不听弟子食肉”。而“《入楞伽经》佛说：‘我于《象腋》《央掘魔》《涅槃》《大云》等一切《修多罗》中，不听食肉。’《涅槃经》共认为佛临灭度前数小时间所说，既《象腋》等经有此义，何得云‘从今日始’且《涅槃》既佛最后所说经，《入楞伽》何得引之？是《涅槃》《楞伽》，最少必有一伪，或两俱伪也”。

10. “各时代之文体，善有天然界画，多读书者自能知之。故后人伪作之书，有不必从字句求枝叶之反证，但一望文体即能断其伪者”

如“东晋晚出《古文尚书》，比诸今文之《周语》《殷盘》、截然殊体。故知其绝非三代以上之文。”

11. “各时代之社会状态，吾侪据各方面之资料，总可以推见崖略。若某书中所言其时代之状态，与情理相去悬绝者，即可断为伪”

如《汉书·艺文志》有《神农》二十篇，其中有“有石城十仞，汤池百步，带甲百万而亡粟，弗能守也”。这种情状“决非神农时代所能有”，故《汉书·艺文志》“自注云：六国时诸子托诸神农”。

12. “各时代之思想，其进化阶段，自有一定。若某书中所表现之思想与其时代不相衔接者，即可断为伪”

如“今本《管子》有‘寝兵之说胜，则险阻不守；兼爱之说胜，则士卒不战。’此明是墨翟、宋钘以后之思想，当管仲时，并寝兵，兼爱等学说尚未有，何所用其批评反对者”。

以上胡应麟的“辨伪八法”和梁启超的“辨伪十二法”即是前人辨伪经验的总结，又是其本人在多年辨伪实践中的至深体会。可供我们读古书、鉴别史料时借鉴使用，并根据新的情况和需要加以发展。

（三）辨伪成果的利用

历代学者在辨伪工作中取得了很大成绩，可以说是硕果累累。如何利用这些成果来为我们今天治史服务呢？

一是要充分利用已辨明的伪书。辨别伪书的目的不是为了摒弃之，而是要正确地利用它。近代学者陈寅恪说：“以中国今日之考据学，已足辨古书之真伪。然真伪者，不过相对问题，而最主要能在审定伪材料之时代及作者而利用之。盖伪材料亦有时与真材料同一可贵，如某种伪材料，若迳认为其所依托之时代及作者之真产物，固不可也；但能考出其作伪时代及作者，即据以说明此时代及作者之思想，则变为一真材料矣。”① 张舜徽在《广校雠略》一书中也说：“学者如遇伪书而能降低其年代，平心静气以察其得失利弊，虽晚出赝品犹有可观，又不容一概鄙弃。”如辨清楚《内经》不是黄帝所作，而是秦汉时成书的一部总结中国古代医学成就的著作，其学术、史料价值就会极高了；《列子》为晋人张湛伪作，用它来研究先秦思想是不行的，但辨明其伪托者及年代后，它便可成为研究晋人思想的重要资料了。再如，《孔传古文尚书》是伪书，但其中《孔传》作用在于解释

① 陈寅恪、冯友兰著《中国哲学史》审查报告。

经文，经文本来是人人都可以解释的，人们之所以把它称为伪《孔传》，是因为作伪者伪托孔安国所作。辨明了这一点，《孔传》仍不失为有用的注解。因此今天我们阅读《尚书》，还要用它作为重要参考，它对词义、文义的解释，也是今天我们研究古代汉语的重要参考材料。

二是要掌握并使用一些前人重要的辨伪著作。前人辨伪的书著有很多，大致可分为两类：

一类是专书辨伪的。如《古文尚书疏证》，清代学者闫若璩著，全书共有8卷。该书引经据典，把《古文尚书》和《孔传》的作伪证据详密地罗列出来，析为128条，极有说服力地论断《古文尚书》及《孔传》是伪作。这部书是研读《尚书》的重要资料。《今本竹书纪年疏证》，近代学者王国维撰著。全书分上、下两卷。作者对《今本竹书纪年》所记史事，"一一求其所出，始知今本所载，殆无一不袭他书"。该书可作读《竹书纪年》的重要参考书。《列子伪书考》，近人马叙伦撰著。该书"举证二十事"，说明"其书必出伪造"，是辨别《列子》真伪的一部力作。

一类是群书辨伪的。《四部正讹》，明胡应麟撰。收入中华书局铅印《古籍考辨丛刊》第一集，1955年出版。本书所论遍及经、史、子、集四部，辨别伪书70余种，将所辨伪书按性质分为20类，并提出"辨伪八法"。该书是一部重要的群书辨伪专书。《古今伪书考》，清姚际恒撰著。收入中华书局印行的《古籍考辨丛刊》第一集，1955年出版。本书分经、史、子三部，辨别伪书90余种，每书多采前人成说，间有自己的见解。后来，黄云眉又撰《古今伪书考补证》，1959年由山东人民出版社出版。该书对姚书进行了较系统全面的补证，使用时，两书可互相参考。《伪书通考》，张心澂撰著。1957年由商务印书馆出版。本书将《诸子辨》《四部正讹》和《古今伪书考》三书拼合起来，以书名为纲，对前人的考辨全录或节录，遇到不同说法，也分别收录，并注明出处，最后以按语形式表达自己的意见。本书分经、史、子、集、道藏、佛藏六部，共辨书1105种。全书后附书名著者索引，便于检阅。

四、史书校勘

（一）为什么校勘

校勘，又称校订，更通俗的说法叫校对。是指用古书的原本或定本及有关资料进行核对，比较文字篇章的异同，订正其错误。即主要看其文字是否有脱、衍、讹、倒等情况。古代又称校勘为"校雠"。刘向曾对校雠下过定义。他说："一人读书，校其上下，得其谬误为校；一人持本，一人读书，若怨家相对为雠。"①

古籍中文字的脱、衍、讹、倒十分严重。清代学者齐召南在谈到雕版印刷术盛行以后书籍的刊印情况时说："版本印染，日传万纸，于人甚便，人间摹刻以市易者滋多，彼此沿袭，校雠稍疏，辗转失真，'乌'、'焉'成'马'。故书有版本，而读者甚易；亦自有版本，而校者转难；固其势然也。"② 雕版印刷术发明之前的书或传抄或口授，其中的脱误也很多。上述情况所造成的后果极为严重。如，沈刻本《元典章》的《新纲目》中，有"颁行四方已有年矣"的话，在元刻本中"颁行"则为"板行"。"颁行"应指朝廷颁行，而"板行"则是地方上刻版印行。这一字之错，竟然关系到《元典章》的法律地位。再如，《汉书·楚元王传》谈到《古文尚书》出现时的情况，指出："天汉之后，孔安国献之，遭巫蛊仓卒之难，未及施行"，而孔安国在天汉元年之前已经死去。以时代上的破绽为起点，后代学者对《古文尚书》的真伪问题纷争不已。直到清初闫若璩据荀悦《汉记·成帝纪》"武帝时，孔安国家献之"之文，"于安国下，增一家字，足补汉书之漏"③。这才使争论平息下去。因此，清末学者叶德辉曾发出感慨"书不校勘，不如不读"。④ 近代学者陈垣先生也说："校勘读史先务，日读误书而不知，未为善学也。"⑤

书籍的校勘起源很早，先秦典籍中，记载了不少有关校勘的事例。如《国语·鲁语下》记："昔正考父校商之名颂二十篇于周太师，以《那》为首。"这是关于孔子先祖正考父校订《诗经·商颂》的情况。大规模系统的校书工作则是从刘向整理皇家图书开始的。刘向在整理图书过程中，曾以"中古文"，即宫中所藏《古文尚书》，校欧阳、大小夏侯三家今文经发现："《酒诰》脱简一，《召诰》脱简二，率简二十五字者，脱亦二十五字，简二十二字者，脱亦二十二字。文字异者七百有余，脱字数十。"⑥ 刘向以后，历代学者都很注重书籍的校勘工作，到了清代校勘典籍达到鼎盛，出现了一批校勘名家，其成绩斐然。

---

①《昭明文选·魏都赋》李善注引《风俗通》。

② 齐召南：《宝纶堂文钞》，卷3。

③ 阎若璩：《古文尚书疏证》。

④ 叶德辉：《藏书十约》。

⑤ 陈垣：《通鉴胡注表微·校勘篇》。

⑥《师石出房丛书》本《七略别录佚文》。

（二）校勘的方法

前人在实践中，由于学识、角度的不同，总结出了许多校勘的方法，叶德辉在《藏书十约》中说："今试其法，曰死校，活校。死校者，据此本以校彼本，一行几字，钩乙如其书；一点一画，照录而不改。虽有误字，必存原文。……活校者，以群书所引，改其误字，补其阙文。又或错举他刻，择善而从。别为丛书，版归一式。"清人吴承志在《校管子书后》中提出了校书五例："有可据善本校改者，有可据古本校刊者，有可据注文校改者，有可据本书校改者，有可据文义校改者。"① 近人蒋元卿又曾概括清代学者的校勘方法为四点：

1. 用两本对照，或据前人征引，记其异同，择善而从。
2. 根据本书或他书之旁证，反证，校正文句原始之讹误。
3. 根据发现著书人之原体例刊正全部通有之讹误。
4. 根据别的材料校正原著之错漏。②

张舜徽在《中国古代史籍校读法》一书中，针对初学校者的情况，提出了校书中常见的十种情况和不同的记注方式，即十种比较机械的基本校书法："一、凡文字有不同者，可注云：'某，一本作某。（或具体写明版本名称）'二、凡脱一字者，可注云：'某本某下有某字。'三、凡脱二字以上者，可注云：'某本某下有某某几字。'四、凡文字明知已误者，可注云：'某当作某。'五、凡文字不能定其误者，可注云：'某疑当作某。'六、凡衍一字者，可注云：'某本无某字。'七、凡衍二字以上者，可注云：'某本某字下无某某几字。'八、字倒而可通者，可注云：'某本某某二字互乙。'九、字倒而不可通者，可注云：'某本作某某。'十、文句前后倒置者，可注云：'某本某句在某句下。'"

陈垣先生在总结前人经验的基础上，于校勘《元典章》时，结合自己的工作体会，提出了"校法四则"③ 即校勘的四种方法，又称"四校法"。这是清代以来校勘工作有了进一步发展和校勘方法日臻成熟的标志。"校法四例"是：

"一为对校法。即以同书之祖本或别本对读，遇不同之处，则注于其旁。刘向《别录》所谓'一人持本，一人读书，若怨家相对'者，即此法

① 吴承志：《逊斋文集》，卷6。

② 蒋元卿：《校雠学史》。

③ 见于陈垣：《元典章校补释例》。第三章史学研究的方法。

也。此法最简便，最稳当，纯属机械法。其主旨在校异同，不校是非，故其短处在不负责任，虽祖本或别本有讹，亦照式录之；而其长处则在不参己见，得此校本，可知祖本或别本之本来面目。故凡校一书，必须先用对校法，然后再用其他数法。”下举两例：其一，有的书非对校不知其误者，因为从文义表面上看无误可疑。如“吏三十六元关本钱二十定 元作一千定”；“刑一七 大德三年三月元作五月”。其二，有的书知道是一误处，但不用对校就无从知道是什么误处。“户七十二 每月五十五日 元作每五月十五日。”“兵三七 该六十二日奏 元作六月十二日奏”。

“二为本校法。本校法者，以本书前后互证，而决摘其异同，则知其中之谬误。吴缜之《新唐书纠缪》，汪辉祖之《元史本证》，即用此法。此法于未得祖本或别本以前，最宜用之。予于《元典章》曾以纲目校目录，以目录校书，以书校表，以正集校新集，得其节目讹误者若干条。至于句字之间，则循览上下文义，近而数页，远而数卷，属词比事，牴牾自见，不必尽据异本也。”例：“吏六四个 未满九个月不许预告迁转 上下文均作九十个月。”

“三为他校法。他校法者，以他书校本书。凡其书有采自前人者，可以前人之书校之，有为后人所引用者，可以后人之书校之，其史料有为同时之书所并载者，可以同时之书校之。此等校法，范围较广，用力较劳，而有时非此不能证明其讹误。丁国钧之《晋书校文》，岑刻之《旧唐书校勘记》，皆此法也”。例：“吏一廿七 荨麻林纳尖尖 元刻亦作纳尖尖”，“吏一三四 荨麻林纳失失元刻亦作纳失失。”“纳尖尖”对还是“纳失失”对，用对校法和本校法都不能解决。用《元史·祭祀志》校之，“则元典章纳失失之名不误，而纳尖尖之名为元刻与沈刻所同误也。”

“四为理校法。段玉裁曰：‘校书之难，非照本改字不讹不漏之难，定其是非之难。’所谓理校法也，遇无古本可据，或数本互异，而无所适从之时，则须用此法。此法须通识为之，否则卤莽灭裂，以不误为误，而纠纷愈甚矣。故最高妙者此法，最危险者亦此法。昔钱竹汀先生读《后汉书·郭太传》，太至南州过袁奉高一段，疑其词句不伦，举出四证，后得闽嘉靖本，乃知此七十四字为章怀注引谢承书之文，诸本皆搀入正文，惟闽本不独失其旧。今《廿二史考异》中所谓某当生某者，后得古本证之，往往良是，始服先生之精思为不可及。经学中之王、段，亦庶几焉。若《元典章》之理校法，只敢用之于最显然易见之错误而已，非有确证，不敢借口理校而凭臆见也。”例：“户六二 赤银每两入库价钞一十四两八钱 赤银当作赤金。”

古书的脱误是很复杂的。因此，我们在使用上述校勘方法时，不可机械行事，要根据实际情况，灵活而富有创造性地运用之。

（三）校勘成果的利用

除前人创造总结的校勘方法可以利用外，我们还可以将他们长期积累的具体校书成果拿来为读书和整理史料服务。前人校书的成果主要有以下三方面：

1. 校勘知识的专书

这方面的成果可以帮助后学者，尽快掌握校勘的学问和技能。如《元典章校补释例》，陈垣撰，全书共6卷，1931年出版，1959年更名《校勘学释例》重印。该书在作者用5种版本校补沈刻本《元典章》的基础上，就校勘的基本方法及各种例证阐述详密。这是一部把大量校勘知识条理化的重要书著。《中国古代史籍校读法》，张舜徽著。全书共分“通论——校读古代史籍的基本条件，分论上——关于校书，分论下——关于读书，附论——辨伪和辑佚4编。其中，前3编，主要讲述古籍的校读，论证博实，深入浅出，对于初学者很有参考价值。该书于1962年出版，1986年重印。

2. 校勘的古籍

历代学者对许多重要的历史古籍进行了校勘。我们可以在读书过程中予以充分的利用。反映古籍校勘内容的形式主要有：一是定本附校勘记。即在经过校勘，确认为定本的书后或书中卷后附校勘记。如中华书局标点本《二十四史》，影印阮元刻《十三经注疏》等。二是书的校勘与注释混合在一起，附于章节或段落之后。如裴松之的《三国志》注、颜师古的《汉书》注等。三是汇集成书的载于笔记或札记中的校勘记。如王念孙的《读书杂志》，王引之的《经义述闻》等。

3. 有关校勘的论文

除上述有关校勘的书著外，校勘方面的论文也有许多，可供参考。如《“汉书”点校商榷》（四则）、《“新唐书·藩镇列传”考校记》、《郑椎“与景韦兄投宇文枢密书”校补》等。

五、史事考证

（一）考证的重要性

考证，又称考据。是研究历史文献或历史问题时，依据资料对其进行考核、证实和说明，是指考订一书中所记载史事的真假对错问题。考证是整理、鉴别史料工作不可缺少的一个环节和重要方法。陈垣先生在《通鉴胡注表微·考证篇序录》中说，“考证为史学方法之一，欲实事求是，非考证不可。彼毕生从事考证，以为尽史学之能事者固非，薄视考证以为不足道者，亦未必是也”。这是说考证工作的重要性及我们对它应取的态度。顾颉刚先生总结自己多年考证古史的经验说：“校勘、训诂（对古书字句的解释）是第一级，我们的考证事实是第二级。”① 这是说考证在史学研究方法中的地位。

我国史书浩如烟海，所包括的史事材料极其丰富，但由于时代的变迁，记录人的见闻、认识范围有限等等各种复杂的原因，文献中所记述下来的史事材料，往往谬误百出。因此，欲对历史某事作出论断，必先搞清楚史事的真相及来龙去脉。如关于北宋末年河朔、山东一带农民起义领袖宋江是否投降问题，史籍及其他文献材料中的记载差异甚大：《宋史·徽宗本纪》说：“淮南盗宋江等……又犯京东、河北，入楚、海州界，命知州张叔夜招降之。”《宋史·张叔夜传》也说：张叔夜“伏兵乘之，擒其副贼，江乃降”。《三朝北盟会编》《皇宋十朝纲要》等史籍的记载与宋史相同，均为宋江接受张叔夜招安而降。但是，1939 年在陕西府谷县出土北宋末范圭撰写的《宋故武功大夫河东第二将折幺墓志铭》却记载：折可存率军俘虏方腊之后，“班师过国门，奉御笔，‘捕草寇宋江’。不逾月，继获”。元代徐植之撰《忠义彦通方公（庚）传》也说：“是年，宋江三十六人猖獗淮甸，未几，亦就擒。”宋江到底是投降还是被擒，这是关系到对宋江评价的一件大事，但是，从目前来看，要把其基本事实弄清楚，还需要花费巨大的功夫，进行大量艰苦、细密的考证工作。否则就不可能对宋江作出全面、公正的评价。

史事的考证工作是与目录、版本、校勘、辨伪等方面的工作密不可分的，其意义是：第一，在史料搜集整理的各种方法和各项工作中，如目录、版本、辨伪、校勘等已包含有考证的成分及内容；第二，如果没有目录、版本、辨伪、校勘等，也就没有考证。如我们研读上古史，一定要利用《尚书》。但是《尚书》的情况很复杂，首先就要利用目录版本，搞清楚什么是《今文尚书》，什么是《古文尚书》。其次要利用辨伪的知识，了解《古文尚书》为什么不可靠。同时对《尚书》的文字进行校勘、训释，正其讹误，阐释原义。在此基础上，对《尚书》所记史事进行考证。如此可

① 顾颉刚：《古史辨》，第 4 册序。

见，考证不是单一、独立的一种方法，而是与整理、搜集史料的其他方法密切相连的，在一定程度上是目录版本、辨伪、校勘等诸方法的综合运用。

此外，考证还需要有较强的逻辑素养，和考古学、地理学、金石学、文字学及哲学、经济学、伦理学和自然科学等方面的知识。如在明末农民战争史的研究中，“荥阳大会”曾一度被认为是标志明末农民战争发展到一个新阶段的一次重要会议。其召开时间为1635年（崇祯八年）。但是，有的学者运用逻辑推理，从大量零杂的材料中，理出一条清晰的线索：关于记载“荥阳大会”的资料来源《绥寇纪略》，是作者根据所见到的明末农民战争的公私记载整理而成的，即不是第一手材料；与《绥寇纪略》同时的两部书，《豫变纪略》和《怀陵流寇始终录》的作者其一曾参加过农民军，但两部书中都没有关于“荥阳大会”的记载。同时，《绥寇纪略》中所列当时十三家农民军首领及其活动情况与当时其他记载不符，疑点更为加重。荥阳大会的核心关键人物是李自成，要解决疑难，必须搞清楚李自成的活动。通过进一步查阅当时各地官员给明廷的奏疏，发现李自成从崇祯七年入陕后，一直在陕、甘一带活动，到崇祯十一年冬以前这段时间里没有入关，因此，不可能在崇祯八年初到了河南和安徽。同时，查得各家起义军当时多被阻于各地，正与官军作战。据此，而定论明末农民战争中从未有过“荥阳大会”。

（二）考证的方法

历代史家、学者对考证的方法各有所长，归纳起来大体有三种。

1. 本证

本证又称内证，即是指利用某一书内部的资料发现问题，求得证据，以达到考订史事的目的。如《史记·商君列传》中记载了商鞅变法中发生的这样一件事：“令行于民期年，秦民之国都言初令之不便者以千数。于是太子犯法。卫鞅曰：‘法之不行，自上犯之。’将法太子。太子，君嗣也，不可施刑，刑其傅公子虔，黥其师公孙贾。明日，秦人皆趋令。”商鞅变法是得秦孝公大力支持的，太子犯法是无视君父，在古代这是大逆不道的事情。当太子继位后，“公子虔之徒”又告商鞅阴谋谋反，结果，商鞅竟被车裂而死。因此，这件事非常重要。

但是，《史记·秦本纪》记载；秦孝公是献公四年正月庚寅出生。（献公）二十四年，献公死，孝公继立，“年已二十一岁矣。”商鞅变法的时间，大约是在秦孝公三年至四年间，孝公年龄约为二十四、五岁，即使古人早婚，孝公这时也不可能有达到足以犯法年龄的太子。秦太子，名驷，即后来的秦惠王。《史记·秦本纪》及《六国年表》记载：秦孝公在位二十四年。秦惠王即位第三年“王冠”。按史记，秦制行冠礼一说二十岁，一说二十二岁。由此算来，秦惠王当生于孝公七年或孝公五年。如按此说，商鞅变法开始时，太子驷还没有出生。未出生之人如何犯法？因此，《史记》中关于商鞅于变法过程中刑于太子师这件事的记载，前后矛盾，其可靠性不能不令人怀疑。这是用本书考证本书的一个例证。

2. 旁证

旁证又称他证或补证。即是指用本书以外的资料作为证据，考订本书的问题。由于取证来源与证据形态的不同，旁证又可分为书证和物证。

（1）书证，是指用图书文献资料作为证据。如前述关于明末农民战争中“荥阳大会”的有无，就需要用当时的各种图书文献资料里的有关记载作为证据，说明问题。一般来说，在考证史事过程中，书证是很重要的，它可以提供大量有用的资料。

（2）物证，是指用图书文献资料以外的实物、遗迹作为证据。对于利用物证考史，近代学者王国维曾取得了很大成绩，并为我们作出了范例。他发明了“二重证据”法，即用考古材料去证明古书文献中的材料。对于这种方法，他说：“吾辈生于今日，常于纸上之材料外更得地下之新材料。由此种新材料，我辈固得据以补正纸上之材料，亦得证明古书之某部分全为实录，即百家不雅驯之言亦不无表示一面之事实。此二重证据法惟在今日始得为之。”① 王国维使用这种方法，充分利用甲骨文提供的史料，查阅了有关文献材料，成《殷卜辞中所见先公先王考》和《殷卜辞中所见先公先王继考》，印证了《史记·殷本纪》和《三代世表》中的振、《汉书·古今人物表》中的垓，即是殷先公先王亥，并以此为线索，逐步探知卜辞中所见殷王世系与《史记·殷本纪》的记载基本相同，从而确认了《史记·殷本纪》作为历史资料的可靠性。再如，古代史籍中，有不少关于葬制的记载，其中有“黄肠题凑”，即黄心柏木累于棺外，称“黄肠”，木的头向内称“题凑”。但这种说法，主要见于书。1974—1975 年，考古工作者在北京丰台大葆台发掘了一座西汉墓葬，为了解古籍中记载的“黄肠题凑”提供了直接的证据。

3. 理证

理证即是指在找不到任何证据或现有证据不足以说明问题的情况下，

① 王国维：《古史新证》第一章总论。

以义理作为判定是非的依据，从而达到考订史事的目的。如明末农民战争史研究中，在李岩其人的有无、牛金星在起义失败后的下落等史事的考辨上，由于材料所限，一时找不到直接的证据。有些学者就结合现有材料，大胆运用理证的方法，作出了颇有说服力的论断。

考证的工作是极其艰苦和复杂的，有时为了取得证据，需要花费很大的精力和时间，查阅大量的各种资料，同时从不同角度对所得资料进行缜密的分析、思考。

在历史研究中运用考证的方法，要注意两种倾向：一种是轻视考证，偏重理论。认为考证微不足道，只有用理论去解释、说明历史，才是真正的研究历史。因此，不愿意或不屑于去做艰苦的考证工作，而只凭一些一知半解的理论教条，去写文章，搞所谓的"历史研究"，结果解决不了任何问题。一种是片面强调考证，轻视理论。认为考证即史学，提出"回到乾嘉去"的口号，使历史研究缺乏理论的指导，带有明显的封闭保守倾向。上述两种倾向都带有一个共同特征，即都把考证与理论放在不适当的位置上，使二者对立起来。其实，考证方法与理论的关系并不是一种矛盾的关系：而是辩证统一的关系。在历史研究中，我们提倡在理论的指导下正确运用考证方法，即在辨明史料的真假对错以后，用理论作为指导，对史料进行深入的分析，以揭示历史的本质及其规律。

（三）前人考证成果的利用

我国古代学者治史非常注重考证。但在清以前，考证是与目录、版本、校勘、辨伪融合在一起，还没有成为独立的史学方法。如始于汉代的古书注释，除注校字词义音、补充事实外，还有一项重要的内容就是考订史事。《汉书·高帝纪》记载，项梁在定陶战死后，刘邦、项羽等人徙楚怀王都彭城。不久，怀王封刘邦为砀郡长、武安侯；项羽为鲁公、长安侯；吕臣为司徒，其父吕青为令尹。"令尹"是什么官爵，为何设立？应劭（东汉）注："天子曰师尹，诸侯曰令尹。时去六国尚近，故置令尹。"但是王赞（晋）注却说："诸侯之卿，唯楚称令尹，其余称相。时立楚之后（指立原楚国楚怀王之孙心为楚怀王事），故置官司皆如楚旧也。"二人看法不同。颜师古（唐）注说："赞说得之。"这是关于官制的考证。司马光等在编撰《资治通鉴》过程中，对众多史事做了大量考证工作。他还把这些考订成果整理成《通鉴考异》30卷，附于书后。

清代考据学空前发达，这一局面的形成固然有其特殊的原因，同时，清代考据学也有其问题的一面，但是其成绩斐然，成果累累也是为世人所共睹的。特别是一批乾嘉学者，在考证史料方面做出了巨大成就。清代考辨史料的著述甚多，大致可分为通辨诸史的和专辨一史的。现介绍几部如下：

1.《考信录》

《考信录》，崔述（号东壁）撰著。本书分前录、正录、后录3个部分，共36卷。所考内容，涉及上古史的许多材料。推翻了不少伪史，订正了不少上古史的史事、史实，还揭示了许多有关上古史传说的演变过程。该书是学习研究上古史的一部重要参考书。

2.《日知录》

《日知录》，顾炎武撰著。本书以读书札记形式按经义、吏治、财赋、史地、兵事、艺文等分类编入，汇集成书，全书共32卷。该书作者每到一个地方见到一块古碑或一处古迹，都要考证一番，然后记录下来。顾颉刚先生称顾炎武的这种治学方法，"是清代考据学的先河"。

3.《十七史商榷》

《十七史商榷》，王鸣盛撰著，全书共100卷。其内容除校勘文字，补正讹误外，大量考证史事，详于地理沿革、职官及典章制度。本书所考上起《史记》，下迄"五代"。书名十七史是沿用宋人旧称，书中虽论及《旧唐书》《旧五代史》，但没有列入数内。

4.《廿二史考异》

《廿二史考异》，钱大昕撰著。全书共100卷。所考廿二史，即从廿四史中除去《旧五代史》和《明史》。本书对各史记载出入、矛盾、讹误之处，以及年代、典章制度、地理沿革和辽金国语、蒙古世系等方面，做了大量考订。

5.《廿二史劄记》

《廿二史劄记》，赵翼撰著。全书共36卷。所考实为廿四史，因其将新、旧唐书、新、旧五代史看成是分别反映同一时代的史书，不予分开考证，故称廿二史。作者意图在总贯群史，故对每一部史书，先叙述著作沿革，评介其得失；然后提出一系列问题，再以原书排比史事，考证比较，并提出自己的见解认识。

王鸣盛、钱大昕和赵翼被称为乾嘉考据学三大家。他们的上述3部著作，体例略同，方法及内容则各有侧重，为乾嘉时期考证群史的代表作。是学习研究中国古代史的重要参考书。

6.《史记志疑》

《史记志疑》，梁玉绳撰著。全书共36卷。该书为作者用功20年，五易其稿而成。本书根据经、子、史部群书，专考司马迁以前史事和人物，论证缜密、全面，对问题多有新的见解，是研读《史记》的一部重要参考书。

此外专考一史还有王先谦的《汉书补注》、赵绍祖的《新旧唐书互证》、陆心源的《宋史翼》、王颂蔚的《明史考证捃逸》等等。

第三节　历史分析的方法

通过搜集和整理获得了史料，并不是历史研究工作的终结，而是这一工作步入一个新阶段起点的标志。在新阶段工作中，人们将通过对所获史料的分析研究，得出能够揭示历史过程、本质及规律的认识。分析的方法是研究历史最基本最常用的方法。其主要有：历史比较分析方法、历史计量分析方法、历史心理分析方法、历史系统分析方法等。

一、历史比较分析方法

（一）什么是历史比较分析方法

历史比较分析方法，又称“比较史学”。到目前为止，给历史比较分析方法下一个确切而公认的定义还很难。但是，在中国学者的表述中，大致包含了这样的意思：即历史比较方法是通过对不同时间、不同空间条件下的各种历史现象进行纵向或横向的比较，分析异同，探索历史发展的一般规律或特殊性的一种史学分析方法。

人类在对自身历史的认识过程中借助于比较，可以说由来已久。在中国汉代，司马迁写作《史记》就已经使用比较方法研究并说明问题。他在《史记》的《列传》部分，有意地将一些具有可比性人物合传，如《韩信卢绾列传》。司马迁还在这篇列传后的“太史公曰”中，进一步点明了这两个人物所具有的一些品质和遭遇上的共性。“韩信、卢绾非素积德累善之世，徼一时权变，以诈力成功，遭汉初定，故得列地，南面称孤。内见疑彊大，外倚蛮貊以为援，是以曰疏自危，事穷智困，卒赴匈奴，岂不哀哉！”古希腊的历史学家希罗多德在其著作《历史》一书中，也曾使用过比较方法。19世纪中期以后，马克思、恩格斯在研究人类社会历史时，非常重视比较分析方法，认为它是理解各种历史现象的一把钥匙。他们主张：“要了解一个限定的历史时期，必须跳出它的局限，把它与其他历史时期相比较。”[①] 在具体的研究工作中，他们广泛使用了比较方法。如在研究资产阶级经济学的过程中，恩格斯说：“只知道资本主义的生产、交换和分配的形式是不够的。对于发生在这些形式之前的或者在比较不发达的国家内和这些同时并存的那些形式，同样必须加以研究和比较，至少是概括地加以研究和比较。”[②] 在研究德国历史时，马克思经典作家曾认为可以用法国的相应时代来做比较，这样可以有一个相对正确的标准。在《家庭、私有制和国家的起源》中，恩格斯更是出色地运用了比较方法。从19世纪末20世纪初以来，通过大量实践，比较分析方法与史学研究越来越融合在一起，成为一种体系化的史学研究方法，而备受推崇。英国历史学家杰·巴勒克拉夫在《当代史学主要趋势》一书中说：“如果我们把比较史学说成是历史研究未来最有前途的趋势之一，恐怕没有什么过错。”

（二）历史比较方法的作用及其类型划分

在历史研究中，比较方法的使用是极其广泛的。由于角度不同，认识不同，对其作用的理解、表达亦不同，就一般说来，其作用主要有以下几方面：

1. 运用历史比较方法有助于揭示和认识各种历史现象及各个民族、国家和地区发展中的共性以及各自的特殊性

历史上的各种现象极为复杂多变，历史上不同时期的各个民族、各个国家和地区的发展也是极不平衡的；要探讨和认识这些历史现象和各个民族、国家和地区发展的本质和规律，就需要运用历史比较方法，找出它们的共同点和不同点、共同性和特殊性，并在此基础上加以分析研究，发现其本质和规律。

2. 运用历史比较方法有助于促进各个民族、各个国家和地区人民之间的了解和理解

当今世界“正在愈来愈甚地作为一个整体而运转，其中各个不同部分被无法解脱地联系在一起”[③]。各个民族和国家、地区之间在经济、政治、文化等各个方面的合作日益加强。但是人们越来越强烈地感觉到，在过去的漫长岁月里形成的民族之间、国家和地区之间的文化传统、风俗习惯、民族心理、民族信仰的陌生感，以及民族之间经常发生的利益冲突所造成

① 《马克思恩格斯全集》，1版，第44卷，287页，北京，人民出版社，1982。
② 《马克思恩格斯选集》，2版，第3卷，493页，北京，人民出版社，1995。
③ 联合国教科文组织主办：《国际社会科学杂志》（中文版），第3卷，第1期。

的民族偏见，是这种合作进一步发展的阻碍。系统的历史比较分析方法的运用，可以在加强各族人民相互之间了解的基础上，为逐渐淡化和消除这种偏见起到一定的积极作用。

3. 系统的历史比较方法有助于促进史学本身的理论和方法的发展

系统化的历史比较方法，不是以对各种历史现象作出简单排比为目的的。它要在对各种复杂历史现象的异同点进行分类排比的同时，更深入地探讨造成那些异同点的原因及影响，分析各种历史现象发生、发展的一般规律和特殊性。这样，就必然要涉及一系列复杂的史学理论和方法问题，从而推动史学理论和方法的研究工作向全面化、纵深化的方向发展。

历史比较的类型划分问题，是关系到能否把可以进行比较的各种历史现象，从思维方式的角度分为几种不同类型，以便于个体运用的问题。关于这一问题世界各国学者之间还没有形成一个比较统一的认识。这主要是由于其价值观、理论思维模式和方法论体系之间的差异所造成的。

国外学者对历史比较类型的划分主要有以下两种模式：

1. 历史类型性比较，即具有同类特征历史现象之间的比较

比如西欧奴隶社会中的古希腊和古罗马之间的比较；东西方封建制度的比较；中、日近代文化及近代化进程比较等。历史“渊源”上的比较。如英国人与美洲英裔移民之间的比较；香港人与台湾人的比较等。历史上国家之间相互影响的比较，即确有联系、有相互影响的国家之间的比较。如中日两国历史上相互影响的比较；东西方文化交流比较等。

2. 作为理论的并行论证的历史比较

在这种类型中，历史比较是作为理论证明的一种辅助方式，通过对比历史实例来证明理论观点。如艾森塔斯特在《帝国政治制度——历史上官僚社会的兴衰》一书中，列举了古今许多帝国的事实，并用这些史实来论证历史上中央集权帝国的兴起、延续和衰落的结构——功能主义的理论；杰佛里·佩奇则在《土地革命》一书中，引用一些国家的典型材料，来证明这样一个理论，即农村阶级关系和参加耕种、不参加耕种的潜在的政治行为，都是由经济决定的。作为历史现象源流的历史比较。这种比较类型的运用，旨在说明所探讨的具体实例的特点，并揭示这些特点对社会进程将会产生什么样的影响。如克利夫德·琪尔茨的《伊斯兰世界综览》、詹姆士·兰格的《征服和贸易》等著作中都运用了这种历史比较类型。作为宏观因果分析的历史比较。运用这种比较类型的前提是：作出关于宏观意义的结构和过程的因果推论，在此基础上，依据两个或两个以上的基本分析

构想进行比较。如弗兰西斯·V. 莫尔德的《日本、中国与现代世界经济》、罗伯特·布伦尼尔的《工业革命前欧洲的农村阶级结构与经济发展》等书都运用了这种比较类型。

中国学者对历史比较研究既有吸纳也有自己的见解。有些人将历史比较类型作如下划分：

1. 横向比较

即主要是从空间角度出发，对不同民族、不同地域、不同国家的历史进行比较。如周谷城先生的《中外历史的比较研究》就属于这一类型。这是目前在中国学者中，经常运用的比较类型之一。

2. 纵向比较

即主要是从时间角度出发，对同一民族，同一地域，同一国家的不同时期，不同历史阶段、不同发展层次的历史现象进行比较。如恩格斯对德国1825年农民起义和1848年革命所做的比较研究，就属于这一类型。

3. 宏观比较

即站在历史整体角度，对不同的历史现象进行贯通的或者高度概括性的比较。其目的在于：在系统认识历史的基础上，揭示历史本质发现历史规律。如摩尔根的《古代社会》一书，即是运用这一比较类型的典型著作。

4. 微观比较

即不论从时间角度或者空间角度出发，都是站在历史的特定角度，对各种特殊的历史现象或局部的个体的历史问题进行具体的比较。如对两个具体历史人物的比较、对两项制度或措施的比较，都属于运用这种比较类型。

（三）运用历史比较方法时应注意的几个问题

1. 运用历史比较方法需要理论的指导

历史比较方法作为一种研究历史的方法，首先是无论它的体系化程度有多么高，它都将受到使用它的人的价值观、理论思维模式及其所具有的方法论体系的制约。也就是说它的成败取决于来自后者的指导是否正确，而决不是相反的。那种把历史比较分析方法任意拔高的认识和做法，是很危险的。

2. 运用历史比较方法，要受到事物之间所具有的可比性的制约

这一点，有两个层次上的含义：一是，不是所有两个或两个以上事物拿来就可以进行比较，它们之间要有一定的可比性，如商鞅变法和王安石变法，汉武帝和唐太宗，中日近代文化等。反之，如人物和事件就不能比

较。二是，即使对比双方具有可比性，这也不是说双方的一切方面都能对比，在一个局部或一个以上的局部，仍然可以具有不可比性。如 1931 年 12 月，斯大林与德国作家艾米尔·路德维希有过一次谈话。当那位德国作家对斯大林说："我要向你提出的第一个问题是你是不是容许把你自己和彼得大帝相比拟？你是不是认为你自己是彼得大帝事业的继承者？"斯大林当即明确地回答道："绝对不行。历史的比拟（俄文原文是：СРАВНИТЬ，亦可译为比较）总是冒险的。这种比拟（比较）是毫无意义的。"德国作家接下来说："但是，要知道，彼得大帝为了发展自己的国家，为了把西方文化移植到俄国来，是做了很多事情的。"斯大林说："是的，当然，彼得大帝为了提高地主阶级和发展新兴商人阶级是做了许多事情的。""至于我，我不过是列宁的学生，我一生的目的就是要做到不愧为列宁的学生。我毕生的任务就是要提高另一个阶级，即工人阶级。"接下来，斯大林还说："彼得大帝是沧海一粟，而列宁是整个大海。"① 无论谈话人自己是否认识到，这段谈话实际上清楚地说明了：即使在可比的事物中，也存在着不可比的因素和内容。运用历史比较方法时，必须首先要弄清哪些方面可比，哪些方面不可比。否则，历史比较当然是"冒险"的和"毫无意义"的了。这就犹如比较两次战争时，将一方指挥官制定的战略战术去和另一方的战争带来的后果做简单的比较一样，是不能说明任何问题的。

3. 在运用历史比较方法时，不能将其绝对化和孤立化

作为史学研究方法之一，它的作用是否能够充分发挥，要取决于两方面：一是，它自身的完善程度如何；二是，在实践中，它和其他方法能否最大限度地结合起来。过分夸大历史比较分析方法的运用，是非常不恰当，并十分有害的。

二、历史计量分析方法

（一）什么是历史计量分析方法

历史计量分析方法，又称计量史学或历史定量分析方法。是指运用数学方法、统计学方法和电子计算机技术，通过各种数据关系，揭示和认识历史的一种方法。在我国古代，就有人用计量的方法来说明某些历史现象中数量关系。《史记·货殖列传》中就有不少用数字说明问题的事例。《汉书·食货志》对魏文侯时李悝变法的记述更是集中使用了大量统计数字：

① 《斯大林全集》，1 版，第 13 卷，93～94 页，北京，人民出版社，1953。

"是时：李悝为魏文侯作尽地力之教，以为地方百里，提封九万顷，除山泽邑居叁分去一，为田六百万亩，治田勤谨则亩益三升，不勤则损亦如之。地方百里之增减，辄为粟百八十万石矣。……善为国者，使民毋伤而农益劝。今一夫挟五口，治田百亩，岁收亩一石半，为粟百五十石，除十一之税十五石，余百三十五石。食，人月一石半，五人终岁为粟九十石，余有四十五石。石三十，为钱千三百五十，除社闾尝新春秋之祠，用钱三百，余千五十。人率用钱三百，五人终岁用千五百，不足四百五十。不幸疾病死丧之费，及上赋敛，又未与此。此农夫所以常困，有不劝耕之心，而令籴到于甚贵者也。是故善平籴者，必谨观岁有上中下孰。上孰其收自四，余四百石；中孰自三，余三百石；下孰自倍，余百石。小饥则收百石，中饥七十石，大饥三十石。故大孰则上籴三而舍一，中孰则籴二，下孰则籴一，使民适足，贾平则止。……行之魏国，国以富强。"近代以来，我国不少学者在运用数字统计方法收集历史资料方面取得了很大成绩，如梁方仲的《中国历代户口、田地、田赋统计》一书，不仅收录了对我国历史上户口、田地、田赋这些重要内容的原始记载，还在此基础上，进行了考订、统计分析、数据生成、制作图表等工作，为研究我国古代的人口、土地和赋税提供了较为系统的基础资料。

在国外，存留至今的古希腊古罗马时代的文献中，有许多关于城邦土地和人口数字的记载。19世纪后半期，欧洲的学者在历史研究中加强了对数量统计方法的运用，一批有关著作相继问世，英国学者丁·罗杰斯的《英国农业及价格史》是其中的代表作之一。这一时期；马克思、恩格斯在他们的研究及著作中，也成功地运用了统计方法和数学分析方法。特别是马克思在当时讲过的一句话："一种科学，只有在成功地运用了数学时，才算达到了真正完善的地步。"① 其内涵极其深刻。

20世纪50年代以后，随着科学的飞速发展，大量新技术被广泛地应用。历史计量统计的手段不断更新，历史计量分析方法的发展也逐渐成为史学中一种系统化的研究方法，并先后在欧、美、苏联、日本等国传播。进入80年代后，这种系统化的现代历史计量分析方法引入了我国。

（二）计量分析方法在历史研究中的作用

现代历史计量分析方法的最大特点之一，是借助于现代科学技术的先进成果作为手段。如电子计算机这种高科技手段的加入，使历史计量分析

① 参见保尔·拉法格：《忆马克思》、《回忆马克思恩格斯》。

方法在历史研究的某些方面能够发挥更大的作用：

1. 可以迅速地处理和利用在过去历史研究中，用传统方法和手段无法处理的大量史料

如自本世纪60年代以来，美国的一批史学工作者以计算机为辅助手段，使用现代计量分析方法整理出大量长期被搁置不用的各级各类的选举、表决结果、报告、唱名册、传记等包含的大量统计数字资料，然后用于美国政治史的研究中，取得了一些引人注目的成果。

2. 可以使一些模糊不清，不够确定的问题，得到较为可靠的数据证明

如1960年，美国学者R. P. 麦考密克，通过对选举资料进行详细统计分析后，发现1824年美国18个州的投票率没有一个超过历史水平，从而证明了过去公认的“大普选”只是一个“神话”。日本学者岩下德藏运用统计学手段，根据对日本子安朝时代的《和名抄》所记载的当时水田面积的推算，证明日本发祥地邪马台国位于九州熊本县北部明海沿岸，系中国江南移民所建，解开了百余年来日本史学界一直争论不休的“邪马台之国”之谜。

3. 开拓了历史研究的新领域

如人口史、社会结构史、心态史、家庭史、地方史、城市史、妇女史、种族史，以及工厂、监狱、城镇、医院等社会组织的历史，都为当代史学工作者所关注，并取得了明显的研究成果。日本学者小山修山在《绳文时代的食物与人口》一文中，通过使用电子计算机对日本各府县市镇的大量数据的处理、计算，比较精确地推算出日本史前时代和上古时代的人口规模和地区分布状况，填补了日本古代史研究的空白。同时计量方法在历史研究中广泛地应用，也使一些古老的分支学科发生了新的变化，如计量文献学、书目计量学的出现；把计量方法用于农业史、经济史、军事史、宗教史等研究领域。

（三）运用历史计量分析方法时应注意的问题

1. 历史计量分析作为历史研究中的一种定量分析方法，离不开价值观和理论的指导

如，关于美国南北战争前南部奴隶制经济的研究，主张维护奴隶制的美国史学家菲利普斯在1918年出版了《美国黑人奴隶制：种植园制度下黑人劳力的供应、使用和控制的研究》一书。书中以大量奴隶主的家庭账本、日记、奴隶交易和棉花买卖记录为数据，得出内战前夕南部奴隶主已无利可图的结论，认为奴隶制将自行消亡。南北战争完全是不必要的自相残杀。

同时通过计量方法还得出了一个南方奴隶的生活条件要比一个北方工人好的荒谬结论。到了20世纪60年代末和70年代初，另一批美国史学家，通过用电脑处理大批数据，却得出了与菲利普斯相反的结论，即在内战爆发前南方奴隶主从使用奴隶劳动中仍然获得了高额利润。因此，奴隶主不可能自愿解放他们的奴隶。由此可见，一个历史学家在使用计量方法分析问题时，不可能不受其思想、立场以及所运用的理论模式的制约。美国著名计量史学家福格尔承认“新计量方法强烈地依靠理论”。苏联历史学者柯瓦尔钦科也认为：历史研究中的计量方法学术成果，依赖于历史理论与方法的性质。

2. 在运用历史计量方法时，要处理好定量分析与定性分析的关系

历史的定性分析往往是以定量分析为前提条件的。英国学者罗德里克·弗拉特在《历史学家的计量法导论》中说：“没有从数量方面作出回答的知识，我们便不能够解释‘重要’问题上的证据。例如，我们能够弄清楚某一个人收入不断增加的情况，那么，较之我们对这一收入毫无了解，就更容易解释他不断增长的幸福。”① 可见，定量分析的运用对于探明历史问题的内在的质量是非常重要的。但是，无论定量分析怎样重要，它仍然属于微观分析方法，即在确定局部或个体历史现象上，能起到较为准确的证据作用。在正确评估它的作用时，还应看到它自身带有一定的局限性。那种认为计量分析方法是可以解决一切历史问题的唯一方法的认识，带有极大的片面性。单纯依据定量分析的结果来确定历史的性质，对历史现象做出解释是毫无意义的，定量分析的结果只有经过定性分析的处理、加工，才能最大限度地发挥其效用。

3. 历史计量分析方法与其他历史研究方法的综合运用

如同其他任何一种历史学方法一样，计量分析方法在历史研究中总是和其他方法联系在一起运用才能充分发挥作用。如研究中国封建社会某一朝代社会上各阶层的状况，即需要用阶级分析方法、社会学方法对其进行深入分析，因为如果没有这个方面的分析工作，社会阶层的划分就无法科学地确定；还需要对所能收集到的历史数据进行统计、分类，进行定量分析，没有定量分析对社会各阶层就无法给予必要的量的说明，而使定性模糊不清；必要时，对整理出来的数据材料还需进行比较分析。这样，得出

① 参见田汝康、金重远编：《现代西方史学流派文选》，1版，上海，上海人民出版社，1982。

的结论才更少片面性、随意性，才更坚实、可靠。

三、历史心理分析方法

（一）什么是历史心理分析方法

历史心理分析方法，又称心理史学、心态史学。是运用现代心理学、精神分析学的理论与方法，通过对历史人物的个体和群体的心理活动及特征的分析，对历史现象作出解释和研究的方法。

在古代，中外的许多历史学家就已经发现历史人物的精神世界及其心理活动，会对历史的发展及进程产生一定的影响。因而，他们试图通过对历史人物的心理活动的分析来揭示并说明这种影响。司马迁在《史记》的纪、传篇中，对许多重要的历史人物的活动都进行过一定的心理分析。如在《史记·秦始皇本纪》中，司马迁揭示了秦始皇身上所表现的傲慢专横、刻薄寡恩的心理因素，他说："秦始皇自以为功过五帝，地广三王，而羞与之侔，因而平时刚毅戾深，事皆决于法，刻削毋仁恩和义"，并认为这是秦推行暴政的原因之一。再如司马迁在《史记·项羽本纪》中，对少年项羽有一段描写："项籍少时，学书不成，去学剑，又不成。项梁怒之。籍曰：'书足以记名姓而已。剑一人敌，不足学，学万人敌。'于是项梁乃教籍兵法，籍大喜，略知其意，又不肯竟学。"一次，项羽与项梁一起夹杂在人群中，观看秦始皇游会稽渡浙江的仪仗队伍，他竟说出："彼可取而代也"的话，着实令项梁出了一身冷汗。这段描写，可以说是司马迁对少年项羽心理活动的深刻揭示，少年项羽的这种心理状态及活动正是影响他后来在事业上成功与失败的一个重要方面。

在国外，从19世纪开始，一批史学家把近代心理学的一些原理和方法，应用到历史研究中，他们在考察个人或群众在历史发展过程中的地位和作用时，往往借助于心理分析。到20世纪50年代，在美国的一批学者倡导下，系统的现代心理学原理、方法被广泛地引入史学研究领域。进入60年代后，"心理史学"这一专门术语出现在西方史学中，它的出现标志着一个体系化的史学研究新方法最后定型。60～70年代以来，美国的"心理史学"发展很快，一批专书和专业杂志陆续出版，如1971年，B. 梅兹什利编辑出版了《心理分析和历史》一书；1973年，出版了《童年史季刊·心理历史学杂志》和《心理历史学评论》两份心理史学专业杂志；1974年，美国心理史学派的几位主要代表R. 利夫顿、E. 埃里克森、R. 赖夫、B. 梅兹什里等合作撰写了一部力作《心理历史学研究》。该书从理论和方法上对这一新兴学科方法进行了较为系统的论述；1975 年，还出版了《心理历史学图书目录》，收集了美国出版的心理历史学方面大部分论著。西方其他国家的不少史学家也以极大的热情，投入心理历史学的研究。

由于西方心理历史学家对于心理因素有各种不同的理解，他们所用的分析方法和手段也不同，因而又分为不同流派。其中，影响比较大的有：精神分析学派、疾病学派、人文主义学派和社会学派等。它们分别强调要从童年的心理冲突、疾病的影响、性格、社会诸因素等不同角度的个人心理因素、个性和行为的特征去解释历史事件，阐明历史的动因。

（二）历史心理分析方法的适用范围和资料收集

首先，由于自身的局限，历史心理分析方法不是适用于一切历史研究领域的普遍方法，它主要在分析历史人物时才能发挥作用。其次，在分析人物的心理活动时，既要有对个别人物的分析，也要有对群众、集体的分析。即个体心理分析和群体心理分析。关于这一点，西方一些著名心理历史学家已论及过。法国的吕西安·费弗尔在《历史与心理学——个总的看法》一文中说："什么是历史学家研究的对象呢？普遍意见的回答是：一方面，研究对历史的巨大业绩作出某种贡献的混乱的无名人群的活动；另一方面，研究浮现在这个灰色画面上的某些称为'历史人物'的个人的指导行为。被了解得不多的是群众。在全部时期没有给我们留下有关群众的任何直接而详尽的证据。就以贵族政治的起因而言，经好多个世纪之久，历史就没有注意到，历史还是往往只着眼于国王们，王公贵人们；各个民族和军队的领袖们——那些'创造历史的人'……这表明，心理学与历史关系的确定，按照一般的意见是十分简单的。怎样对待无名群众呢？他们将以研究现在可以领会的群众为基础的集体心理学去判定，而且可以无须费力地（人们至少可以这样假定）把那些研究的结论扩大应用于过去的群众、历史上的群众，至于卓越的人、'历史人物'，他们仍然将认为属于个人心理学的范畴。"①

对历史人物进行心理分析的一个重要前提，是掌握大量的资料。这方面资料的来源，主要有以下几个方面：

1. 历史文献中的"正史"里的"本纪"和"列传"保存有丰富的资料

如《史记》的"秦始皇本纪"、"项羽本纪"、"高祖本纪"以及许多

① 参见田汝康、金重远编：《现代西方史学流派文选》。

"列传"记录有众多重要历史人物的心理活动资料；《史记·陈涉世家》中还记载有关于秦末农民战争中群众斗争的心理活动资料，应注意收集整理。

2. "传记"、"日记"、"回忆录"以及作为研究对象的人物的著述

这些文字由于其特殊的来源，往往能提供在"正史"中找不到的比较系统的第一手资料，这是对历史人物进行历史心理分析的最直接、最重要的材料，应注意挖掘。

3. "口传资料"

"口传资料"和通过调查采访来的当事人或目击者的口述资料，也是对历史人物进行历史心理分析的重要资料来源。

（三）运用历史心理分析应注意的问题

1. 在运用历史心理分析方法时，不能片面夸大心理因素的作用

在运用历史心理分析方法研究历史人物时，不能夸大心理因素的历史作用，片面地用心理因素去解释历史的发展。那种把心理分析方法当作观察问题的历史观，因而脱离人的各种复杂社会关系，无视社会经济结构在历史运动中的作用，孤立地强调精神因素的作用，把人的下意识的冲动、欲望和本能，视为决定一切的因素的认识和做法是非常错误的。如奥地利精神分析学派创始人弗洛伊德对心理分析的基本观点，带有浓厚的主观唯心论色彩，用这样的历史观去分析历史人物、解释历史过程，所得出的结论，缺乏必要的科学基础。

2. 运用历史心理分析方法时，要注意其局限性

现代心理学有众多的分支和学派，它们各自都有一定的局限性。因此，在运用这些理论分析历史人物心理活动时，简单地用心理学模式去套历史和臆断史实，可能导致错误的结论。如弗洛伊德使用精神分析学说研究达·芬奇童年的经历所得出的结论①，是经不住历史的严格检验的。英国著名心理学家埃里克森在形容马丁·路德生活历程时，虽然在许多方面突破了弗洛伊德的局限，但仍然没有完全摆脱精神分析学说的片面性束缚和用精神分析学说的某些论点去套历史的毛病。

3. 不能夸大历史心理分析方法的作用

由于历史心理分析方法与其他历史研究方法一样，有一定的适用范围和局限性，因此，它不能运用于历史研究的一切领域，不能替代其他方法。

---

① 参见《达·芬奇及其对童年的一个记忆》英文书名为：*Leonardo davind A Memory Of His childhood*。

那种片面夸大历史心理分析方法作用的理论和实践是不可取的。

四、历史系统分析方法

(一) 什么是历史系统分析方法

历史系统分析方法，又称历史整体系统分析方法。它是运用现代科学系统论原理，将历史作为一个整体的系统加以分析研究的方法。

现代系统论又称普通系统论，它的奠基人是美籍奥地利生物学家贝塔朗菲。20 世纪 40 年代后半期，他在美国讲学时，公开阐述了“系统论”的内容、性质和任务。60～70 年代，这一新的方法论理论普遍传播开来。1972 年，贝塔朗菲在《普通系统论的历史与现状》一文中，把作为生物学方法论的系统论原理推广应用于更加广泛的领域。

关于“系统”，贝塔朗菲在《一般系统论导论》一文中给它下过一个定义：即“处于一定相互联系中的与环境发生关系的各组成部分的总体”。英国《牛津辞典》对“系统”一词的解释是：“由互相连接，或互相依存的成组事物或集聚的事物所形成的复杂统一体”，日本《世界大百科年鉴》中，也对“系统”一词做了说明：“系统通常是指作用于共同目的的两个以上要素的集合体。”由上述表述中可见，“总体”、“统一体”、“集合体”实际就是整体，构成整体的，则是相对于整体而言的“部分”、“事物”、“要素”，即局部。在系统这一概念中实际包含了一系列关系即：整体与部分、整体与结构、整体与层次，整体与环境的辩证统一关系。历史系统分析方法就是要求从历史整体观念出发，通过揭示整体与局部的各种方面复杂关系，认识历史运动的整体过程。

系统论方法于 20 世纪 70 年代引入我国，应用于自然科学和社会科学研究的许多领域，其中，也包括历史领域。但是，由于将系统论这一产生于认识自然领域现象的科学方法论运用于社会历史内容的研究，还有许多复杂的关系需要处理，因此，这方面研究不论在我国还是在西方都还处于探索阶段，并没有取得公认的显著成果。

(二) 历史系统分析方法的具体内容

一般来说，历史系统分析方法是由以下各项具体内容组成的。

1. 历史整体分析

贝塔朗菲在《普通系统论的历史与现状》中说：“系统作为一种新的范式，根本区别于过去占统治地位的只着重研究组成部分的概念。”因此，在历史研究中，在考察历史运动时，应该首先从历史的整体观念出发，把历史看做是一个整体过程加以考察。只有在此基础上，才能更深刻地认识整体过程中局部以及整体过程与局部的内在的联系。在运用历史整体分析方法时，应该注意历史整体过程并不等于构成这一过程的各要素的简单相加，其功能已发生了很大的变化。正像恩格斯在《反杜林论》中所说的那样："许多力量结合为一个总的力量，用马克思的话来说，就造成'新的力量'，这种力量和它的一个个力量的总和有本质的差别。"①

在历史研究中，局部分析也是不可缺少的，但是，不能用它来替代历史整体过程的分析。

2. 历史层次分析

如果将历史过程作为一个系统，那么它和自然界一样，也是分成若干层次的。历史层次分析方法就是通过对历史整体过程中的不同层次的次递研究和对这些层次之间的内在联系的考察，以达到揭示历史整体过程本质和规律的目的。

3. 历史结构分析

历史系统内部各要素之间总是有某种或深或浅，或明或暗的联系的，这种联系就是其内部结构。历史结构分析就是通过对历史上任何一个社会结构即生产力与生产关系、经济基础与上层建筑、社会文化与社会心理的关系和作用的探讨，深刻认识社会历史在经济、政治、思想、文化、宗教、艺术等方面的交互作用，以及这种作用与历史过程的关系，在运用历史结构分析时，应注意既要重视历史整体结构和群体发展趋势，又要注意整体结构中的个体关系，个体特征。

4. 历史环境分析

贝塔朗菲认为："系统的意义可以确定为处于一定的相应关系中的与环境发生关系的各组成部分的总体。""环境"和"平衡"是系统论中一对相互依存，联系密切的基本概念。系统论认为，自然界作为一个系统，随时要保持与环境的平衡作用，但是平衡又是暂时的，相对的，所以，维持系统与环境的平衡作用，就成为一种规律现象。历史环境分析，就是通过分析历史系统在环境中所维持的作用平衡，以及平衡被破坏和被恢复的多次反复过程，考察历史过程的多变性和方向性，以及社会的决策和运动的总趋势。

① 《马克思恩格斯选集》，2版，第3卷，166页，北京，人民出版社，1995。

5. 历史动态分析

按照系统论的观点，社会历史总是与环境保持一定的经济、政治、思想、文化等方面的信息交换关系，因此，历史是一个动态开放系统。我们只有用动态、开放的方法去研究分析历史过程、历史人物和历史事件，才能深刻地认识历史，揭示历史运动的本质和规律。

（三）运用历史系统分析方法应注意的问题

1. 历史系统分析方法不可避免地带有局限性

历史系统分析方法在考察问题时，只告诉我们应把考察的对象作为一个整体的系统，从系统与要素、系统与结构、系统与环境之间的关系和影响中去认识对象。因此，它带有很大的局限性。即它强调系统之间的平衡关系，而不能排列主次顺序，因而这种方法只是在比较有限的社会历史领域中，观察和研究问题的具体方法之一。运用这种方法不能认识社会经济对于历史的决定作用，不能认识社会历史过程中所表现的人的社会关系的本质。因而单靠这种方法也就不能揭示人类历史过程的本质和客观规律性。因此，它必须接受唯物史观的指导。

2. 实践中，要注重于其他研究方法的结合

历史系统分析方法作为史学方法之一，必须与其他方法相结合。如研究一个历史系统整体与其要素和结构的关系时，首先要对这一系统中诸要素和结构的本身进行研究，这就要求研究者掌握构成历史要素和结构的史料，要获得这些史料，就需要进行史料的搜集和整理。在分析过程中，对某些方面的内容还要借助于阶级分析、比较分析等方法。只有这样，才能对社会历史作出科学的阐释。

3. 在历史研究领域运用系统论方法还需要一个艰难的探索过程

将系统论方法应用于历史研究要经过一个复杂而严密的转换过程，到目前，这项工作还处于探索阶段。因此，历史系统分析方法还很不完善，很不成熟。在运用时，切忌追求新意、赶时髦为目的，亦不可盲目套用。

思考与实践：

1. 结合学习，谈一谈你对建构史学研究方法体系的认识。
2. 结合具体一个古代历史的内容，试运用方法史学研究的具体方法解决其中的文献资料问题。
3. 结合学习，分组研讨历史分析方法运用中可能出现的问题。

第四章 历史学研究成果的主要呈现方式

学习提示

史学研究成果的表现形式是史学研究中人们关注的问题之一。这是因为，从历史研究的角度看，任何一项研究成果都需要通过一定的形式表现出来；从史学自身的研究看，史学成果的呈现方式是史学研究的重要内容。由于历史学的特点所决定，历史研究的成果不能像自然科学成果那样可以直接转化为社会的物质财富；其呈现方式主要通过文字，以论文和书籍的形式展示。了解、掌握、运用史学成果的呈现方式，有益于深化历史学习，全面提高历史专业水平。

在前面已经叙述到，史学的社会功能是一个不以人的意志为转移的客观存在，在实践中，而且表现出了多样性和多方面的特征。这里，自然地就提出了一个问题，即如何地把史学研究的成果确实地转化成社会效益，使之能够最充分地发挥其作用，造福社会，泽及后代。

一般认为，史学研究的成果转化为实际社会效能，不外乎有两个途径。其一，是通过研究或者学习历史，提高了自己的思想水平、认识能力和整体素质，然后把这一切运用到自己的事业、生活以及所从事的工作中去，发挥其应有的效能，达到更好地做人、做事的目的。这在许多人都是如此，都有着或多或少的这方面的体验。它们是并不局限于史学家和史学工作者的。其二，是通过一定的形式，把自己的史学研究成果表述出来，使之能够对于社会发挥最大的效能。这往往便是史学家和史学工作者的任务了。说到通过“一定的形式”，也可以分为两种。一种是整理历史资料、写出研究课题成果，提供给有关决策机构作为制定政策时的依据或参考。如，涉及国家的外交谈判、边界问题、经济与政治改革、民族与宗教政策，乃至治河、备荒、救火等等问题，往往都需要有一定的中国历史乃至外国历史的资料或研究成果以为参考甚至于依据。这应该是史学研究成果得以转化为社会效能的一个重要方面。这些成果可能不公开地发表，但是，它能够产生社会效能却是实实在在的。另一种则是以历史论文或历史书著的形式发表、出版，使之公诸于社会，发挥史学所应有的功能。这在现实中是史学研究成果表现的主要途径和主要形式。本章所要讨论的即是这种途径和形式，即历史论文的撰写和历史书籍的编著。

在讲述历史论文与历史书籍的撰写与编著之前，有必要先行说一说史学研究成果这两种形式的共同点、不同点和它们之间的关系。

历史论文与历史书著的共同点，最主要的是都要作者在自己的研究基础上去完成，没有扎实的研究工作和确实的心得体会，是不可能撰写、编著出优秀的历史论文和历史书籍的。这几乎是史学工作者的一般常识。同时，作者也都需要具备一定的写作技巧和文字表述功力，否则也会有“心”中有，而笔下写不出来的苦恼。

历史论文与历史书著的最大区别，如果从外延上说，前者要求窄，而后者要求宽。历史论文一般的都是集中在历史上一个事件、一个人物、一个制度或一个现象的研究和论述，甚至于专一地考据一个年代、一个地名或者一个字、一段文献记载；历史著作则不同；它一般的所要涉及的方面要比一篇论文宽得多，假如是中国通史，那就是从古写到今，还要论述其各个历史时期的政治、经济、文化、民族关系、对外关系，就要不知涉及多少个历史人物、历史事件和历史制度。即便是一本人物传记的历史书著，也绝不可能像一篇论文那样只是论述这个人物的某一个方面（如政绩、功过或者是其中的一点），而是必须涉及这个人物的生卒，幼年、青年、老年，各个方面的生平活动，思想情操，以及他与时代、与他人的种种关系，等等。另外，从内涵看，历史论文要求要深，要在所论一点上达到十分深入，甚至应该要求达到前人所不及的深度；历史著作则不完全这样。它虽然也要求有一定的深度，要求较高的学术水平，但是，却不可能在整本著述中都能够达到如此的高度，有时甚至还有不少地方允许吸取他人的研究成果，只是作者能够有自己的立意、新颖结构、独到见解，然后组织编著，蔚然成书。当然，历史论文与历史书著的这个区别，只是相对而言的，并不是说历史书著不需要研究工作，甚至可以没有学术水平和学术价值，只是抄抄编编而已。假如这样理解，便是误解了！

历史论文与历史书著又不是毫无关系的，它们之间还有着密切的联系。这里最根本的一点是，无论历史论文还是历史书著都是要建立在对历史研究的基础上，这一点并无二样。具体地说，历史论文常常可以为历史书著的完成奠定基础。例如，有的专治明史的专家，在撰写了一系列关于明太祖朱元璋的论文后，随即编著了《洪武皇帝大传》的专著。前面论文的撰写为后面专著的完成，无论是从资料上，还是从思维上都起了铺路、打基础的作用。同样，在编著历史书著的过程中，常常又会发现一些问题，要求自己深入地予以研究，研究的成果既可以吸收入书著里，又往往可以专门写成论文以做更为深入的论述。这样，编写书著又能够为论文的撰写提出新的题目，引起作者新的研究与思考。

从高校历史系的学生或者毕业以后从事史学研究工作来看，无论撰写历史论文，还是编著历史书著都应该去做，都应该有这方面的实践，二者不可偏废。这不仅是史学研究工作的需要，即有的研究成果宜于以论文形式发表，有的研究成果则以出版书著形式为宜，而且撰写论文与编著书著这两种写作形式，我们都应该学会，有一定锻炼，具备这方面的功力。这样，在表述自己的研究成果，使自己的研究工作更好地发挥其社会功能方面，才能够更加得心应手。

第一节　史学论文的撰写

一、史学论文的基本要求

一般说，历史论文系指专门讨论或研究某个历史问题的文章；属于文章中的议论文体。它要求具备有论点、论据和论述过程等基本要素。

（一）论点

论点是指这篇论文所要阐述的中心思想和主要观点。一篇历史论文就总的论点看，一般只有一个。例如，关于王莽的评价，有的论文持否定态度，并把他和东汉开国之君刘秀进行比较，认为刘秀是“顺应民心”的进步势力代表，而王莽则是一个应当否定的人物，其“改制”，“不是一场有社会意义的改革，而是西汉外戚政治的一个产物”。（参见《中国史研究》1980年第2期《王莽与刘秀》一文）但是，也有的论文认为，对他不能全盘否定，其“改制”中的实行“王田”、限制奴婢，均“无可厚非”，“五均”和“六莞”也“在客观上起到缓和阶级矛盾的作用”；这些都是值得肯定的。（参见《齐鲁学刊》1980年第5期《王莽改制再评价》一文）以上两种论文的看法虽然不完全相同，但是，都有自己明确的论点，或是否定王莽，或是主张不应当全盘否定王莽，其论点鲜明而且集中。

（二）论据

论据是指围绕着论述其论点而持的依据、证明。它们或者是史实，或者是理论，所谓“言之有理，持之有据”。就史实而言，有的是征引大量的史实，有力地证明自己的论点。有的是有新的史实发现，或虽则不新但却无人使用，以对于自己的论点提出前人所没有的新证据，如，湖北云梦睡虎地秦简出土以后，出了一批专以这个新发现的材料为依据，订正旧的文献资料，从而对秦史不少问题提出新看法的论文。他们的共同特点是以这批新发现的秦简作为史料依据，推翻、重新解释某些旧的论点或看法。近代著名史学家陈寅恪先生善于利用诗歌等文艺形式、作品研究历史，开辟了“以诗证史”的新局面。他用元稹、白居易的诗作为史料论证、佐证某些唐史问题，写出《元白诗笺证稿》；在《柳如是别传》中，他以钱谦益和柳如是的爱情、矛盾故事，考据了明末清初一些重大历史事件；他写了《读东城父老传》，从这篇唐代传奇故事的内容，说明当时长安少年多胡化，社会风俗服装也渐染胡风的历史事实，等等。他独辟蹊径，以某些别人都知道的文艺作品作为史实之论据。有的史实并无新颖之处，别人亦有应用，但是，作者对之另有新解，以为论据，得出了别人所未曾得出的结论。如，同样是研究北宋末年方腊起义的口号，都很重视“是法平等无有高下”一句记载，有人做如是标点：“是法平等，无有高下”，认为这次起义反映了农民在封建社会里，要求“平等”的思想；有人标点不同：“是法平等无，有高下”，就得出了相反的看法；还有人提出“是法”并不是指的方腊起义部众大多信奉的摩尼教的教义，而是指的佛教，是一句批评佛教教义中“并无提倡平等主张”的意思，等等。

（三）论述过程

论述过程指的则是为了以论据论证论点而采用的表述形式，实际是一种构成历史论文的思维方式。例如，有的论文以正面论述为主，兼及批驳他人的看法，像《论秦始皇》、《论康熙》以及正面论述历史上某一制度、某一事件或某一现象的历史论文。它们的共同论述特点，都是明确地提出自己的论点，然后运用论据一步步地加以论证，最后得出符合论点的结论和看法。其中，有的已经寓含着批驳别人的意思；有的则是专在文中或文尾顺便地驳斥几个或一个他人的意见或问题。但是，总体地看，它是以正面树立自己的论点为主的。另一种历史论文却是以驳论为主的写作形式。这种论文往往一上来即明确地摆出别人的论点、看法，甚至别人借以立论的论据，然后像“剥笋”一样，逐一地将其驳倒，当驳倒对方后，明确地提出自己的论点和意见。当然，也有的是边驳别人，边阐述自己的看法。总之，这种论文的论述过程是以鲜明地驳别人论点为主的，其中对于自己的意见亦是在“驳”中予以树立和阐述。

一般说，论述过程还有以下两种情况：

1. 偏于从“纵”的方面，进行论述

如，一篇论历史人物的论文，从他的前期论到他的后期，尤其注重于其中间的“转变”或“发展”，最后得出对于这个人物的公允评价。像关于梁启超前期和后期史学思想变化的论文，孙中山新旧三民主义发展的论文，刘邦、朱元璋等农民起义领袖“转化”问题的论文等，都属于这一类。它的特点是一种属于历史地考察和论述的过程。

2. 偏于从“横”的方面，进行论述

仍以一篇论历史人物的论文为例，可以不必论述其由生到卒，前后发展，而是从其一生中几个方面的政绩或成就，加以论述，并评价其功过。像汉武帝，他的一生（尤其是其在位期间）几十年，政绩卓著，涉及了削弱封国、设置十三部刺史、任用“酷吏”、打击地方割据势力、加强专制主义中央集权的统治；重农抑商、压抑富商大贾、实行盐铁专卖政策；兴修水利、整治黄河、西北屯田、改良农业技术、发展生产；北击匈奴贵族以保障北方边境地区的经济发展，通西域，加强西北尤其是新疆地区与内地的经济、文化交往，经营西南地区，在那里设立行政机构，发展统一的多民族国家；“罢黜百家，独尊儒术”，使儒家思想从此成为我国二千年封建社会的统治思想等等方面，如果写一篇《论汉武帝》的论文，就可以排列一些小的标题，从其在位期间政绩的各个方面加以论述，最后勾勒出他的历史地位并对其功过作出评价。

我们常常可以看到有的历史论文用“某某某面面观”作为其题目。它们的共同特点都是从“横”的角度对一个历史问题加以论述的。无论是一个历史人物、历史事件，或者是一个历史制度、历史现象，只要冠上“面面观”几个字，其论述过程必然就是要从其各个侧面给予深入地展开论述。先把一个历史问题分析成几个方面，然后分别进行讨论，最后再进行归纳，并做出结论，即是这种历史论文的最大特点。

二、史学论文的选题

史学论文的选题确定，最重要的是要建立在自己的研究范围之内，并且还要先有一定的研究基础，如资料的搜集、积累和有了初步的一定的看法、意见和心得。一般的说，不属于自己研究范围内而又缺乏研究基础的论文选题，不要盲目地或简单地应人之约而去选择。

在这个前提下，一般人在确定自己的史学论文题目时，大致是从以下两个方面来考虑和决定的。

（一）从社会现实的需要出发，并结合着自己的研究范围和研究特点

例如，过去曾经有些学者结合抗美援朝运动，写揭露历史上美帝国主义侵华和中朝人民在历史上共同抗击侵略者等的论文；有的学者在美国和苏联两大超级大国争霸世界和苏联搞扩张主义时，写揭露历史上老沙皇向欧洲和亚洲扩张势力的论文；当西藏反动农奴主发动叛乱和国外反动势力妄图侵略西藏、分裂祖国时，一些学者著文论述了西藏自古就是中国不可分割的一部分、藏族是祖国民族大家庭中一个成员；也有的学者结合我国在新疆等西北地区发展农垦事业，写了历史上西汉在西北地区首创屯田的论文，等等。

（二）着眼于史学自身的建设

这个方面也有种种不同情况。有的是史学研究中的空白，如，20世纪50年代，史学界展开了中国资本主义萌芽问题的讨论，其时有不少论文发表，从而填补了此前关于这一历史问题的研究空白。现在更多的历史论文是从这个方面考虑的，总是先认为史学领域中有的问题还没有搞清楚，正好是自己研究的范围，于是下决心去研究它，然后将其研究的成果以论文的形式写出并发表。也有的历史论文是针对着别人论文中的观点、看法，提出自己的不同意见，进行商榷。如，20世纪50年代和80年代初，关于历史上的宋江是否被宋王朝最后招降了的问题，持不同意见的双方都写过些论文，彼此针锋相对地批驳对方意见，阐发自己的观点。这种商榷论文有的还是直接对着史学界多少年的传统看法进行了“翻案”，其分量更重，如，郭沫若替曹操翻案的论文，就把人们从戏剧中认识的大白脸曹操，由一个“奸雄”的形象还原成为一个杰出的政治家、军事家、文学家的本来面目。

确定自己历史论文的选题，还要事先了解有关史学界对于自己所定论文的研究信息、动态。这是为了避免重复劳动。如果别人已经有了同样题目的论文发表，自己看后又感觉写不出什么新意来，就应该干脆放弃这个论文选题，另觅新的别人没有论及或虽有论及而自己能够再有新意的论文选题。一篇历史论文总要有新意，这样才能够在别人研究的基础上，作出自己新的贡献，为史学的建设增添新的内容和建树。

一般说，历史论文的题目可大可小。大的选题，如，关于中国奴隶社会与封建社会分期的讨论文章，其内容往往涉及了“有关奴隶社会和封建社会一系列重要的史学理论问题，诸如，奴隶社会形成的条件、中国奴隶社会的特征，奴隶制和封建制的基本区别，奴隶制向封建制过渡中生产关系一定要适合生产力性质的规律如何起作用，封建制取代奴隶制的标志，中国从奴隶社会过渡到封建社会的具体途径，等等”。① 而其时间的跨度则又常常是从西周初年直到魏晋时期，前后可达一千多年。另外，像有关中国封建社会的内部分期、中国封建社会土地所有制的形式、中国封建社会的农民战争，以及中国封建社会长期延续的原因等问题的讨论文章，亦莫不如是。小的选题，如论及历史上的某一个事件、战争、人物、制度，乃至于专门考辨历史上的某一个时间、地点，某一条史料的真伪，以及甲骨

①《建国以来史学理论问题讨论举要》，1版，32～33页，济南，齐鲁书社，1983。

金文上的某一个字等的文章。

很显然，作为史学研究来说，大的或小的选题，都是需要的，都是构筑史学大厦所必不可缺的工作，但是，作为史学工作者来说有时却有分工，有些人更擅长于作大文章，有些人则写小文章顺手。这应该是允许的，也是实际存在的情况。

作为刚刚涉足史学研究的青年来说，一般的则以先写些所谓小的文章为好。这是因为无论是史学视野的开阔、史料的搜集，以及宏观的思考、心得，都需要有一个逐步积累的过程，它需要有一定的时间方可完成。所谓小的文章写多了，便会为写大的文章自然而然地奠定下良好的基础。如果打个比喻，就像是中国人民革命战争的进程那样。早年，红军主要是打游击战，而到了解放战争时期，由于兵力、装备的壮大、发展等条件的具备和作战经验的丰富、军事指挥的娴熟，则自然而然地要发展到以打运动战乃至进攻城市的阵地战为主了。由写一些所谓小的历史论文开始，逐步地积累资料和研究成果，同时也提高了自己的研究与写作能力和水平，然后写一些大的历史论文，直到在某一个史学领域里硕果累累，占据一席之地，而成一家之言，这实际上是不少青年史学工作者从事史学研究所走过的比较实际的道路。

原则上说，历史论文的选题一经确定，即不应该再随便地变动，而要专心致志地将其写好。最怕定了选题以后，一遇困难就想另择新题，待再遇困难，又不能够坚持，换来变去，哪一篇也写不好，都半途而废，最后没有成果。但是，在定了选题以后，由于再整理资料或构思时发现了原定的选题过大或过小，在不放弃或超出原选题的情况下，还是允许对其作出一定的改动和变更的。例如，有的人原来定的选题是论某一个历史人物的，但是再整理资料和构思时却发现主要是对于这个历史人物某一个方面的事迹或思想较有把握又确有新意，而于其他方面则并无什么新的更深入的意见，且资料亦显不足。那么，不妨就把原来的全面论述一个历史人物的选题，改成为集中地研究他的某一个方面的选题，这样写出来的历史论文较之原来，一定会更加的充实和深刻。反之，当再整理资料和构思时，发现远远超过了自己原先的选题，也是可以适当地将选题扩大，多写一些方面乃至论一下这个历史人物的“全貌”。

确定选题时，根据自己的研究范围和方向，不是只定一个，而是定为一组，也是常有的事。如，有的人研究明太祖朱元璋，事先就定了“论朱元璋在元末农民起义中的‘转化’”、“论明太祖加强专制主义中央集权的措施”、“论明初的经济恢复发展与明太祖”、“论朱元璋民族政策”等等一组选题，然后在收集资料和构思时有意识地不局限于一篇论文的写作，而是着眼于对朱元璋的逐步全面论述，然后一篇篇地写作，直至最后完成《朱元璋研究》论文集和《洪武皇帝大传》两部专著。这样做的好处是，当写一篇论文时，心中先有围绕着自己有关研究范围与方向的全局，在搜集资料与构思时，同样地翻看一本或几本书，却不囿于一篇论文，而能够更广泛地注意其他几篇论文的需要，既节省时间和精力，又容易开阔思路，使得这个研究课题融会贯通。同时，几个选题定下来，也会有利于引导着自己在这一课题的研究上更加的全面与深入。毋庸置疑，这种确定一组选题的做法，应该是值得历史论文撰写者借鉴和参考的好方法。

三、史学论文的写作和定稿

大体上说，写作一篇史学论文，要经过以下几个步骤：

（一）定题目。

（二）整理资料并且反复地研究和消化这些资料。

（三）构思论文的表述形式和方法，即考虑如何通过论文把自己的研究成果表述出来。

（四）拟定提纲。实际上是确定下论文的结构和论述层次。

（五）撰写。

（六）修改，定稿。

其中，定题目前边已经述及，一是选好题，一是在写作论文过程中根据实际情况，还要对选题做适当地修正和调整。论文题目的文字也很有讲究，如有“论某某某”、“试论某某某”、“某某某初探”、“某某某刍议”和“谈谈某某某”等等。关键是“文要对题”。首先，题目从外延到内涵上都要与文中的内容符合，要准确，不能够题目很大而内容却窄小，也不能够内容很宽，而题目却很小，更不能够文不对题。从题目的文字表述上也应如此考虑，要实事求是，切忌内容平平而题目文字的口气却很大，是论就写“论”，只是议议不妨就写“浅谈”好了。题目的文字还要明确，不可含糊不清，让人看不清文中要说的内容。如，有过一篇历史论文的题目是“戎马生涯卅年”，就很不明确，乍一看，可能会以为是哪一位老一辈无产阶级革命家写的回忆录，其实这篇论文写的却是东汉时通西域的班超。如果把题目改成为“戎马生涯卅年”加一个副题目“——论班超通西域”，就会很明确而不致让人误解了。

关于构思论文的表述形式和方法，以及拟定论文的提纲，这是写好一篇论文的核心问题。在这里，作者要考虑好这篇论文的开头即“前言”，定下它的结构即论述层次和逻辑，还要使之既展得开，又能时时围绕着论文的中心而不跑题，最后写好论文的结尾。人们常有一个通俗的比喻：一篇好的文章要“凤头、猪肚、豹尾”，这个比喻同样也适用于历史论文。一篇好的历史论文必须开头就点破主题、吸引读者，中间内容丰富、论述深刻、具有说服力，结尾很有力量、结论鲜明、毫不含糊。

历史论文的具体动笔撰写和修改，是这篇论文最后实现和落实的阶段。由于各人的习惯不同，撰写与修改论文的方式亦各异。如，有人喜欢反复构思好了即所谓“打好腹稿”，然后才动笔写作，一气呵成，再作修改，最后定稿。有人喜欢构思一段即写出一段，认为光“空”构思不行，只有在写的过程中才能够完善自己的构思，而一经落实到文字上也才能发现自己原先构思的对错。有的人还必须写一段或一个小子目就行修改，待这段或这个子目修改得已经满意后再往下写，以为这样思路易顺而心中踏实。也有人非常重视一篇论文的开头，有时要写六七次才满意，然后下边就觉得笔很顺了，可一气呵成。还有的人重论文的间架结构，先写好开头、每个子目的各段论述以及各子目、各个段落间的衔接，再写好结尾，自己满意后，抄写时只需把使用的资料或引文“填”入即可。尽管有如上的不同，但是，可以看出他们都有一个共同的特点，即十分重视自己在写作中的思维，要求始终思路通顺，得以贯通。写作论文固然有文字表达问题，但是，更为重要的还是个思维和思路的问题。认识了这一点，在写作论文的过程中，就会始终地注意自己思维和思路的理顺和锤炼，然后再去关注语言的通顺和是否有文采。

修改，是更重要的一环。论文水平的不断提高往往不是看一个人多写了几篇论文，而是看他是否对已写成的论文反复修改，直到达到了一定的水平，如发表水平等。尤其是初学写作论文的人，切忌不要写了一篇即放下不管，或又去写另一篇，结果水平总是停留在原有的情况下，提高不上去；如果是写了一篇后，锲而不舍，征求别人意见再加上自己的琢磨，反复地修改，直到确实提高，达到了一定水平，然后再去写第二篇，就一定会在写作论文上不断地进步，而最后达到较为熟练、真正掌握写作技巧的程度。

第二节　史学书籍的编著

一、史学书籍编著的基本要求

当你准备着手编著一本历史书籍时，必然先要明确一些问题，这样才能够动手编著，最后顺利完成，否则将会很难开始工作，或者写作过程中出现问题，难以进行下去而中途废止。

（一）确定书著的阅读对象

由于阅读的对象不同，编著出来的历史书籍就会完全迥异，这是许多人都知道的问题。在我国封建社会里，司马光编撰《资治通鉴》是为了给统治者尤其是帝王们阅读的，其目的是借以达到“鉴于往事有资于治道”的作用。它的读者对象是帝王等统治者。无怪乎，梁启超说：《资治通鉴》是“绝好之皇帝教科书”。[①] 清代吴乘权编著的《纲鉴易知录》一书则明确地是为了“以科童子”，为青少年编写的。它的读者对象就是青少年，是为了让其初步地了解中国历史。我们看出由于两部史书的对象不同，从内容的详略取舍、分量轻重，乃至于体裁、体例和文字表述上，都是有着很大的差异。

现在，一般的说编著历史书籍的对象主要有史学界的学者、高校历史专业的本科生和研究生、青少年和社会一般文化水准的人，以及阅读者可以兼顾几个方面的，等等。因此，在编写历史书籍时，首先就应该明确编写的史书是给谁看的，它的对象是什么人。例如，如果对象是史学界学者、历史系的本科或大专学生，那么所编著的史书就要强调学术性强、要有一定的深度，征引的史实不但要经过自己的考辨而且都应该一一注明其出处，最好还是第一手的原始材料。当然，专著与大学历史系的教材还是有区别的。前者更多地要注意学术性和成一家之言，后者则应该较多地考虑史学界的普遍意见和教学的需要、方便。有时也可以将二者“合二而一”，既是史学专著又可以用作大学历史系的教材。但是，如果读者对象是青少年和社会上一般文化水准的人，就要在注意科学性的同时，更多地注意书著的通俗性，无论是从内容上、原始资料的征引和文字上，乃至于体裁、体例

① 梁启超：《中国历史研究法》。

（如更多的是用史话体）等都要与史学专著和大学历史系的教材有所区别。其中，如果是专为中小学生编写的历史教科书，就更要注意其使用对象。由于它是中小学生完成历史课程学业的主要读本，编写这些教科书时就应该在注重历史学科科学性的前提下，更多地关注中小学生的年龄心理特征、认知规律和教学的特点，要使这些教科书好教好学，帮助历史老师顺利地完成中学历史课程的教学任务。当前，我国的中学历史教科书编写，正朝着多样化的方向发展。在义务教育历史课程和普通高中历史课程实验中，带有一定不同特色的不同版本的历史教科书在全国试用。历史教科书编纂学正逐渐成为一门方兴未艾、让人关注的新学科。

有些历史书籍，如有的历史人物传记、历史专题阐述或者以史为鉴的《中外治政纲鉴》《国史镜鉴》一类的书著，既带有一定的学术性，甚至其中征引了大量的历史文献（一般都加注或译成白话），同时又注意通俗易懂，作为向广大干部、青年进行历史教育的好材料。它们的读者对象可以兼顾几个方面，比较广泛，因此，人们称这类历史书著为“雅俗共存”。

（二）明确书著编写的任务、目的

古今中外，大凡史学家编著一部史书，都在事先有自己的明确目的，很清楚史书所要完成的任务。例如，古代希腊两位杰出的史学家希罗多德和修昔底德，在他们写作其历史宏著时都是抱着要把过去的历史真实地记述下来，为给后人以启示和垂训的明确目的。希罗多德在其《历史》一书中开宗明义地写道：（他）“之所以要把这些研究成果发表出来，是为了保存人类所达成的那些伟大成就，使之不致因为年代久远而湮没不彰，为了使希腊人和异邦人的那些可歌可泣的丰功伟绩不致失去其应有的光彩，特别是为了要把他们之间发生战争的原因记载下来，以永垂后世”①。希罗多德尤其注重要在自己的书中阐明雅典所以能够打败波斯，其主要原因是雅典为奴隶主民主制国家而波斯则是一个专制国家。他要对之做出褒贬，以宣扬奴隶主的民主制而鞭挞暴君。在该书第5卷第78节中，希罗多德就明确地说：“不仅这一个例子（指希波战争）可以证明，世界其他各地也有无数的例子可以证明：自由和权利的平等乃绝好之事。当雅典人蜷伏在暴君统治之下的时候，他们一点也说不上有什么比其邻邦居民来得优越的地方；然而一旦挣脱了暴君的统治，他们就肯定地变得英勇盖世了。这些事实证明：当其在暴政压迫之下的时候，一切都只是为了一个主子，那时他

① 希罗多德：《历史》，1版，167页，北京，商务印书馆，1959。

们并不努力作战，而听任自己被击败；然而他们一旦获得了自由，就人人竭其所能地争先效力，把国事当做自己的事了。”① 修昔底德在谈到他写作《伯罗奔尼撒战争史》时也清楚地对人们说：“我这部没有奇闻轶事的史著，恐难引人入胜。但是，如果学者们想得到关于过去的正确的知识，借以预见未来（因为在人类历史的进程中，未来虽然不一定就是过去的重演，但与过去总是很相似的），从而判明这部书是有用的，那么，我就心满意足了。我的著作不是为了迎合人们一时的兴趣，而是要作为千秋万世的瑰宝。”②

古代罗马的著名史学家们也都是在其著述史书时，就抱定自己的明确目的，希望完成一定任务的。恺撒写作《高卢战记》和《内战记》的任务明显地是带着宣扬他个人的赫赫战功、为自己树碑立传和在党同伐异的内部斗争中替自己辩护的色彩。生活在罗马帝国时代的李维，正是在他写的《罗马史》中以多少民族沙文主义思想，尽力地歌颂罗马人在历史上的爱国精神及其他优秀品德。他写道：“从来没有哪一个国家比罗马更伟大、更高尚、更有这样多的英雄模范人物了；也从来没有任何一个别的国家能像罗马这样长期地杜绝贪婪和奢侈，这样高度而持续地崇尚清贫和节俭，这样鲜明地显示出：财产愈少的人，愈不贪财。”③ 另一位伟大的史学家塔西佗，由于本人对罗马共和制政体的追慕和对于他生活的帝国时代的反感，在他写作的史书中就明显地表现出了赞美共和时期罗马人的英雄业绩和振作精神。同时，也时时流露出了对帝国时代世风日下、当权官僚们只会唯唯诺诺、奴颜婢膝地奉迎独裁者的憎恶。强调道德垂范成为了他写史的目的和任务。

中国封建时代的史学家们更是如此，或是要“究天人之际，通古今之变”（司马迁），以总结历史上的规律，或是以借鉴历史以资治政（司马光），或是为续一世、一朝一代的正统《二十四史》的一些断代史如《汉书》），总而言之，无的放矢的史书是根本不存在的。

因此，我们现在要编著一本史书，无论如何首要的一点，就是先要明确自己即将写作的目的和任务，并且将其贯彻于编写史书的过程之始终。

---

① 希罗多德：《历史》，545 页。

② 修昔底德：《伯罗奔尼撒战争史》，1 版，17～18 页，北京，商务印书馆，1960。

③ 李维：《罗马史》，罗伯茨（Roberts）英译本，《人人丛书》，1926 年伦敦版，第 1 卷，2 页。

如，20 世纪 90 年代初，北京师范大学出版社出版，龚书铎主编的一套《爱国主义教育丛书》（包括《当代爱国主义浅说》《华侨爱国心》《中国传统文化漫谈》《近现代爱国诗词选注》《现代爱国文选》《当代军魂》《他们为祖国拼搏》《帝国主义侵略下的旧中国》和《近代爱国者的足迹》等），在其“前言”中就开宗明义地讲了编辑本套丛书的目的、任务，提出：“爱国主义，在我国有着悠久的历史渊源。它是使我国各族人民富有凝聚力和向心力的伟大精神力量。……历史一再证明，不论是过去，还是现在，一个民族如果不发扬爱国主义精神，没有民族的自尊心和自信心，那么它就失去了发展的力量，不会产生凝聚力，也就必然导致民族的衰弱。”因此，“编委会和出版社的同仁，力图为弘扬爱国主义精神，振兴中华，实现社会主义现代化尽点力量，做点有益的工作”而编辑出版了本套丛书。

在明确了这层目的、任务以后，还有一层意思要先行确定下来，即编著的史书要叙述哪段历史，解决历史上的什么问题。如，有的史书要解决中国的或世界的“通史”任务，从古一直写到今；有的中国史书要解决的是中国历史上某一个断代史的任务；有的世界史书则只解决国别史或地区史的任务；也有的史书则只是完成一个历史上的事件、人物、制度或现象的阐述任务，一般称作专题论述的史书。

目的和任务确定下来以后，心中就有了谱，所编著史书的内容，即可以随之而定下来。

（三）确定分期与断限

1. 史书的历史分期问题

历史分期包括了人类社会几个大的形态的划分和每一种社会形态内部再划分的时期。这是编著史书时所不可能回避而必须先行解决的重要问题。分期又包括了它的外延和内涵两个方面。外延指从时间上看这一历史时期的起迄时间；内涵则指这一历史时期与其他历史时期在内容的本质特征上的区别和差异。这些都无不表现出了史书作者对人类历史发展的看法、认识即观点。

大的历史分期，也就是我们常说的标志着人类历史发展阶段的划分，在我国古代已经有了。如，儒家创始时将其以前的历史分作为“大同”和“小康”两个历史阶段，并对之所表现出来的截然不同的历史特征，分别地给予了概括性的勾勒。后来，法家的韩非则把截止到他以前的历史分成为“上古之世”、“中古之世”和“近古之世”等几个历史时期，同时对于后一个历史时期进步于前一个历史时期，给予了阐释。近代资产阶级历史学家们又对人类古代的历史重新作了分期，如将其划分为“蒙昧时代”、“野蛮时代”和“文明时代”。当近代考古学发展起来以后，一些人主要是以发掘出来的生产工具来划分古史，如将其分作为“旧石器时代”、“新石器时代”、“金石并用时代”、“青铜时代”和“铁器时代”等。我们现在则主要是依据于社会形态的不同，把人类历史划分作原始社会、奴隶社会、封建社会、资本主义社会（在我国则是半殖民地半封建社会）和社会主义社会五个历史发展阶段。

就是对历史划分的时期、阶段持相同意见的人，对于每一个历史时期之间划分的具体时间和标志，也都仍然有着各种各样的分歧。例如，关于我国奴隶社会阶段与封建社会阶段之间的划分时间，在学者中就颇有异议。有人统计，至少就有“西周封建说”、“战国封建说”、“西汉封建说”、“魏晋封建说”。这还是“综其荦荦大者”，“倘若‘析产立户’，还可划出四家，即‘春秋封建说’、‘秦统一封建说’、‘东汉封建说’和‘东晋封建说’”。①

在一个大的历史阶段中，根据不同时期的矛盾又带有其一定阶段性、特殊性的情况，一本史书往往又要将其划分为若干个时期。如，对于我国封建社会历史的内部分期，不同的史书就有着不同的划分法，有人统计，至少有“二分法”，即主张把中国封建社会划分为两个时期（其中亦有主张西周至春秋为一期，战国至鸦片战争前为一期和隋唐五代以前为封建社会的上行阶段，算作一期，北宋以后是封建社会的下行阶段，算作一期，以及主张以隋末农民起义为界标、以唐代两税法为界标、以唐末农民起义为界标，来划分封建社会的前期和后期等等的具体不同意见）；“三分法”，认为中国封建社会可以划分为三个时期（其中又有主张由西周至秦统一为中国封建社会前期，由秦至元末为其中期、由明至清鸦片战争以前为后期和“二黄主张”即以黄巾起义和黄巢起义为界标把中国封建社会划分为三个时期，以及主张“中国封建社会的上升阶段相当于战国到西汉前期”，“从西汉后期到明中叶，是封建社会迟缓发展阶段”，“明中叶以后，由于资本主义萌芽产生，封建社会开始进入它的衰落阶段”等的几种不同意见）；“四分法”，把中国封建社会划分作四个时期（其中亦有分作为早期、成长期、发展期和晚期的意见，也有分作为形成时期、发展时期、螺旋式发展时期和逐步解体时期的主张，等等）。此外，还有“五分法”（如过去

① 参见《建国以来史学理论问题讨论举要》，39页。

人民教育出版社编写的中学历史教科书）、“六分法”（如翦伯赞主编的《中国史纲要》一书）等的几种分期方案。①

在我们编写一本史书时，一般说或以根据编写的任务、目的和史书的读者对象来决定采取哪种历史分期。如，我们编写的是一本历史通俗读物或者大学教材、中学历史教科书，那么不妨就采用史学界比较公认的、为大多数人能够接受的分期意见处理。现在涉及中国古代史的分期起止时间（元谋人到1840年鸦片战争前夕）和奴隶社会的开始（夏朝），以及奴隶社会与封建社会的交替用春秋战国之际说，等等，即是属于这种情形。假如是个人的学术专著，一般说都是依据于个人的研究成果和自己的意见、主张，采取“一家之言”的分期方法。如，范文澜的《中国通史》、翦伯赞的《中国史纲要》都是持“西周封建说”，而郭沫若的《中国史稿》则用的是“战国封建说”。

2. 史书的历史断限问题

断限，是指史书的记述所起止的时间。它同样是反映了史书作者对历史发展所持的认识、看法和观点。白寿彝主编的《史学概论》对断限的标准提出了很好的意见，可以供我们参考。该书说：史书的断限标准应该是：“从总的方面看，首先要根据社会性第四章史学的编纂性质断限，只有这样，才能科学地阐明历史发展的过程和规律。从具体方面看，比如说从某一性质的社会的历史进程来看，则必须从经济状况、政治状况、阶级关系、民族关系、中外关系等多方面作综合考察，以确定其本身的断限。”② 具体地说，一本史书的断限还必须考虑到以下两点。

（1）断限在什么时间，应有一个标志。能够作为历史断限标志的，一般是某一个重大的历史事件，如英国资产阶级革命是世界近代史的开始，十月社会主义革命标志着世界近代史的结束和世界现代史的开端；中英鸦片战争是中国近代史的开始，而中华人民共和国的成立则是中国近代史的结束和中国现代史的开端，等等。也有的虽无重大历史事件，但是，从历史整体看，一系列带有本质性历史现象的出现，也能够作为历史断限的标志。如，中国历史和世界历史的起始时间，都是以中国或世界上正式出现了人类作为标志，其依据则是学术界关于古人类化石的重大考古发现。现在，世界历史的下限（包括世界通史和世界当代史）一般的都是断限在20

① 参见《建国以来史学理论问题讨论举要》，88～96页。

② 白寿彝主编：《史学概论》，1版，158页，银川，宁夏人民出版社，1983。

世纪90年代初，这是因为这时世界的格局发生了重大的变化，它由过去两个超级大国争霸的两极格局，正在向多极世界演变。这里不仅仅是发生了某一个重大的历史事件，而是从原来的社会主义国家、资本主义国家和第三世界国家的政治、经济以及国际关系的总体变化来综合决定的。

（2）参考史学界的现有研究成果。这也是决定断限需要考虑并受到制约的一个重要因素。一方面是资料是否已经足够的充实或者是否已经披露出来。如，考古新发现有关古人类的化石、遗址等资料，是否足以将人类历史的上限推前；现代史的某些资料是否已经问世，足资使用，将历史的下限推得更近，等等。一方面是人们对于人类历史的认识、研究，能否达到使人们可以写作出一定上限和下限的史书。如，关于中国现代史和世界现代史的书著其下限，就往往要视此作为决定。从这个角度看，我国古代史学关于“后朝修前朝历史”的传统，是有一定道理的。

（四）确定史书的体裁和结构

史书的体裁是指一本史书所采取的表述形式；结构则指这本史书的内部都由哪些部分组成。这自然也是史书编著必须予以考虑和确定的一个问题。

我国古代史书的体裁和结构，十分丰富。《汉书·艺文志》载：“左史记言，右史记事；言为《尚书》，事为《春秋》。”一般认为，“记言”和“记事”是我国古代史书最早的两种体裁。这两种体裁从现有的《尚书》和《春秋》两部史书来看，其内部结构都是极其简单的。

后来，随着史学的发展，史书的体裁越来越丰富了。但是就其主要的说，大致是四种，即编年体、纪传体、典制体（或称政书体）和纪事本末体。一直到近代，这四种体裁一直被旧史书的编纂所分别采用。以其中的纪传体为例，可以看出它的内部结构还是颇为丰富的。这种史书以《史记》作为开端，直到《清史稿》为止，囊括了我国封建社会（《史记》从传说中的黄帝开始，也可以说还包括了我国的原始社会和奴隶社会两个历史阶段的历史）的全部历史。它们的内部结构大体上有“本纪”、“列传”、“书”（有的称“志”）和年表等几个部分。《史记》还独有“世家”部分。“本纪”和“世家”，实际上是一个关于本朝或封国的小编年史；“列传”则是历史上著名历史人物的传记；书或志是专题史；年表则是一种历史图表形式。

以上旧史书的体裁，由于受其内容（大都以中国史为主，贯穿了王朝正统观念和以帝王将相为中心的史观）和时代所限，自然有其不可克服的弊端，今天编写史书已经不再有人予以照搬照套地采用了。但是，它却仍然是我国史学遗产的一个极其丰富的组成部分，今天我们编著史书是应该予以批判地继承的。只要是抱着“古为今用”和“取其精华，弃其糟粕”的态度，它们就仍然能够在我们今天编著的史书中，焕发出自己的光彩。

近代史书的体裁，主要是章节体。我国最早使用章节体编著史书的是夏曾佑。他早年与维新派梁启超、谭嗣同等交往密切，曾撰文于维新派的《时务报》，后来则专门致力于中国古代史的研究，使用章节体写成了《最新中学中国历史教科书》一书，1933 年，商务印书馆重版该书时更名为《中国古代史》。章节体这种史书体裁，将其所述历史按照编、章、节、子目……的形式，予以编著；其最大的优点是从中可以使人们更好地看到人类历史发展的层次、联系，从而了解历史发展的因果关系，认识历史发展的规律。如，“编”可以标以原始社会、奴隶社会、封建社会、资本主义社会（或半殖民地半封建社会）和社会主义社会；或者标以上古史、中古史、近代史、现代史等；如是断代史则可以标以断代史内部的分期或专题。“编”下的“章”则可以是按照历史发展的时间顺序，标以某某时期（或王朝），也可以标以历史发展的某一个侧面，如政治、经济、民族关系、阶级斗争、对外关系、文化等。“章”下的“节”与“节”下的子目，则是在这些“章”与“节”的外延之内所发生的历史事件、历史现象，以及所生活的历史人物或实行的历史制度等。

章节体史书的内部结构，也可以是十分丰富，并且多姿多彩的。如，一般的都包括有目录、正文、注释、插图（包括彩色的或黑白的历史图画，文物照片和历史地图）、图表（包括历史现象的表解、大事年表和朝代顺序表、帝王世袭表等）；如系教材一类的历史书，还往往有章或节的内容提要、思考题或练习题，以及参考书目和论文索引。

现在，我们编著的史书，还有史话体、图解体等。史话体其实即是章节体的一种变化，它往往虽然不标出编、章、节来，但是，仍然保留着章节体编写历史注意分出层次的特点。如，史话体中大小标题标以“一”、“1”、“（1）”……或者采用黑体字等印刷字体上的变化，就都是这个意思。一般说，史书中的专著（包括通史、断代史、国别史、地区史和专题史研究等）、大学教材或者雅俗共存的人物传记等，都往往采用分编分章分节的形式，而通俗历史读物往往多用史话体。少儿历史读物还大多采用杂以图解等的形式。

（五）注意文字表述

史书的文字表述，也是我们编著一本史书时所必须予以考虑而不可忽视的问题。

自然，由于所编著的史书内容不同和读者对象的区别，在文字表述上是应该有所不同的。如，中国古代史的专著势必要征引较多的原始文献资料，文字表述上自不可过于“通俗”；中国现代史和世界历史的专著，虽然也要大量地引用文献资料，但是这些资料大多为白话体，读起来自然“通俗易懂”。通俗历史读物与历史专著的文字表述也必然不同，前者不引或少引原始文献资料，并更多地要注意文字上的通俗化，而后者则不必过多地顾忌读者读不懂的问题，因为它的对象理应是具有一定水平的史学专业工作者。

但是，作为历史的书著，在其文字表述上，还是有着某些共同性的基本要求。

1. 史书的文字表述要能够很好地体现史论结合

一本史书一定要有翔实的史料，要有充实丰富的史实。同时，也要能够让读者看出该史书所持的观点，要体现出其一定的理论深度。单纯的史料堆砌或者只有空洞的分析，都不能够算作是完整的史书。

我们看到在史论结合方面，不同的史书是采取了不同表述方式的。

(1) 寓论于史

这是古今中外一般史书最为普遍采用的一种表述方式。它的特点是，全书以叙述史实为主要表现形式，而把作者的观点贯穿在这些叙事之中，使之蕴含而不直露，让读者从史实叙述中即能自然而然地予以领会、认识。在这方面，司马迁的《史记》给我们做出了很好的典范。

它在《李斯列传》中，写了李斯年轻时的一个故事：李斯“年少时，为郡小吏，见吏舍厕中鼠食不絜，近人大，数惊恐之。斯入仓，观仓中鼠，食积粟，居大庑之下，不见人犬之忧。于是，李斯乃叹曰：‘人之贤不肖譬如鼠矣，在所自处耳！’”。这一段故事，司马迁虽然未加任何一句分析、评论，但是，却蕴含着司马迁对于李斯一生在政治上一心钻营向上爬而不顾其他的个人品质的看法。同传后来记述的李斯活动、言谈，包括他在赵高的利诱、威胁下与赵高共同策动谋害秦始皇长子扶苏、立胡亥二世皇帝的阴谋等，都贯穿了李斯的这一政治投机、只顾自我的品质缺陷。

它在《刘敬叔孙通列传》里，写了两个品质迥异的人物：一个忠厚朴实、耿直而不喜阿谀，另一个则善于曲从逢迎主子的心意以邀宠。司马迁对这两个人物的如上品质选用了他们穿衣服的“小”事加以描绘，同样用的是“寓论于史”的笔法。对于刘敬，司马迁写道：“娄敬（即刘敬）脱挽辂，衣其羊裘，见齐人虞将军曰：‘臣愿见上（指刘邦）言便事。’虞将军欲与之鲜衣。娄敬曰：‘臣衣帛，衣帛见；衣褐，衣褐见，终不敢易衣。’”关于叔孙通，他则是这样写的：“叔孙通儒服，汉王（即刘邦）憎之；乃变其服，服短衣，楚制，汉王喜。”两个小故事活脱脱地勾勒出了两种人品和两种性格。《史记》的这种表述历史的方法得到了后世史家的首肯和效仿，正如顾炎武在《日知录》中所说的：“寓论断于序事之中，太史公能之。”

（2）点评

有人也称这种笔法作“画龙点睛”。其特点是在叙述史实之后，作者用自己的简练语言，对之给予一定的评论，既分析这段历史又表明自己的看法、观点。

我国史书一直有采用这种“点评”笔法的传统。

《史记》于每篇“本纪”或“列传”之后，都有一段“太史公曰”的文字。如，在《项羽本纪》从“项籍（即项羽）少时，学书不成，去学剑，又不成，项梁怒之。籍曰：‘书足以记名姓而已。剑一人敌，不足学，学万人敌。’于是项梁乃教籍兵法，籍大喜，略知其意，又不肯竟学”写起，一直写到他与汉王刘邦军在垓下决战兵败后“乃自刎而死”及“项王已死，楚地皆降汉”等终项羽一生后，便用“太史公曰”的口吻写道：“夫秦失其政，陈涉首难，豪杰蜂起，相与并争，不可胜数，然羽非有尺寸，乘执起陇亩之中，三年，遂将五诸侯灭秦，分裂天下，而封王侯，政由羽出，号为‘霸王’，位虽不终，近古以来未尝有也。及羽背关怀王，放逐义帝而自立，怨王侯叛己，难矣。自矜功伐，奋其私智而不师古，谓霸王之业，欲以力征经营天下，五年卒亡其国，身死东城，尚不觉悟而不自责，过矣。乃引‘天亡我，非用兵之罪也’，岂不谬哉！”很清楚，这里的“太史公曰”即是对于前边项羽生平事迹的一个点评：它既说出了项羽的功过、在各路反秦“诸侯”中的地位，也分析了他之所以最终失败的原因，还驳斥了项羽自己的一些错误看法，可谓评论全面而公允。

《资治通鉴》中亦不乏“臣光曰”的点评，其中很有一些精辟的见解，实足以反映出司马光对于为政、做人，以及对历史演变的深邃认识和理解。例如：他在《资治通鉴》第211卷唐纪中写了唐玄宗奢侈淫乱的生活后，以“臣光曰”的形式评论说：“明皇之始欲为治，能自刻自厉节俭如此，晚节犹以奢败；甚哉奢靡之易以溺人也！《诗》云：‘靡不有初，鲜克有终。’可不慎哉！”这段点评无论对于唐玄宗本人、唐代历史的发展，或是对于为君之道，都是非常中肯而很有见地的。

在《资治通鉴》第220卷唐肃宗乾元元年，司马光结合着书中写的裨将李怀玉杀害已死节度使的儿子，擅立自己亲戚为节度使，得到了肃宗的认可，从此开了军中将士自行废立节度使的先例这件事，在“臣光曰”中评论说：“《书》云：‘远乃猷。’《诗》云：‘猷之未远，是用大谏。’孔子曰：‘人无远虑，必有近忧。’为天下之政而专事姑息，其忧患可胜校乎！由是为下者常眄眄焉伺其上，苟得间则攻而族之；为上者常惴惴焉畏其下，苟得间则掩而屠之；争务先发以逞其志，非有相保养为俱利久存之计也。如是而求天下之安，其可得乎！”这段点评，不仅道出了唐代后期君弱臣强、中央集权统治失控于藩镇的历史事实及其治政举措失当的原因，而且讲了作为统治者制定政策要慎重，应该考虑深远的道理。

司马光在“用人之道”上很有一些好的见解。下面，我们列出他在《资治通鉴》第245卷唐文宗太和八年针对当时的“朋党之争”及帝王应该如何处置、对待臣下等问题，写的一段“臣光曰”，以窥其一斑。这段“臣光曰”说：“夫君子小人之不相容，犹冰炭之不可同器而处也。故君子得位则斥小人，小人得势则排君子，此自然之理也。然君子进贤退不肖，其处心也公，其指事也实；小人誉其所好，毁其所恶，其处心也私，其指事也诬。公且实者谓之正直，私且诬者谓之朋党，在人主所以辨之耳。”显然，这段点评亦是十分深刻的。

在《资治通鉴》的“臣光曰”中，也有些论到教育子女、为人之道等的内容。如，在《资治通鉴》第22卷汉武帝征和二年讲完武帝的戾太子与当时丞相有矛盾、互相攻战于长安、兵败自杀的史实后写的“臣光曰”，就明确地提出了太子的培养教育问题。他说：“古之明王教养太子，为之择方正敦良之士以为保傅、师友，使朝夕与之游处。左右前后无非正人，出入起居无非正道，然犹有淫放邪僻而陷于祸败者焉。今乃使太子自通宾客，从其所好，夫正直难亲，谄谀易合，此固中人之常情，宜太子之不终也！”关于“为人之道”，司马光在《资治通鉴》第279卷后唐潞王清泰二年的“臣光曰”中，专门就大臣孙光宪等人的个人品性及其与治政、修身的关系所发表的议论就十分中肯。他指出：“孙光宪见微而能谏，高从海闻善而能徙，梁震成功而能退，自古有国家者能如是，夫何亡国败家丧身之有。”

这种类似旧史书如上“太史公曰”、“臣光曰”的点评一类的笔法，在现代人编写的史书中也被广泛地运用。例如，一些通史、断代史、专史等的著作中，常常就是在叙述完某一个历史事件、历史人物、历史制度或历史现象之后，写上一段评论，或评其性质、作用、历史意义，或评其得失、经验教训，等等。所不同的是，现代人写的史书中，但凡这些评论文字，只是缀于史事其后，不再加上什么“××曰”之类的词句了。

现在，我们常常看到一些关于史鉴类的史书，如《中外治政纲鉴》《国史镜鉴》等。它们的共同特点是以某些专题（如勤政、清廉、用人、纳谏、改革……）作为中心，然后选取中国的或世界的历史事例，加以编写，以为今日汲取历史为鉴的功效。其中，有的书著写法即是直录一段历史资料，然后以不同的字体写出评论。这种笔法就更是与旧史书的点评非常相似了。

（3）夹叙夹议

这是现代史书最为经常采用的写作方法。它也能够更好地体现史书中史论结合的要求。夹叙夹议的写法最大的特点是一边叙述史实一边即夹入作者的分析、评论文字，并将二者有机地融为一体。下面选一段范文澜主编的《中国通史》中的文字，可供从中体会这类笔法的特点。

在《中国通史》第三册讲到唐王朝平定安史之乱的后期，唐军与安庆绪作战时，写道：

“叛军失西京，军心动摇。李俶，郭子仪率大军进攻洛阳。安庆绪放弃洛阳，逃往河北，据邺郡等七个郡六十余城，有兵六万，仍是唐的劲敌。七五八年，唐肃宗命郭子仪等七节度使率兵二十万，又命李光弼、王思礼（高丽人，王忠嗣部将，任关内、泽潞节度使）两个节度使率兵相助，合力进攻安庆绪。九个节度使不相统属，使宦官鱼朝恩为观军容宣慰处置使，实际就是想用鱼朝恩来当统帅。鱼朝恩凭什么来统率这样庞大的军队呢？前途是可以预见的了。

郭子仪等击败安庆绪军，围攻邺郡城（河南安阳县）。史思明发范阳兵十三万救邺。史思明陷魏州（自七五八年起，郡都改称为州）。七五九年，鱼朝恩聚集步骑兵多至六十万，专力攻邺城。史思明看准唐军缺乏统一指挥，粮食不足，士气低落，上下解体的弱点，亲率大军直到邺城下。唐军六十万，布阵与史思明军决战，恰恰吹来一阵大风，沙尘弥漫，对面不相见，交战的两军都大惊溃散，唐军向南，史思明军向北。唐军遗弃甲仗辎重无数。郭子仪率朔方军到洛阳，准备保卫东京，李光弼、王思礼两节度使各引本部归镇，其余节度使和溃兵纷纷逃回本镇。史思明收集溃军，又回到邺城下，杀安庆绪，兼并安庆绪的土地和全部人马，自称大燕皇帝，成为一个强大的反叛力量。

唐军大溃败，完全是唐肃宗错误想法的恶果。他不设元帅的理由是郭、李都是元勋，难相统属。事实何尝如此。所谓难相统属，不过是一种借口，真情实别有所在，那就是唐肃宗曾问过李泌，郭、李再立大功，无官可赏，该怎么办。攻安庆绪时，郭、李早做了三公（正一品官，郭司徒、李司空），立功后确实是无官可赏，也就是功高震主，朝廷将感到不能容而又不得不容的困难，使宦官作观军容使，战胜的首功当然属于鱼朝恩，唐肃宗以为这是避免困难的方法，结果却招致六十万人崩溃的大失败。

宦官监军是唐玄宗创立的一个恶例，唐肃宗设观军容使，在监军外新创一个更大的恶例，标志着宦官势力又扩大了一步。”

可以看到，《中国通史》上述一段文字，既是很具体、细致地把从安庆绪失西京长安、退守邺城，到史思明大败唐军、杀安庆绪、自己称帝止的历史事实，叙述清楚，同时也夹入了许多作者的分析、评论，有的是专立一段，有的则径直放入叙事当中，把唐军失败的原因从各个方面说得很透，还为下面的宦官专权作了铺垫，可以说是夹叙夹议这种笔法的很好体现。

2. 史书的文字要求准确、生动，既有科学性，又有可读性

我们知道，史学研究的目的重要的是要真实地认识历史，反映历史的本来面貌。同样地，史书也必须要在文字表述上能够保证这一点得以实现。这就要求史书的文字应该重视准确无误，以写出信史。

史书文字表述的准确，首先表现在记述史实上要求真求实。这就要求我们如同前面讲过的那样，对于史料、史实的选取务必经过严格的考据。翔实的史料、清晰的史实，既是史学研究的基础，同时亦是编著史书时文字表述的根本依托。

除去基本史料、史实要准确地予以表述外，记年、记地常常是文字表述准确与否的重要表现。

恩格斯说：“一切存在的基本形式是空间和时间，时间以外的存在像空间以外的存在一样，是非常荒诞的事情。”① 假若在记时、记地上出现错误，那么历史就决无什么准确可言，甚至要出现“非常荒诞的事情”。

记年上比较容易出现错误的一个重要因素，是中西历法的换算和中国古代王朝纪年中的岁首问题。前者要求我们要紧密地注意中国古代史书中所说的某某年中的某某月并不即是公历中的相应年代的同一月份，如陈胜

①《马克思恩格斯选集》，2版，第3卷，392页，北京，人民出版社，1995。

起义爆发的时间是秦二世元年的七月。这一年相当于公历纪年的公元前209年，但是，“七月”并不等于就是公历纪年该年的“7月”。我们编著史书时为了准确地记述陈胜起义爆发的时间，就要查阅一下陈垣编著的《二十史朔闰表》和《中西回史日历》，① 找出对照的年月，或是直书“公元前209年七月”，而不可以简单地写成为“公元前209年7月”。后者则要注意在中西纪年年代互算时要考虑到中国古代王朝纪年中岁首的月份。如，秦王朝以十月为岁首，和有的王朝以正月为岁首不同，在与公历年代换算时就必须予以考虑和关注，否则便会出现错误。

在记地上，一般的史书都应该注上相当于今天的地名，同时还要注意几个问题，否则即会出现谬误，而在展示历史事件等赖以存在的地理位置和环境上，给人们以不正确的认识。

白寿彝主编的《史学概论》对于史书记地上应注意的问题，做了很好的概括，完全可以作为我们编著史书时的参考。该书在其第五章讲“史书的体例”时，说：“我们今天编著史书，在记地的体例上需要注意以下几个方面的问题：第一要注意历代建置的变化。汉州、唐道、宋路、元省，这是大的变化；其下，或含郡、县，或含州（府）、县，有二级制，也有三级制，都应有所交代。第二要注意常见的地理概念。山东、山西、山左、山右，关中、关内、关外，关东、关西，关左、关右，河东、河西，河南、河北，江东、江西，江左、江右，等等，都是史书上常用的地理概念，沿用这些概念，必须注意其原意，才不会给今天的读者造成误解。第三要注意同地异名与异地同名。如今天的北京市，春秋战国称蓟，辽称燕京，金称中京，元称大都，明称北京，1928年改称北平，1949年又改称北京。这是同地异名。如就“北京”这一地名来说，唐、五代指太原府，北宋指大定府，金先后改称临潢府和大定府为北京，明初以开封府为北京，旋又建顺天府为北京，即今天的北京市。这是同名异地。这两种情况都是大量存在的，不应相互混淆。第四要注意古今地名未变而管辖范围已有很大差别。如上海，在宋仅是一镇，元设为县，1928年设上海特别市，1930年改为上海市，而现在的上海市则辖十区、十县。如扬州，相传为古“九州”之一，泛指我国东南地区，汉唐时期为州名，辖境相当于今安徽淮水和江苏长江以南及江西、浙江、福建三省，湖北与河南的少数县份。隋唐以后改为州、

① 这两个纪年著作都有中西历年、月、日的对照，在中历与公纪年的互换上可以参考。

路、府名，辖境相当今江苏扬州市、泰州市、江都、高邮、宝应等县。1949年，析江都县城区，置扬州市，此即今天的扬州市。类似这样的情况，史书记地时应有所说明。第五要注重实地调查。以往史书上记载的地名，实指何地，在解释上有时含混，有时有错误，须经过实地调查，加以核实。如，宋神宗元丰五年（1082年），北宋与西夏大战于永乐城，双方兵力总计不下50万。历来有关记载都说永乐城在今陕西省米脂县西南永乐村。有的学者经过实地调查，认为永乐村是一个狭窄、缺水的小山沟，不可能是几十万大军决战的地方，而米脂县的马湖峪才是永乐城故址。① ……可见实地考察，不仅可以发现以往史书记地的错误和疏漏，还可以进而认识到历史时期自然环境的变化及其对社会生活影响的程度。第六要注意对历史地图的运用。史书记地，最好附以必要的历史地图。……最后，我们今天在史书里记地，应当比古人有更高的要求，这就不只是从地理沿革上要求，而且还要把地理环境作为历史发展的自然条件。马克思重视自然条件在社会生产上的作用。他在讨论劳动过程的时候，把劳动过程的简单要素规定为："有目的的活动或劳动本身，劳动对象和劳动资料"。劳动对象，是劳动生产的自然条件；劳动资料，也是离不开自然条件的。马克思在另外一个地方，又说："撇开社会生产的不同发展程度不说，劳动生产率是同自然条件相联系的。"他在论到资本主义生产方式时说："资本的祖国不是草木繁茂的热带，而是温带。"② 马克思的这些话说明了包括气候在内的自然条件对于社会生产的重要性，说明了控制并利用自然力的必要性，这对我们的史学工作都是有指导意义的。我国历史上有不少重大问题，如广大国土的统一，各民族间不平衡的发展，封建社会发展的迟缓，南方北方经济地位的消长等，都可以从马克思的这些论断中得到启发，从而作出科学的说明。这是我们今天编著史书在记地方面所面临的新课题。

在古今地名对照上，我们编著史书时要充分地运用一些专门的或载有古今地名对照的工具书，如《辞海》《辞源》《中国古今地名大辞典》（臧励龢等编，1931年商务印书馆出版，1963年、1982年重印）等。由于现实中国行政区划不断地有着变化，一些古今地名对照的工具书势必有的要

① 参见史念海：《河山集·二集》自序，1版，北京，生活·读书·新知三联书店，1981。

②《马克思恩格斯选集》，2版，第2卷，202、260、261～262页，北京，人民出版社，1995。

显得陈旧。因此，在使用它们查对古今地名对照时，还要注意新的政区变化情况，以免出现讹误。

当然，一本史书要想在文字表述上不出或者少出错误，关键的问题是要作者有一个认真、严谨的态度，字斟句酌，一丝不苟，从编写、誊抄直到书稿排版印刷后的校对工作，都应如此。一些同志都注意到了《汉书》在关于陈胜的记载上有一个不应该有的错误。该书在其卷31《陈胜项籍传》中说："高祖（即刘邦）时为陈涉置守冢三十家砀，至今血食，到王莽时乃绝。"明眼人一看便知道，这句话只从字面上看也是自相矛盾的。班固修《汉书》是在东汉明帝建武三十年（公元54年）开始的，完书当在章帝建初八年（公元87年），所谓"至今血食"，显然是说直到东汉明、章二帝时仍然有人在为陈胜守冢、祭祀，但是，却又写了一句"到王莽时乃绝"，这就很让人费解。可是，我们看看《史记》卷48《陈涉世家》就明白了。原来，《汉书》关于陈胜的这段文字记载全部抄袭于《史记·陈涉世家》，只是加了一句"到王莽时乃绝"。其实如果去掉"至今血食"几字，换写为"至莽篡汉前仍血食"即清楚了。由此可见，就是班固这样的大史学家，如果稍有疏忽，也是会在史书的文字表述上出现错误的。

史书应该让读者爱读，有较强的可读性，唯此才可以充分发挥它的社会功效。这就要求史书必须写得有血有肉、生动形象，而不能够只是那么干巴巴的几条规律，甚至成了"社会学的公式"。要使史书写得生动、形象，一是要注意写出史事的情节，一是要注意文字上的生动、活泼。在这方面，过去的不少史书都为我们做出了很好的示范。如，《史记》在写人物、写战争、写历史场面等上，就有许多篇章堪称一绝。写人物，像《高祖本纪》，把刘邦从微时在乡里与朋友四邻相处，到起义反秦、与项羽争衡天下，直至最后称帝建立汉王朝的整个人生过程中，所建的功业，善于用人，能听取他人意见的政治家风度，以及其不拘小节、豁达大度乃至多少带有流氓无赖的性格，都写得淋漓尽致。一个2000年前叱咤风云的豪杰、帝王的形象，在司马迁的笔下真是栩栩如生，呼之欲出。写战争，像项羽"破釜沉舟"救赵与秦军的巨鹿之战，无论是战前项羽的义无反顾决一死战的必胜决心，还是战场上义兵"无不以一当十"的勇敢冲杀气概，以及其他"诸侯军"的胆怯畏缩作"壁上观"的丑陋形象，都在《项羽本纪》中被活脱脱地写了出来。让人读了仿佛这场亘古战争就发生在自己的眼前。写场面，像刘邦、项羽的"鸿门宴"，《史记》通过项羽、刘邦和范增、张良、项伯、樊哙、项庄几个人物的坐立、言谈举止，以及时而剑拔弩张，时而化险为夷的气氛烘托，同样地活灵活现地展现出了当时的“宴无好宴”的历史独特场面。综观《史记》的一篇篇人物传记，我们都可以看到，其实都是一篇篇生动的散文，无怪乎鲁迅说《史记》是“史家之绝唱，无韵之《离骚》”。

其他的史书如《左传》《汉书》《资治通鉴》等等，亦都如此；其中都有我们编著史书作文字表述时的很好借鉴与参考。

为了把史书编写得生动形象，旧史书在载言（写入人物自身或他人的语言、评议）和载文（全录或节录人物的著作、文章以及诏令、奏章）上也都有许多的优良传统，亦都值得我们编著史书时予以充分吸取，批判地继承。

二、史学书籍编著的基本程序、过程

（一）确定书名。

（二）制订编写凡例，包括规定该史书的读者对象，编写目的，宗旨，体裁即以史话体还是以章节体编写，内容特点，书内结构，基本观点和史料选择，断限、分期和记年、记地的具体要求，文字要求，字数和完书时间等。制定编写凡例时，要参考其他已出版的类似史书，避免史书与别人编写的史书重复，保持、具备自己的特色。

（三）收集和整理史料（对史料的整理，可视要编写史书的情况和个人的特点、习惯，可以按照专题整理，也可以按照年代、时间发展的先后顺序整理；按照年代、时间先后顺序整理史料，对于史事来说又叫“长编”，对于人物生平来说又叫“年谱”）。

（四）编写、设计全书提纲。

（五）写作、撰稿。

（六）修改。

史书完成的标志是“齐、清、定”。“齐”指齐备，要求全部书稿撰写齐了、不缺章少节，是一本完整的书；“清”指稿子清楚，包括稿面、誊抄、打印字迹几个方面，不可在书稿上画得乱七八糟，使编辑人员无法识读；“定”是要求最后交出的稿子是定稿，而不是未定稿乃至草稿。

最后，我们还必须说说集体编著史书的问题。一部（或“套”）大一点的史书，往往要有较多的人参加编写，须要集体力量协作完成。但凡集体编著的史书，除了以上编著史书需要注意的问题和一般程序、过程要遵循外，还有以下两点需要注意：

（一）主编应该确实对全书负起责任

集体编著史书都要设立一位主编（有时是几位主编，并设副主编）。主编的职责是通盘考虑、决定全书涉及凡例的一些根本问题，为全书定个“谱”，组织编写、撰稿队伍、确定人员分工；协助具体撰写各个部分稿子的作者解决其撰写中的问题；收齐稿子，修改和通串全书，在观点、史料等思想性、科学性上把关，在文字上力求全书划一；撰写史书的前言、后记；定稿、发稿。目前，有些社会上的不正之风也带进了我们编书工作中来，如有的主编只是署名，目的是为了名利，而并不做具体事情，更谈不上对于所编著的书稿负责，这些都应该是集体编著史书时所必须予以反对和摒弃的。

（二）作者应该努力地完成自己分工部分书稿的撰写

集体编著一部史书，参加的人较多，大家总要有个分工协作。主编应该根据每位作者的擅长和特点，安排每个人的写作任务，充分调动每位作者的积极性；同时，每位作者亦要有协作精神、集体观念，从全书完成的大局着眼，既可以充分地就全书的凡例、分工提出个人的意见，又要互相照顾，不能只是突出个人，还要很好地体会全书编写的宗旨、意图，按时、保质保量地完成自己所承担的一部分任务。

现在，有人认为集体编著史书涉及的人多，组织工作麻烦，容易意见分歧，还有个团结问题和每个人的责任心强弱问题，不容易保证书稿的质量。因此，不如单个人自己写书“痛快”。其实，集体编著史书本身亦是一种客观需要，并有其各尽其才，完书时间快，发挥集体力量攻关的优点，我们对之决不能一概否定，遇到大的书稿时还应对之予以提倡。集体编书能够扬长避短，充分发挥其优势，确实保证书稿质量的关键，一是要组织好这支集体作者的队伍，一是要有良好的思想基础，当然亦要在成书后的署名、报酬等方面做到公平合理。这里，尤其是主编更要胸怀全局，不苟私利，能够团结大家，调动起每位作者的积极性，负起自己应负的编好书的责任。在集体编著史书，充分发挥其优势，最后完成其任务上，我国古代司马光的《资治通鉴》和现代范文澜的《中国通史》、郭沫若的《中国史稿》、翦伯赞的《中国史纲要》、白寿彝的《中国通史》等恢宏巨著，都为我们树立了很好的典范。在如何更好地发挥集体的智慧和力量，完成史书的编纂任务上，我们是能够从它们的编书过程和组织工作中汲取到许多宝贵的参考和经验的。

思考与实践：

1. 结合自己历史习作的体会，谈一谈对历史成果呈现方式的认识。

2. 选定一个题目，撰写一篇历史论文。